北大社 "十三五"职业教育规划教材
21世纪高职高专能力本位型系列规划教材·物流管理系列

# 采购管理实务
## （第3版）

李方峻　曹爱萍◎主　编

张　晨　赵　颖
　　　　　　　　　◎副主编
吴理门

杨爱明◎主　审

## 内 容 简 介

本书基于采购管理的工作流程，结合采购管理需要掌握的基本知识和决策模型，系统地介绍了采购工作的实施步骤、方法和常用的采购模式，重点阐述了采购计划制订、采购成本管理、采购合同管理与采购谈判等方面的内容。本书案例题材源自知名企业的实际运作，实用性极强。

本书可作为高职高专院校物流管理及相关专业的教材，也可以作为企业相关人员的培训教材和参考用书。

### 图书在版编目(CIP)数据

采购管理实务 / 李方峻，曹爱萍主编. —3 版. —北京：北京大学出版社，2019.1
21 世纪高职高专能力本位型系列规划教材·物流管理系列
ISBN 978-7-301-30061-9

Ⅰ. ①采… Ⅱ. ①李… ②曹… Ⅲ. ①采购管理—高等职业教育—教材 Ⅳ. ①F253

中国版本图书馆 CIP 数据核字（2018）第 260826 号

| | |
|---|---|
| 书　　名 | 采购管理实务（第 3 版）<br>CAIGOU GUANLI SHIWU（DI-SAN BAN） |
| 著作责任者 | 李方峻　曹爱萍　主编 |
| 责任编辑 | 蔡华兵 |
| 标准书号 | ISBN 978-7-301-30061-9 |
| 出版发行 | 北京大学出版社 |
| 地　　址 | 北京市海淀区成府路 205 号　100871 |
| 网　　址 | http://www.pup.cn　新浪微博：@北京大学出版社 |
| 电子邮箱 | 编辑部 pup6@pup.cn　总编室 zpup@pup.cn |
| 电　　话 | 邮购部 010-62752015　发行部 010-62750672　编辑部 010-62750667 |
| 印刷者 | 北京虎彩文化传播有限公司 |
| 经销者 | 新华书店 |
| | 787 毫米×1092 毫米　16 开本　14 印张　331 千字<br>2010 年 10 月第 1 版　2015 年 1 月第 2 版<br>2019 年 1 月第 3 版　2025 年 1 月第 4 次印刷 |
| 定　　价 | 40.00 元 |

未经许可，不得以任何方式复制或抄袭本书之部分或全部内容。
**版权所有，侵权必究**
举报电话：010-62752024　电子邮箱：fd@pup.cn
图书如有印装质量问题，请与出版部联系，电话：010-62756370

# 第 3 版前言

在产业链上，物流管理可以分为供应物流、生产物流、销售物流 3 个阶段，而采购管理是供应物流的核心，采购活动也因此成为现代经济活动的基本环节，无论是生产领域还是流通领域，都离不开采购活动。随着经济全球化和信息技术的发展，企业与企业之间的竞争已经演变为不同供应链之间的竞争，连接供应链连接的纽带——采购活动的作用日益突出。采购活动不仅是企业或部门的一种独立的功能和一般性的工作，而且是一种与企业战略决策密切相关的综合性管理工作。采购管理越来越受到企业的重视，优秀的采购管理有利于企业形成"采购竞争力"。

我国企业过去沿用的传统采购模式，经过实践证明，明显不适应现代企业发展和国际竞争的要求。学习和掌握先进的采购理念与采购技能，不仅是我国市场经济发展的迫切需要，而且是培养适应市场经济规律的高技能人才的需要。

本书第 2 版于 2015 年出版。但随着我国经济的发展，采购的内涵在不断地发生变化，第 3 版根据这些变化对部分章节内容进行了调整，尤其是对采购成本管理、采购绩效评估两个项目内容重新进行了编写，以便学生在学习相关知识后能够更好地在实践中应用所学的知识。本次修订还对各项目案例部分进行了更新，主要针对采购应用中的实际问题来选取案例，可开拓学生的专业视野。

采购管理实务课程是物流管理专业的专业核心课，也是理论性与实践性均较强的一门综合性课程。本课程主要研究采购的各种方式，涉及从采购计划制订到供应商选择、成本计算、合同管理、采购谈判、绩效考核等多项技能。本课程强调学生的参与式学习，学生通过系统地学习一定的采购管理理论基础后，在专业教师的指导下，可设立具体的实训项目场景，模拟采购具体项目环境来进行实践操作。

本书结合当前职业教育"以能力为本位，以就业为导向，以学生为主体"的教学模式，以培养知识完备、具有较强适应能力和动手能力的现代采购人才为目标而编写。本书主要具有以下特点：

（1）紧紧围绕采购的作业流程，运用简单易学的采购模型讲解采购知识。本书按照采购的基本流程讲述采购计划制订、供应商选择与管理、采购成本管理、采购合同管理与采购谈判、采购绩效评估、电子采购与招标采购等内容，在内容上去粗取精，引导学生运用简单的采购模型去解决复杂的采购问题。

（2）合理运用图表、模型来激发学生自我学习的兴趣。本书运用了许多实用的图表、模型，并将它们融入采购流程的介绍当中，可作为学校教学实操、顶岗实习的指导性教材，也可作为一本为企业员工所参考的实用的采购管理工具书。

（3）重视体例的安排，有利于教学的开展。每个项目都列出了工作任务描述、工作任务分解、学习目标、导入案例；每个项目还设置了案例分析、思考题、实训项目，使学生深入地理解所学知识，提高相关技能。

本书内容可以按照 64 学时安排讲授和实训，参考学时见下表。用书教师可根据专业的实际情况灵活地安排学时，并注意合理利用实训项目，有效地指导学生实训。

| 课 程 内 容 | 学 时 数 | | | |
|---|---|---|---|---|
| | 合 计 | 讲 授 | 实 训 | 机 动 |
| 项目 1 采购认知 | 6 | 4 | 2 | |
| 项目 2 采购计划制订 | 10 | 8 | 2 | |
| 项目 3 供应商选择与管理 | 14 | 10 | 2 | 2 |
| 项目 4 采购成本管理 | 8 | 6 | 2 | |
| 项目 5 采购合同管理与采购谈判 | 10 | 6 | 4 | |
| 项目 6 采购绩效评估 | 6 | 4 | 2 | |
| 项目 7 电子采购与招标采购 | 10 | 6 | 2 | 2 |
| 合　　　　计 | 64 | 44 | 16 | 4 |

本书主编由湖北城市建设职业技术学院李方峻、曹爱萍担任，副主编由湖北城市建设职业技术学院张晨、赵颖和湖北水利水电职业技术学院吴理门担任，主审由湖北城市建设职业技术学院副院长杨爱明担任。

本书具体编写分工为：曹爱萍编写项目 1、项目 5；李方峻编写项目 2、项目 3；赵颖编写项目 4；张晨编写项目 6；李方峻、吴理门编写项目 7。李方峻负责本书的总体设计构思、统稿和定稿。

本书在编写过程中，参考和引用了相关的文献资料，以取长补短。在此谨向对本书的编写、出版提供帮助的人士表示衷心的感谢！

由于编者水平有限，编写时间仓促，书中难免存在不妥之处，敬请广大读者批评指正。您的宝贵意见请反馈到电子信箱 jgxlifj@sina.com。

编　者
2018 年 8 月

# 目 录

**项目 1　采购认知** .................................. 1
 1.1　采购 ................................................ 2
  一、采购的概念 .................................. 2
  二、采购的类型 .................................. 4
  三、采购的基本程序 ............................ 8
 1.2　采购管理 ........................................ 12
  一、采购管理的概念 .......................... 12
  二、采购管理的基本职能 .................... 13
  三、采购管理的目标和任务 ................ 14
  四、采购与采购管理的比较 ................ 17
 1.3　采购组织 ........................................ 17
  一、采购组织的职能 .......................... 17
  二、采购组织的类型 .......................... 18
  三、采购组织的设计 .......................... 21
  四、采购部门的岗位设置与职责 .......... 23
 思考题 ................................................... 29
 实训项目 ............................................... 30

**项目 2　采购计划制订** .............................. 31
 2.1　供应市场分析 .................................. 33
  一、评估市场与经营环境 .................... 33
  二、分析企业自身的竞争能力及
    提供的产品/服务 ....................... 33
  三、制订产品/服务-市场方案 ............. 35
  四、比较和选择产品/服务-市场方案 .... 36
 2.2　供应定位与定位战略 ........................ 37
  一、供应战略与企业战略 .................... 37
  二、供应定位模型 .............................. 38
  三、常规型产品的供应战略 ................ 40
  四、杠杆型产品的供应战略 ................ 41
  五、瓶颈型产品的供应战略 ................ 42
  六、关键型产品的供应战略 ................ 42
 2.3　采购需求分析 .................................. 44
  一、需求的类型 ................................. 44
  二、明确采购的产品/服务 .................. 45
  三、明确采购数量、具体交付方式与
    服务要求 .................................. 46
 2.4　制订采购计划 .................................. 48
  一、采购计划 ..................................... 48
  二、采购需求说明的制订与发布 .......... 49
  三、采购计划的编制 ........................... 53
 思考题 ................................................... 62
 实训项目 ............................................... 63

**项目 3　供应商选择与管理** ....................... 64
 3.1　供应商管理概述 ............................... 66
  一、供应商管理的意义和目标 ............. 66
  二、供应商选择前的准备工作 ............. 67
  三、与供应商之间可能建立的关系
    类型 ......................................... 68
  四、供应商选择的基本模型 ................ 69
 3.2　供应商积极性测评模型 .................... 69
  一、供应商感知模型 .......................... 69
  二、供应商的总体积极性水平 ............. 73
  三、评定供应商的总体积极性等级 ...... 74
 3.3　供应商调查与选择 ........................... 75
  一、供应商选择标准 .......................... 75
  二、供应商识别与筛选 ....................... 76
  三、供应商调研 ................................. 78
  四、供应商评级方法 .......................... 82
  五、候选供应商分析 .......................... 88
  六、供应商选择结果反馈 .................... 89
 3.4　供应商管理 ..................................... 90
  一、供应商绩效考评与管理卡 ............. 90
  二、供应商日常管理要点 .................... 92
  三、供应商能力开发与积极性培养 ...... 93
  四、建立供应链战略合作伙伴关系 ...... 94
  五、供应商激励与控制 ....................... 96

思考题 ............................................................. 101
实训项目 ......................................................... 102

## 项目 4　采购成本管理 .................. 103

### 4.1　采购成本概述 ............................. 105
一、采购成本的概念 ............................ 105
二、采购成本的构成 ............................ 105
三、采购成本在企业经营中的
作用 ............................................................. 106
### 4.2　采购成本控制 ............................. 108
一、控制采购成本的途径 ................... 108
二、控制采购成本的方法 ................... 109
思考题 ............................................................. 116
实训项目 ......................................................... 117

## 项目 5　采购合同管理与采购谈判 ......119

### 5.1　准备合同 ....................................... 121
一、合同的主要内容 ............................ 121
二、现货采购合同与定期采购
合同 ............................................................. 122
三、无定额合同与定额合同 ............... 124
### 5.2　合同管理 ....................................... 125
一、建立合同管理团队 ........................ 125
二、制订合同管理计划 ........................ 127
三、采购合同管理 ................................. 131
### 5.3　采购谈判 ....................................... 134
一、采购谈判的含义及重要性 ........... 134
二、采购谈判前的准备工作 ............... 136
三、采购谈判程序 ................................. 141
四、采购谈判策略与技巧 ................... 151
思考题 ............................................................. 161
实训项目 ......................................................... 162

## 项目 6　采购绩效评估 .................. 164

### 6.1　采购绩效评估概述 ..................... 167
一、采购绩效评估的意义 ................... 167
二、采购绩效评估体系的分类 ........... 168
### 6.2　采购绩效评价体系设计 ........... 169
一、采购绩效评估人员的构成 ........... 169
二、确定采购绩效评估指标体系 ...... 170
三、确定采购绩效评估指标的
目标值 ....................................................... 172
四、实施采购绩效考核 ........................ 173
### 6.3　采购绩效的改进 ......................... 175
一、采购绩效改进原则 ........................ 175
二、采购绩效改进措施 ........................ 175
三、采购绩效改进计划 ........................ 177
思考题 ............................................................. 178
实训项目 ......................................................... 179

## 项目 7　电子采购与招标采购 ............185

### 7.1　电子采购 ....................................... 186
一、电子采购概述 ................................. 186
二、电子采购的模式 ............................ 192
三、电子采购的实现 ............................ 195
四、电子采购的实施 ............................ 196
### 7.2　招标采购 ....................................... 200
一、招标采购的方式 ............................ 200
二、招标采购的程序 ............................ 203
三、招标采购的准备 ............................ 205
四、招标采购的实施 ............................ 210
思考题 ............................................................. 215
实训项目 ......................................................... 216

## 参考文献 .................................................217

# 项目 1

## 采 购 认 知

---

### 工作任务描述

小刘原来在一家小型生产企业的采购部任职，经过两三年的发展，现有意跳槽到一个规模较大的企业去工作。在面试时，面试官向他提出以下几个问题：

（1）你是怎么理解采购的？

（2）介绍一下你的工作经历，并说说你所在采购部的日常工作、组织结构和人员分工的情况。

（3）如果你被我公司录取，你将如何开展工作？

可见，面试官的问题主要是考察小刘对采购和采购管理的理解和认识。

### 工作任务分解

| 工作任务 | 工作要求 |
| --- | --- |
| （1）理解采购的含义和类型，对企业采购流程进行分析和优化 | （1）理解采购的含义，能区分采购与购买。<br>（2）掌握采购的类型，学会分析各种采购方式的特点及适用条件。<br>（3）掌握采购的流程，能运用所学知识对企业采购流程进行分析和优化 |

续表

| 工作任务 | 工作要求 |
|---|---|
| （2）掌握采购管理的工作内容，了解采购管理在企业运营中的地位和作用 | （1）理解采购管理的含义，掌握采购管理工作的主要内容。<br>（2）熟悉采购管理的目标和任务，理解采购管理在企业运营中的地位和作用。<br>（3）正确认识采购与采购管理的关系 |
| （3）了解采购组织的形式和设计，设计采购部门的工作岗位并拟定各岗位的任职要求 | （1）了解采购组织的形式并能设计采购组织，能够分析各种采购组织形式的优缺点及适用条件。<br>（2）掌握不同企业组织结构中采购部门的岗位设置情况，在了解各岗位的任职要求的基础上树立学习和工作的目标 |

 学习目标

| 知识目标 | 能力目标 | 学习重点和难点 |
|---|---|---|
| （1）理解采购和采购管理的含义，熟悉采购管理的目标和任务。<br>（2）掌握采购的类型和采购的基本流程。<br>（3）掌握采购岗位的设置和岗位的任职要求 | （1）运用所学知识区分采购与采购管理，并掌握采购管理工作的内容。<br>（2）培养对企业的采购流程进行描述、分析和优化的能力。<br>（3）培养对企业采购部门进行岗位设置和拟定各岗位任职要求的能力 | （1）采购与采购管理的关系。<br>（2）采购的基本流程。<br>（3）采购部门的岗位设置 |

 导入案例

　　李某刚被任命为其所在公司计划供应科的主管，主要负责生产订单的计划排产、原材料及相关产品配件的采购工作。李某原以为只要按要求购进原材料和产品配件就可以了，可让他没有料想到的是，采购这一块的复杂程度着实令人头疼。几个采购员的工作效率不高，常常不知道自己究竟该干什么，相互推诿的情况时有发生。无奈之下，许多采购业务李某都要亲力亲为，他整天忙得焦头烂额。而且，有时候供货商的供货周期不稳定，公司各部门之间的信息交流既不顺畅又不及时，相互之间不配合。因此，一到生产旺季，计划供应科就不能及时地购进原材料，业务开展非常困难，导致供应经常发生断货的情况。

　　更严重的是，由于生产用原材料不能及时到位，直接造成车间停工停产；由于车间不能按计划生产，又完全打乱了生产主计划员的工作，搞得他无所适从；同时，这又导致营销系统不能按客户订单要求及时出货而遭到客户的多次投诉。车间、生产主计划员的催料，营销系统的催货，客户的投诉……整个公司乱成了一锅粥。

　　由此可见，采购并不像"买东西"那样简单，它在企业生产经营中的地位非常重要。而采购管理更是涉及采购组织管理、供应商管理、采购计划与决策、采购活动管理等方方面面的工作。

 1.1 采 购

一、采购的概念

　　采购活动是人类经济活动的基本环节，无论是生产领域还是流通领域，都离不开采购活动。特别是进入 20 世纪 90 年代以后,世界经济进入了一个新的发展阶段,企业之间的竞争加剧,采购被赋予了新的含义,采购管理也越来越受到人们的重视。

(一)狭义采购与广义采购

关于采购的含义,不同的人有不同的理解。美国的采购学者亨瑞芝在其《采购原理与应用》一书中提出,采购概念的范围远远大于交易行为本身,包括采购交易前的计划、供应货源的研究和采购交易后的合同管理等。我国台湾地区的采购专家叶彬在《采购学》中提出,采购是一种技术,"采购即是以最低总成本,于需要的时间和地点,以最高效率,获得适当数量与品质之物资,并顺利交与需用单位及时使用的一种技术"。而英国的采购学者贝雷在其《采购与供应管理》一书中更是将采购描述为一种过程。"组织采购是这样一个过程,组织确定他们对货物与服务的需要,确认和比较现有的供应商和供应品,同供应商进行谈判或以其他方式同其达成一致的交易条件,签订合同并发出订单,最后接收货物或服务并支付货款。"

基于上述理解,可以将采购定义为:采购是企业根据需求提出采购计划、审核计划,选好供应商,经过商务谈判确定价格、交货及相关条件,最终签订合同并按要求收货付款的过程。这是从狭义上对采购进行定义的。

从广义上来看,除了以购买的方式占有物品之外,还可以通过租赁、交换、借贷、外包等方式取得物品的使用权来达到满足需求的目的。从一般意义上来讲,我们所说的采购是指广义采购。可以从以下几个方面来理解采购的概念:

(1)采购是从资源市场上获取资源的过程。采购的意义就在于提供生产和生活所需要的而自己又缺乏的资源,这是采购的基本职能之一。采购的范围既包括生活资料又包括生产资料,而从另一个角度来说,既包括物质资料(如原材料、设备和工具等)又包括非物质资料(如信息、技术和软件等)。从资源市场上获取这些资源都是通过采购的方式进行的。

(2)采购是商流过程与物流过程的统一。采购是将资源从占有方转移到需求方的过程。这个过程既是所有权转移的过程(即资源所有权从供应者手中转移到需求者手中),又是实体的转移过程(即物质实体从供应者手中转移到需求者手中)。前者是商流过程,主要通过商品交易、等价交换来实现;后者是物流过程,主要通过运输、存储、包装、流通加工、配送等手段来实现。采购是对这两个过程的完整结合,只有这两个方面都实现了,采购过程才算完成了。

(3)采购是一种经济活动。采购是企业活动的重要组成部分:一方面,采购活动要获取资源,保证企业的正常经营与生产,实现采购的效益;另一方面,采购的过程会发生各种费用,产生采购成本。采购就是要追求以最少的成本去获取最大的效益。

(二)采购与购买

与"采购"词义最接近的词汇是"购买",因此很多人将采购活动简单地理解为买东西。事实上,两者有很大的区别,见表 1-1。

表 1-1  采购与购买的区别

| 比较项目 | 采　购 | 购　买 |
| --- | --- | --- |
| 主　体 | 通常是企业、事业单位、政府部门、军队和其他社会团体 | 家庭或个人 |
| 对　象 | 不仅仅是生活资料，更多的是生产资料 | 生活资料 |
| 规　模 | 品种、规格繁多，金额巨大 | 就独立的购买个体而言，数量不多，品种有限 |
| 过　程 | 从策划、实施到任务完成，整个过程十分复杂，是商流、物流、资金流、信息流综合运行的过程 | 从筹划、实施到完成，相对简单易行 |
| 风　险 | 尤其是国际采购存在一定的社会风险和自然风险 | 无论是自然风险还是社会风险，都不是很大 |

## 二、采购的类型

可以根据不同的标准对采购进行分类。而针对不同的采购类型，可以实施不同的采购策略。下面介绍一些主要的采购类型。

### （一）根据采购主体进行分类

根据采购主体的不同，可以把采购分为企业采购、政府采购、军队采购及其他社会团体采购。其中，企业采购是采购的主体，占全社会采购总额的绝大部分。在本书中，如果没有特别说明，一般是以企业采购为主要对象进行分析的。

政府采购是指各级国家机关、事业单位和团体组织，使用财政性资金集中采购目录以内或者采购限额标准以上的货物、工程或服务的采购。政府采购是利用财政款项进行采购的主流，是提高各级政府和事业单位的采购质量和效益，减少采购中腐败现象的重要措施。

### （二）根据采购商品形态进行分类

1．有形采购

有形采购是指对有形商品的采购。有形商品涉及所有的生产资料和生活资料，主要包括原材料、零部件、半成品、成品、能源、辅助材料和低值易耗品等。

（1）原材料。原材料是指构成产品本体部分的物料。

（2）零部件。零部件是指已经完成全部加工过程，只待组装的物料。

（3）半成品。半成品是指已经初步加工，尚需进一步加工的物料。

（4）成品。成品是指具有一定的独立功能，可以对外销售的产品。成品有时是相对的，尤其是在供应链条件下，上游企业的成品对下游企业而言，很可能仅仅是零部件或半成品，甚至是原材料。

（5）能源。能源是指煤炭、燃油等产生热量的物资。

（6）辅助材料。辅助材料是指虽然不构成产品实体，但在产品生产过程中不可缺少的物料，如包装物、润滑油、乙炔等。

（7）低值易耗品。低值易耗品是指劳动资料中单位价值在规定限额以下或使用年限比较短（一般在1年以内）的物品。它与固定资产有相似的地方，即在生产过程中可以被多次使用而不改变其实物形态，在使用后也需要维修，在报废后可能也有残值。

2．无形采购

无形采购是指对不具有实物形态的对象的采购，主要包括技术、服务和信息，如制造某种产品的技能知识、安装服务、培训服务、维修服务等。

（三）根据采购的科学化程度进行分类

1．传统采购

传统采购模式是在季（年、月）末，企业各部门申报下季（年、月）采购申请单，由采购部门汇总，制订统一的采购计划，采购计划被批准后于下季（年、月）采购，用于填充库存、满足下季（年、月）企业各部门的使用需求。

传统采购的特点是管理简单、粗糙，市场响应不灵敏，库存量大，资金积压多，库存风险大。传统采购一般是通过询价现购、比价采购、议价采购及公开市场采购等方式来实现的。

（1）询价现购。采购人员选取信用可靠的供应商将采购条件讲明，并询问价格或寄询价单并促请对方报价，比较后现价采购。

（2）比价采购。采购人员请数家供应商提供价格，加以比较后，从中选择供应商进行采购。

（3）议价采购。采购人员与供应商经过讨价还价后，议定价格进行采购。一般来说，询价、比价和议价是结合使用权用的，很少单独进行。

（4）公开市场采购。采购人员在公开交易或拍卖时，随时机动地采购。因此，大众需要或价格变动频繁的商品常用此法采购。

2．科学采购

科学采购是在科学的理论指导下，采用科学的方法和现代科技手段实施的采购。科学采购是相对于传统采购而言的，主要指采购数量、采购价格、采购时间、采购商式的确定和采购操作更加科学有效。

科学采购主要包括订货点采购、MRP（Material Requirement Planning）采购、JIT（Just in Time）采购、供应链采购、招标采购和电子采购等。

（1）订货点采购。订货点采购既是一种采购方式，又是一种库存控制的实施方法。所谓订货点，就是仓库必须发出订货的警戒点。到了订货点，就必须发出订货，否则就会出现缺货。因此，订货点就是订货的启动控制点，也是仓库发出订货的时间。

（2）MRP采购。即物料需求计划采购，它是根据物料需求计划[根据物料清单BOM（Bill of Material）和生产计划表所做出来的一份计划]进行采购的方式。

（3）JIT采购。即准时化采购，其基本思想是：在恰当的时间、恰当的地点，以恰当的数量、恰当的质量提供恰当的物品。JIT采购是准时化生产管理模式的必然产物。

（4）供应链采购。即从整个供应链的角度来控制采购成本，解决采购中存在的问题，主要表现为牛鞭效应（Bullwhip Effect）。

（5）招标采购。即采购商作为招标方事先提出采购的条件和要求，邀请众多企业参加投标，然后由采购商按照规定的程序和标准一次性地从中择优选择交易对象，并与提出最有利条件的投标方签订协议的过程。招标采购的整个过程要求公开、公平和公正。

（6）电子采购。即使用互联网、电子数据交换（Electronic Data Interchange, EDI）或电子文件传输来进行的企业间的采购商式。电子采购在采购要求的提出、订单的产生、商品运输和存货管理等方面都有重大作用，一般是通过应用相关的软件来实现的。

## （四）根据采购的组织形式进行分类

根据采购组织形式的不同，采购可以分为集中采购、分散采购和混合采购。这种分类方式实际上决定了采购的审批权限。这3种采购商式各有各的优缺点，企业可以根据自己的特点选用不同的采购商式。

### 1. 集中采购

集中采购是指企业的采购部门全权负责企业的采购工作，即企业生产所需的物资，都由一个部门负责，其他部门（包括分厂、分公司）均无采购权限。

（1）集中采购的优点。其一，企业可以在采购总量一定的情况下，通过增加采购的批量来提高与供应方谈判的力度，从而获得较多优惠；其二，便于企业实施采购商针，可统筹安排采购物资，合理配置资源，最大限度地降低库存；其三，企业不需要设立多个采购机构，可精简人力，提高工作的专业化程度；其四，便于控制采购成本，促进采购流程的规范化；其五，有利于建立各部门共同物料的标准规范，简化种类，互通有无，也有利于减少检验工作。

（2）集中采购的缺点。其一，采购流程过长，时效性差，难以适应零星采购、地域采购、紧急情况采购；其二，采购与需求分离，有时难以准确地了解内部需求，会降低采购绩效；其三，特别是对于非共用性物资来说，集中采购难以获得价格优惠。

（3）集中采购的适用范围。一般来说，集中采购主要适用于集团范围内实施的采购活动，如跨国公司的采购、连锁经营、OEM（Original Equipment Manufacturer，原始设备制造商，俗称"代工"）厂商和特许经营企业的采购。

集中采购是政府采购的重要组织实施形式。政府可将具有规模（包括批量规模）的采购项目纳入集中采购目录，统一由集中采购机关（通常是政府采购中心）开展采购活动，从而获得采购的规模效益。

### 2. 分散采购

分散采购是指按照需要，由单位设立的部门自行组织采购，以满足生产经营需要的方式。

（1）分散采购的优点。其一，在分散采购模式下，企业下属各单位都享有自主采购的权限，这样可以使采购与生产经营需求结合得更加紧密；其二，分散采购减少了集中汇总、层层审批的烦琐程序，可以很快做出采购决策并立即组织实施，提高了工作效率，具有较好的时效性；其三，分散采购有利于激励机制的贯彻实施，有助于调动采购人员的积极性。

（2）分散采购的缺点。其一，下属单位都具有采购自主权，企业采购管理的难度就会加大，特别是资金控制的难度会加大；其二，各下属单位均自设采购组织，显然会增加整体采购组织的人员数量。

（3）分散采购的适用范围。分散采购适用于各下属单位地理分布比较分散，需求的共性不是很强，并且通过集中采购不能取得规模采购优势的企业。此外，企业的零星需求、紧急需求或地域性很强的需求，都可以采取分散采购的方式。

3．混合采购

除了采用集中采购和分散采购的方式进行采购外，还可以采用集中采购和分散采购相结合的混合采购商式。一般将需求的共性较强、采购额较大、重要度与风险性较高的项目集中起来采购，而将个性需求、零星需求、一定金额内的临时需求等项目分散开来采购。混合采购既发挥了集中采购与分散采购的优点，又规避了这两种采购商式的缺点，是一种灵活性很高的采购商式。

案例阅读

某公司原来是大型私营企业，当前与美国一家公司合资经营，在全国有2个基地共8家工厂。该公司3月开始成立采购中心，准备进行集中采购。该采购中心确定了组织架构后，就要选择集中采购的对象。但该公司仅采购量较大的原材料就有几百种，需要经过详细的数据分析、现场访问才能敲定集中对象。

该公司属于食品行业，大宗物料（如粮食）占采购额的20%，每年的采购额有几亿元人民币。按理说，这类采购项目应该由公司统一采购，但实际上其采购渠道有3条：一是与中央直属粮库签订大合同；二是与当地私营个体户签订小合同；三是由当地农户直接送往工厂。这3条采购渠道相结合，既集中又灵活，较好地兼顾了总部的价格要求和工厂的灵活性需求，避免了集中采购铁板一块、从极端分散向极端集中单方向移动的问题。

但是，真正让人头痛的是一些零散物料的采购，如生产车间用的五金零配件的采购。一种方式是整体外包，找一个有实力的专业的五金供应链管理公司来代理采购。但这类公司不愿意做五金配件类的采购，虽说每年也有数千万元人民币的采购额，但是品种太多，总量相对较小，规模效益不明显。如果找一个当地的小五金商店来做，它们又缺乏资金实力和供应链管理能力，加上路途遥远，管理起来会比较麻烦。所以该公司暂时保留基地采购的做法，等机会成熟后再探讨统一采购的可行性。

这个案例反映了每个公司采购时或多或少都会遇到的难题。首先是集中采购的度，即一类物料到底是全部归总部集中采购，还是适当放权下去进行灵活处理。总部与分部，集中与灵活，需要一段时间的磨合和总结，不能期望它一蹴而就。即使是模式确定下来，但随着采购额、供应商、合作方式、公司战略等的变化，也要及时调整集中与灵活的比例。例如，以前通用电气采取的是比较典型的分散采购商式，而现在则在有些方面适度集中；相反，也有集中度很高的公司因为涉入新领域、新产品，对时效性、灵活性要求更高，从集中采购过渡到分散采购。如果公司规模大了，那么子公司之间的业务相关性可能变低，也不能将所有子公司的采购都集中到一起。再如，一个分部服务于汽车产业，进行大批量生产，以规模取胜；另一个分部侧重于航空航天产业，进行小批量生产，以技术、质量取胜。尽管它们都需要铝制件，但技术性能要求迥异，供应商也不同，因此很难集中到一起采购。

其次是多种少量的情况，如上面谈到的五金零配件和工厂常见的保养、维修件。批量大的物料向来是集中采购的重点对象，集中度一般较高。随着相对容易集中的物料越来越少，小批量、多品种的物料就登上了舞台。有些物料对采购商来说是小批量，但对分销商来说则未必，因此可考虑集中总包给分销商。例如，一个分销商专营车队维修，在各地有分支机构，服务于多家公司的车队，在备用零部件方面就有一定的规模优势，可能具备集中供货的优势。再如，有些大型设备供应商在全国各地都有客户，客户可考虑VMI

（Vendor Managed Inventory，供应商管理库存），即由设备供应商备料，而这些物料可同时支持多个客户，具有规模效益。但有些物料对谁来说都是多种少量，则未必是集中采购的理想对象，因此切忌为集中采购而集中采购，一定要考虑规模效益。没有规模效益，价格优惠八成是利润转移，而不能真正解决问题。

### （五）按采购的范围分类

#### 1. 国内采购

国内采购是指在本国境内进行的采购。例如，国内机械制造企业从国内的钢铁企业采购钢材，服装厂从纺织厂采购布料等。国内采购机动性强、手续比较简单、物流费用较低、供应保障性较好，一般以本币进行结算，遵循本国的法律、法规。

但国内采购的物品并不一定是本国企业生产的，外资及合资企业在本国生产的物品、国外生产而在本国市场销售的物品都是国内采购的对象。

国内采购又分为本地市场采购和外地市场采购两种。在通常情况下，首先考虑本地市场，这样可以节约采购成本、减少运输时间、保证供应；在本地市场不能满足供应时，再考虑外地市场。

#### 2. 国际采购

国际采购是指利用全球资源，在全世界范围内寻找供应商，寻找质量最优、价格最合理的产品（货物或服务）的采购。这种采购一般是直接向国外厂商咨询，与国外厂商谈判，或者向国外厂商设在本国的代理商咨询采购。随着经济全球化的发展，国际采购已经成为企业发展的重大战略选择。

相对于国内采购而言，国际采购具有一定的特殊性，主要表现在以下几个方面：

（1）国际采购更加追求低成本。这是国际采购最大的特点。为了提高企业竞争力，降低企业成本，国际上许多企业往往在劳动力成本相对较低的地区布厂生产。通过国际采购，可以追求采购成本最低化。

（2）国际采购难度更大。由于不同国家（地区）的运输能力、社会条件、自然环境、运作模式等不同，所以国际采购的难度更大。例如，受经济条件制约，西方企业在亚洲地区往往无法找到和使用在西方常见的多式联运的方式，且承运人无法提供准确的信息，致使物流追踪难度很大。

（3）国际采购更加复杂。由于国际采购的跨地域性，使得订货、备货、制造和运输的时间都被延长。而且与国内采购相比，国际采购涉及更多的部门和节点，如物流中心、港口、船公司、海关和质检部门等，手续办理比较复杂。研究表明，在整个供应链中，国际物流费用占货物总成本的2%~5%，但其所花费的时间却占到了30%~50%。

（4）国际采购供应保障性较差。国际采购需要较高的库存，结算币种以供需双方协商为准，一般遵循国际惯例及所在国的法律、法规。这些都是国内采购所不具备的，需要在操作中特别注意。

## 三、采购的基本程序

高效的采购系统是保证企业正常运营的重要环节。由于采购物品的来源、采购商式、采购对象和采购主体的不同,所以其采购流程可能在细节上略有差异,但基本的采购程序大致相同。

(一)确定需求

需求是采购的依据,采购什么,采购多少,什么时候采购,都要根据需求确定。一般企业采购部门的需求来源有 3 个方面,即客户订单、物料请购单、部门预测。

(1)客户订单。对于流通企业来说,客户订单是采购的重要需求来源;对于生产企业来说,客户订单决定产品的生产,生产决定物料需求,物料需求决定采购。因此,应将客户订单转换为物料需求,但转换时要考虑物料需求定额。

> 知识链接

物 料 定 额

物料定额是指在一定的生产和技术条件下,使用现有的设备和材料进行作业,完成单位工作量或生产单位产品时,合理消耗的材料的数量。物料定额有以下 4 种类型:

(1)数量定额。数量定额是指在单位时间及范围内,对物料用量按定额单位(如木材按立方米计算,油漆按升计算,皮料按平方米计算)进行的数量限制或用量标准的制定。

(2)价值定额。价值定额是指被定额物料的价值大小,即通过总金额的限制进行的定额。例如,某单位某月的木料用量定额为 200 万元人民币,某单位某周的砂纸用量定额为 500 元人民币。

(3)单项定额。单项定额是指针对某一项物料所进行的物料定额。例如,单一的包装材料定额、原材料定额等。

(4)综合定额。综合定额是指以材料大类或部门为单位进行的物料定额,它与单项定额恰好相反。综合定额的目的是对数量大而价值低的物料进行统一管理,或者是在总的目标偏差不大的情况下进行抛开细节的物料管理。

(2)物料请购单。对于执行集中采购的团体来说,各部门采购物品的需求往往是通过物料请购单来表现的。一般的物料请购程序如下:

① 填写物料请购单。物料请购单一般由请购人根据本部门的需求情况填写,示例见表 1-2。

表 1-2 物料请购单示例

| 制造单号: | | | 请购单号: | | | | 请购日期: | |
|---|---|---|---|---|---|---|---|---|
| 产品名称 | | | 产品数量 | | | 生产日期 | | |
| 序号 | 材料名称 | 规 格 | 请购数量 | 批准数量 | 本批采购数量 | 标准用量 | 库存数量 | 备 注 |
| | | | | | | | | |
| | | | | | | | | |
| | | | | | | | | |
| | | | | | | | | |
| | | | | | | | | |

批 准: 请购人:

② 部门审批。由请购人所在部门的部门经理审批。

③ 需求汇总。各需求部门将请购单交给采购部门，由采购部门进行汇总。有的企业是将请购单交给计划部门进行汇总。

④ 部门核准。采购部门经理核准汇总的请购单，作为采购计划的制订依据。

⑤ 审批。一般由主管采购的副总经理审批。如果是企业的总经理直接负责采购工作，就由总经理审批。

（3）部门预测。采购部门根据以往的需求数据和形势的发展，预测未来一段时间内的需求情况。预测也是需求的重要来源。

## （二）需求说明

确定企业需求后，为了使采购部门的工作能顺利进行，还需要对拟采购的物品或服务细节进行准确描述，如数量、质量要求、包装、售后服务、运输和检验方式等。在描述时，应采用统一术语，以避免理解上的错误。因此，为了保证术语的统一，采购部门应制订一份经常采购物品目录表，并及时进行修正和补充。

**注意**：需求说明一般以《采购需求说明书》的形式表现。

## （三）选择供应商

选择高品质的供应商是采购成功的重要保证。企业可以根据需求描述，在原有供应商群体中选择供应业绩良好者，通知其报价；也可以以刊登公告等方式公开征集供应商，甚至开发新的供应源。

选择供应商需要企业明确目标，这些目标包括供应商能否满足自己需求的质量、数量、交付、价格、服务等。决定这些基本采购目标的重要因素是供应商品质，这些品质包括历史记录、设备与技术力量、财务状况、组织与管理、声誉、位置等。

## （四）洽谈价格与签订合同

洽谈价格是采购的重要环节。洽谈的过程是一个反复讨价还价的过程。是否具备良好的议价能力是衡量采购者的首要标准。供需双方就质量、数量、价格、交货期、付款方式、违约责任等进行洽谈，在互利共赢的基础上签订采购合同，实现成交。合同和订单是具有法律效力的书面文件，规定了买卖双方的责任、权利和义务。签订合同或订单是采购实现的标志。

## （五）订单跟踪与催货

为了促使供应商按期、按质、按量交货，应督促供应商按规定履约，这个环节就是订单跟踪与催货。对于大型采购来说，应设专职的跟踪和催货人员。通过跟踪，可及时发现并解决问题，保证订单的正常履行。跟踪需要经常询问和落实供应商的进度，跟踪的主要内容有采购品的设计情况、供应商备料情况、生产进度、关键环节的控制、检验问题等，直至商品包装入库。跟踪一般通过电话进行，有时也制订《采购订单跟踪明细表》（见表1-3），以查询订单完成情况。必要时，还要去供应商工厂进行实地跟踪。在跟踪过程中，如果发现供应商不能履行合约，应及时修改或取消订单，调整交易对象或数量，以免影响物料的供应。在货物匮乏的时候，跟踪和催货更加具有现实意义。

表1-3 采购订单跟踪明细表

分　类：＿＿＿＿＿＿＿
跟催员：＿＿＿＿＿＿＿

| 订购日 | 订购单号 | 料号（规格） | 数　量 | 单价/元 | 总价/元 | 供应商（编号） | 计划进料日 | 实际进料日 | | |
|---|---|---|---|---|---|---|---|---|---|---|
| | | | | | | | | 1 | 2 | 3 |
| | | | | | | | | | | |
| | | | | | | | | | | |
| | | | | | | | | | | |
| | | | | | | | | | | |
| | | | | | | | | | | |

（六）货物验收与入库

供应商按承诺发货后，采购部门应根据物品的检验体系，对物品进行严格检验，合格则入库，不合格则按照合同的规定进行处理。货物的验收与入库一般由仓库管理部门负责。

（七）货款结算

供应商交货验收合格后，仓库管理部门会签发《入库单》，并以此作为货款结算的依据。采购部门根据《入库单》核查供应商开具的发票，并通知财务部门按照合同规定向供应商支付货款。

（八）结案

无论是合格付款还是不合格退货，均须办理结案手续，查清各项书面资料有无缺失，绩效是否好坏等，呈报上级主管部门或权责部门核阅批示。

（九）采购档案管理

结案后，采购过程中的各种文件、资料均应列入档案，登记、编号、分类进行保管，以备参阅或事后发生问题时查考。归档的文件应确定保管期限，一般为3年，具体视文件性质和企业实际情况而定。

案例阅读

某超市一般采购业务管理总流程如图1.1所示。

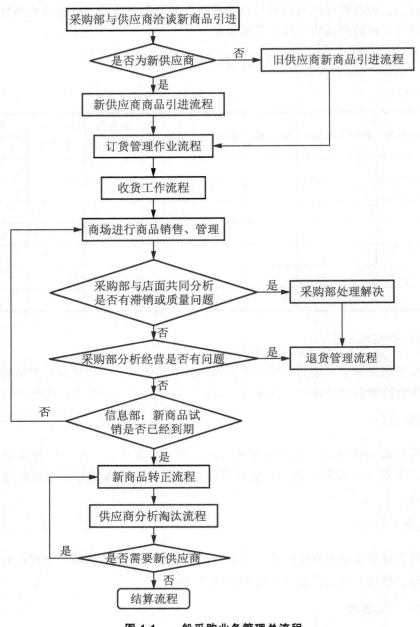

**图 1.1　一般采购业务管理总流程**

 **1.2　采购管理**

**一、采购管理的概念**

所谓采购管理，是指为保障企业物资供应而对采购活动进行管理的活动。采购管理的任务是调动整个企业的资源,满足企业的物资供应,确保企业经营战略的实现。采购管理主要有 3 种:一是与采购需求有关的企业内部管理;二是企业外部的市场与供应商管理;三是采购业务过程本身的管理。

采购管理的内容结构如图 1.2 所示。

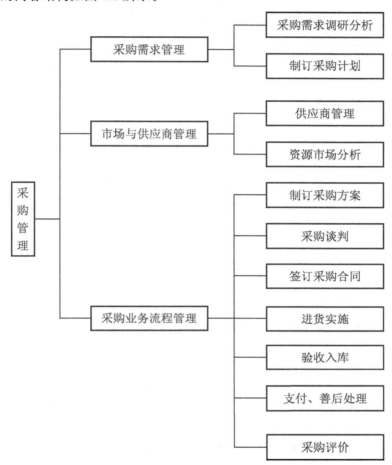

图 1.2 采购管理的内容结构

## 二、采购管理的基本职能

企业作为国民经济的一个基本细胞,承担着为社会提供产品/服务的功能。企业就是通过提供这种产品/服务而获得它在社会中的存在价值,从而得到社会的回报而生存和发展的。因此,任何企业的基本职能都是根据自己的具体情况生产自己的产品/服务,并提供给社会,不断通过自己的产品/服务去为社会服务。但是,为了不断地生产自己的产品/服务,企业除了自己已有的人力、物力资源外,还需要不断地从市场获取各种资源,特别是各种原料、材料、设备、工具等,这就需要采购,也称为物资供应,而这方面的工作就是由采购管理部门来承担的。就采购管理的具体职能来说,一方面,它要实现对整个企业的物资供应;另一方面,它是企业联结整个资源市场的纽带。采购管理的基本职能是比较宽泛的,具体包括以下几个方面。

### （一）供应商管理

采购部门的重要职责之一就是供应商管理，即选择、评审、管理供应商，建立供应商档案。供应商的选择是确保商品品质和服务的最重要的措施之一，只有正确地选择供应商，才能在最恰当的价格下，得到恰当品质和数量的产品和良好的服务。一般来说，这方面职责的具体工作由采购人员来完成，采购部门履行这一职责时，必须具备一定的经验和专业技能。

### （二）制订采购计划与采购预算

采购管理应在采购调查和分析的基础上，进行采购决策，编制采购计划，为采购活动提供指导。

### （三）采购活动管理

采购管理活动是指根据需求和采购计划，组织实施采购活动，包括供应市场调研、采购谈判、产品检验、订单处理等活动。

### （四）采购合同管理

这一职能包括组织对采购合同的评审、对采购合同进行分类管理、对采购合同执行情况进行监督等。根据这一内容，采购部门被赋予审查、决定采购合同的权限。采购部门审定一份合同是基于竞标、洽谈或者这两种方式的混合。如果采用竞标这一方式，采购部门就要决定需要有多少竞标参与者；如果采用洽谈这一方式，采购部门则应该在洽谈中起主导或协调作用。

### （五）品种结构调整与管理

品种结构调整与管理的内容包括新品引进和滞销品淘汰。新品引进主要考虑的是新品对原有品种的广度和深度的影响，目的是通过新品引进不断更新品种结构。按照产品品种的划分，滞销品指的是毛利低且周转率低的商品。通过信息系统自动识别与人工筛选相结合的方式，依据日常的销售和库存情况可对滞销品进行识别与控制。

## 三、采购管理的目标和任务

### （一）采购管理的目标

采购管理的总体目标是满足企业的物资供应，确保企业经营战略的实现。怎样才能保证物资供应的有效性呢？通过实施采购管理应做到在确保适当的质量的前提下，能够以适当的价格，在适当的时间从适当的供应商那里采购到适当数量的物资和服务。

1. 选择合适的供应商

满足企业需要的供应商是企业的宝贵资源。供应商适时、适地为企业提供物资供应，保证企业生产和流通的顺利进行。天时不如地利，企业往往容易在与距离较近的供应商的合作中取得主动权，所以企业在选择试点供应商时最好选择近距离的供应商来实施采购活动。近距离供货不仅使得买卖双方的沟通更为方便，事务处理更加快捷，而且可以降低采购物流成本。越来越多的企业甚至在建厂之初就考虑到所需供应商的"群聚效应",思考在周边区域能否找到企业所需的大部分供应商,这对企业长期的发展有着不可估量的作用。

2．确保适当的质量

一个不重视品质的企业在激烈的市场竞争环境中根本无法立足。采购部门要保证采购的物品能达到企业生产和流通所需要的质量标准,而且要适度。如果质量太高,一是没有必要,二是采购价格必然会很高,徒增购买费用。采购物品品质达不到使用要求的严重后果是显而易见的,会导致以下情况发生:

（1）来料品质不良会导致企业内部相关人员花费大量的时间与精力去处理后果,增加大量的管理费用。

（2）来料品质不良会导致在检验上花费额外的时间与精力,造成检验费用增加。

（3）来料品质不良会导致生产线返工增多,降低产品质量和生产效率。

（4）因来料品质不良而导致生产计划推迟,有可能造成不能按承诺的时间向客户交货,会降低客户对企业的信任度。

（5）因来料品质不良而引起客户退货,有可能令企业蒙受各种损失,甚至会丢失客户。

3．选择适当的时间

若企业已安排好生产计划,而原材料未能如期达到,则会引起企业内部混乱,即出现停工待料的情况;若产品不能按计划出货,则会引起客户的强烈不满;若原材料提前太多买回来放在仓库里待产,则又会造成库存过多而大量积压采购资金,这是企业很忌讳的事情。因此,采购人员要扮演协调者与监督者的角色,促使供应商按预定时间交货。

4．确定适当的数量

批量采购虽然有可能获得数量折扣,但会积压采购资金,而太少又不能满足生产需要,故合理确定采购数量相当关键。一般按经济订购量采购,采购人员不仅要监督供应商准时交货,而且要强调按订单数量交货。

5．制定适当的价格

价格永远是采购活动中的焦点,企业在采购中最关心的要点之一就是采购人员能节省多少采购资金。因此,采购人员不得不将相当多的时间与精力耗费在跟供应商的"砍价"上。物品的价格与物品的种类、是否为长期购买、是否为大量购买与市场供求关系有关,同时与采购人员对该物品的市场状况熟悉程度也有关,如果采购人员未能把握市场脉搏,供应商在报价时就有可能"蒙骗"住采购人员。合适的价格往往要经过以下几个环节的努力才能获得:

（1）多渠道获得报价。这不仅要求有渠道供应商报价,而且要求有一些新供应商报价。企业与现有某些供应商的合作可能已达数年之久,但它们的报价未必优惠。获得多渠道的报价后,企业就能对物品的市场价有一个大致的了解,并依此进行比较。

（2）比价。俗话说"货比三家",因为专业采购所买的东西可能是一台价格不菲的设备或年采购金额巨大的零部件,这就要求采购人员必须谨慎行事。由于供应商的报价单中所包含的条件往往不同,所以采购人员必须将不同供应商报价中的条件转化一致后才能进行比较,只有这样才能得到真实可信的比较结果。

（3）议价。经过比价环节后，筛选出价格最适当的两三个报价。随着进一步沟通，不仅可以将详细的采购要求传达给供应商，而且可以进一步"杀价"，因为供应商的第一次报价往往含有"水分"。但如果采购物品为卖方市场，即使面对面地与供应商议价，最后所取得的实际效果可能比预期的要低。

（4）定价。经过上述环节后，买卖双方均可接受的价格便可作为日后的正式采购价。一般需要持有两三家供应商报价，这些价格可能相同，也可能不同。

为了降低零售价格，某公司需要降低进价成本。为此，它们采取了多种行之有效的办法，分别如下：

（1）对采购人员进行职业道德和业务技能培训，不断提高他们的业务水平，使他们掌握谈判技巧，竭尽全力降低进货价格。

（2）利用公司的品牌、信誉度和现有的业务渠道，吸引大量厂家主动为其提供价廉物美的商品。

（3）制定具体的进货原则。本地产品坚持从厂家直接进货，扩大一手货的范围；外地产品坚持从总代理处进最低价格的货；减少进货环节，降低进货成本。

（4）扩大连锁范围，发展直营和加盟形式的便民超市和大型综合超市，不断扩大销售量，通过规模效应降低进货成本。

（5）加强与厂家的合作，建立良好的合作关系。通过为供货商提供良好的服务，如及时反馈商品信息、及时结算、引进一些产品已系列化的厂家进店设立专柜等，使进货价格进一步降低。而且厂家向超市派驻促销员，也为超市节省了大量的劳动力成本。

（6）掌握市场需求，扩大商品销售。为了及时掌握市场动向，采购人员改变以往的商家坐等厂家和供货商上门推销的被动做法，采取多种渠道开展市场调研，以了解市场需求，从而确定超市经营的商品种类。超市向周围小区居民和购物顾客发放了近万张调查表，征询消费者的意见，并在此基础上对所经营的商品进行调整，在加大非食品类商品的经营力度的同时，重点增加生鲜食品、熟食卤味、腌腊制品、粮食加工品等居民"菜篮子工程"系列商品，扩大了超市的销售额。

## （二）采购管理的任务

为了实现采购目标，企业必须重视加强采购管理。企业采购管理的主要任务有：一是通过采购管理，保证企业所需物资的正常供应；二是通过采购管理，从市场获取支持企业进行物资采购和生产经营决策的相关信息；三是与供应商建立长期友好的关系，建立企业的稳定的资源供应基地。

张三是一名采购员，几年前加盟某科技公司。该公司规模不大，但是研发、生产（部分发外加工）、销售、安装、服务一条龙，涉及设备包括计算机、音响、光纤传输及转换、监控、配电等，年营业额也有几千万元，采购部除了一名主管（副总经理）外，只有张三一个人。

由于该公司产品附属于工程，所以几乎每个项目都不是一模一样的，产品型号非常繁杂，所需电子器件（包括研发用料）、设备等材料不是用一个笼统的概念就可以描述清楚的，采购的工作量非常大。张三经常要晚上加班才能做得完工作,而且没有加班费。虽然在该公司同等级的职位中,采购员的工资是最低的,但是张三依然以诚恳的态度来工作,认真做好每一件事,多年来一直是清清白白的。因为张三从小受到的教育告诉他要做一个诚恳、踏实、正直的人,他知道有一份工作、有一份收入毕竟是要有所付出的。

虽然张三一直任劳任怨地努力工作着,但也希望上司能感觉到他的付出对公司很重要,适当地给他加一点工资以彰其功。因为来公司几年了,公司的营业额一直在增加,自己的工资却从来没有涨过,而一起出来工作的同学的工资都是自己的两倍了。

前不久,张三以公司最近订单多、自己太忙为由,想通过向上司提出增加人手的方式让公司给自己涨工资。没想到公司老总竟然以采购不是公司的主要环节为由来推却,说采购部不需要太多人手,还说公司没有采购照样也能赚钱等。

难道小公司的采购真的是可有可无吗?难道采购员的工资一定要用回扣来填补?采购员的出路到底在哪里?如果你是张三,面对这种情况,你会如何处理?

### 四、采购与采购管理的比较

很多人都认为,采购管理就是搞采购,把采购与采购管理当成一回事。这种观点显然是不对的,说明人们对采购管理工作的认识还不清晰。只有把采购与采购管理区别开来,才能真正地做好采购管理工作。采购与采购管理的主要区别如下:

(1)采购与采购管理的内涵不同。采购是按订单规定指标,在资源市场完成采购任务,是一种具体的业务活动;而采购管理对采购活动进行计划、组织、指挥、协调和控制,是管理活动。

(2)采购与采购管理的参加人员不同。采购通常只由采购人员承担,只涉及采购人员个人;而采购管理不但面向企业全体采购人员,而且面向企业组织其他人员,一般由企业的采购科(部、处)长、供应科(部、处)长或企业副总(采购经理)来负责。

(3)采购与采购管理任务的权限不同。采购就是完成采购经理布置的具体采购任务,采购人员的权限在于经理分配的职权和有限资源的支配;而采购管理则要面向全企业或整个组织,要保证其物资供应,实现企业利益最大化,可以调动整个企业的资源为其服务。

但是,采购本身有具体的管理工作,属于采购管理范畴;而采购管理本身,也可以直接参与到具体的采购业务的每一个步骤、每一个环节,以及对每一个采购人员进行管理。由此可见,采购与采购管理并不完全是一回事,两者既有区别又有一定的联系。

## 1.3 采购组织

### 一、采购组织的职能

采购组织是根据企业采购需求而建立的组织单元。采购组织可以完成物资和服务的采购,与供应商洽谈采购条件,并处理相关交易。采购组织的基本职能主要包括以下3个方面。

### （一）业务职能

业务职能包括制订采购计划、组织采购实施、采购品库存管理。制订采购计划是指根据企业总体战略和目标、内外部顾客的需求、企业下一阶段或年度的生产计划或销售预测来确定采购物品的需求，制订采购战略规划和物品的采购计划。组织采购实施是指根据采购规划和需求，组织人、财、物实施采购计划，选择供应商，洽谈价格，确定交货及相关条件，签订合同并按要求收货、付款。采购品库存管理是指对采购的物品进行验收入库、保管保养、发货，确定合理库存量并对库存量进行实时监控，以确保生产和流通的顺利进行。

### （二）拓展职能

拓展职能是指将采购管理从企业内部拓展到对供应商的管理，甚至对整个供应链的管理。拓展性活动包括对供应商的评估与选择、与供应商建立合作伙伴关系、对供应商的绩效考评等，以此来降低采购成本、提高供应的可靠性和灵活性，提升企业的市场竞争力。在现代企业采购中，拓展职能已经越来越重要。

### （三）支持职能

支持职能是指对企业的采购进货业务提供支持与帮助，并对保证其顺利实现的诸多要素进行管理，包括人员管理、资金管理和采购信息管理。采购组织的支持职能具体有以下几个方面：

（1）企业资源市场分析，掌握市场的供求状况及未来的变化趋势。

（2）供应商的调查与选择。

（3）与供应商洽谈，确保最有力的供货条件，提高采购效率，降低采购成本。

（4）编制采购计划并进行采购预算。

（5）询价、洽谈采购条件并签订采购合同。

（6）对供应商的价格、品质、交货期、交货量等进行追踪、验收和处理。

（7）对采购绩效进行评估与改进。

## 二、采购组织的类型

在现实中，组织的结构是千差万别的，而选用一种最适合本组织的结构设计方案，是组织结构设计的一条基本原则。作为企业组织结构的一个重要组成部分，随着企业组织结构的演变，采购组织结构经历了"分散型采购组织→集中型采购组织→混合型采购组织→跨职能采购小组"的变迁。

### （一）分散型采购组织

#### 1. 基本概念

分散型采购组织结构是随着总部对企业运作管理权限的放开，分支机构逐渐掌管了日常事务而出现的。分散型采购组织如图1.3所示。

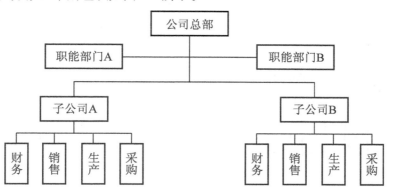

图1.3 分散型采购组织

2．优缺点

分散型采购组织的优缺点见表1-4。

表1-4 分散型采购组织的优缺点

| 优　点 | 缺　点 |
| --- | --- |
| 紧急采购时可争取时效，机动配合生产需要 | 权力分散，无法获得集中采购的价格折扣 |
| 有利于地区性物资的采购，仓储管理方便 | 对供应商的政策可能不一致，对同一供应商可能达成不同的采购条件 |
| 采购手续简便，过程较短 | 决策层面低，易产生"暗箱操作" |
| — | 作业分散，手续重复，致使成本增加 |

3．适用条件

（1）小批量采购。

（2）采购品价值较低。

（3）市场资源有保证。

（4）距离总部较远（如异国、异地供应）。

（二）集中型采购组织

1．基本概念

集中采购的实施主体可以是集中采购代理机构，也可以是部门委托采购代理机构进行。集中型采购组织建立在职能一体化的基础之上，通常是在董事会的领导之下，表现为企业内分支机构的采购活动都要接受总部的管理。集中型采购组织如图1.4所示。

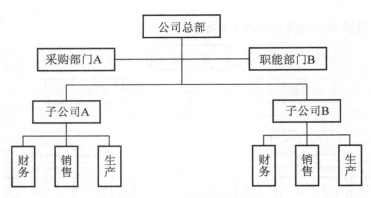

图 1.4 集中型采购组织

2．优缺点

集中型采购组织的优缺点见表 1-5。

表 1-5 集中型采购组织的优缺点

| 优　点 | 缺　点 |
| --- | --- |
| 形成规模效益，降低采购成本 | 对市场的反应较慢 |
| 便于实行采购程序标准化，减少分散采购的重复作业 | 手续较多，过程较长 |
| 易于稳定与供应商的关系，实现长期合作 | 管理费用增加 |
| 采购功能集中，便于人员分工，提高效率，培养专业人才 | — |
| 有利于财务管理、评估和监督 | — |

3．适用条件

（1）大宗和批量物品。

（2）关键零部件。

（3）保密性强的物品。

（4）易出现问题的物品。

（5）定期采购的物品。

（6）价格较高的物品。

（三）混合型采购组织

混合型采购组织吸收了集中型采购组织和分散型采购组织的优点，决策集中，执行分散，集中与分散协调运用。混合型采购组织如图 1.5 所示。

混合型采购组织在总部设有采购部门，所属的各经营单位也有自己的采购部门。总部的采购部门和各经营单位的采购部门的分工如下介绍：

（1）总部的采购部门通常处理与采购程序和方针相关的问题。

（2）总部的采购部门定期对下层经营单位的采购工作进行审计。

（3）总部的采购部门对战略采购品进行详细的供应市场研究，供经营单位的采购部门参考使用。

（4）总部的采购部门协调、解决各经营单位之间的采购工作。

（5）总部的采购部门不进行战术采购活动，各经营单位的采购部门实施具体的采购工作，即制订采购计划，与供应商联系、谈判、签订合同，支付货款等。

（6）总部的采购部门可对各经营单位的采购部门的人力资源进行管理。

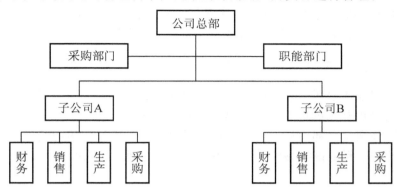

图 1.5　混合型采购组织

（四）跨职能采购小组

跨职能采购小组是采购中一种比较新颖的组织形式。由于这种采购组织的构建与赋予它的职能有直接关系，所以其采购部门各种业务的实施都有其行政管理或上下层关系，而不是说采购部门必须完全听命于需求或委托单位，否则采购部门便无法完成企业所交付的任务。

当年，IBM 公司财务出现了巨大亏损，其采购职能被重组。新采购组织建立了一个与供应商的单一联系点（商品小组），由这个小组为整个组织提供对全部部件需求的整合，合同的订立是在公司层面上集中进行的。然而，所有情况下的采购业务活动都是分散的。

采购部件和其他与生产相关的货物是由分布在全球的采购经理组织的。这些经理对某些部件组合的采购、物料供应和供应商政策负责。他们向首席采购官（Chief Procurement Officer，CPO）和自己的经营单位经理汇报。经营单位经理在讨论采购和供应商问题及制定决策的各种公司业务委员会上与 CPO 会晤。CPO 单独与每一个经营单位经理进行沟通，以使公司的采购战略与每个部门和经营单位的需要相匹配。这保证了组织中的采购和供应商政策得到彻底的整合。IBM 通过这种方式将其巨大的采购力量和最大的灵活性结合在一起。

对于与生产相关的物料的采购，IBM 追求的是全球范围内的统一采购程序，对供应商的选择遵循统一的模式。IBM 越来越集中于对主要供应商的选择并与它们签订合同，这些供应商以世界级的水平提供产品/服务。这实现了更低的价格和成本水平、更好的质量、更短的交货周期，因此实现了更低的库存。这种方式实现了更少的供应商及与其逐渐紧密的联系，因为采购总额被分配给更少的供应商，所以 IBM 可以更多地关注价值链中与单家供应商的关系，并可以发展以持续的绩效改善为基础的关系。

## 三、采购组织的设计

采购组织的设计是指将采购组织内部的部门专业化、具体化，也就是将采购部门应负责的各项功能组织起来，并按照分工方式建立不同的部门加以执行。采购组织的设计涉及很多活动,但首要的工作还是明确战略、组织和职责之间的关系。战略一旦制定好,就必须借助于一定的组织框架才能得以实施。而且无论采用哪种组织形式,其内部各组成部分必然要各司其职。一个组织的建立到底是基于职能模块、信息流还是以人为本其实并不重要,重要的是组织中的各项工作必须在分配和执行中注意与战略计划、组织目标保持一致。采购部门要想有效地完成其采购业务,必须要重视组织规划和职责。采购组织的设计一般有不同的方法。

（一）按采购地区设计

采购组织可按采购地区分设不同单位,如国内采购部、国外采购部。这种采购部门的划分主要是因为国内外采购的手续和交易对象有显著的差异,对采购人员的工作要求也不尽相同,所以应分别设立部门加以管理。对于国内外都可以采购的物品,采购管理人员必须进行优劣势比较,判定该物品的采购应由哪个部门办理。按采购地区设计的采购组织如图 1.6 所示。

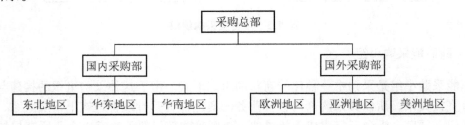

图 1.6　按采购地区设计的采购组织

（二）按物品类别设计

按主原料、一般物料、机器设备、零部件、维护和保养等物品类别,可将采购工作分给不同单位的人员办理。这种组织方式的优点是,可使采购人员熟悉经办的物品项目,采购人员通常能够达到熟能生巧的效果。这也是最常见的采购部门设计方式,对于物品种类繁多的企业尤为适用。按物品类别设计的采购组织如图 1.7 所示。

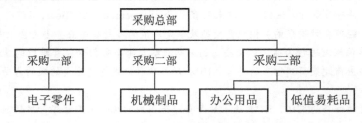

图 1.7　按物品类别设计的采购组织

（三）按采购物品价值或重要性设计

采购次数少但价值高的,由采购管理人员负责;反之,则由基层采购人员负责。这种设计采购部门的方式,主要是为了让采购管理人员能够对重大的采购项目倾力处理,以达到降低成本的目的,使采购管理人员有多余的时间对采购部门的人员与工作绩效进行管理。物品的价值与负责人的对应关系具体见表 1-6。

表 1-6　物品的价值与负责人对应关系

| 物　品 | 价　值 | 次　数 | 承办人员 |
|---|---|---|---|
| A | 70% | 10% | 经　理 |
| B | 20% | 30% | 主　管 |
| C | 10% | 60% | 职　员 |

另外，可将策略性项目（利润影响程度高、供应风险高）的决定权交给最高管理层（如采购总监），将"瓶颈"项目（利润影响程度低、供应风险高）交给较高层次（如采购经理），将杠杆项目（利润影响程度高、供应风险低）交给中间层次（如采购主管），将非紧要项目（利润影响程度低、供应风险低）交给较低层次（如采购员）。项目重要性与负责人的对应关系具体见表 1-7。

表 1-7　项目重要性与负责人对应关系

| 类　别 | 利润影响程度 | 供应风险程度 | 承办人员 |
|---|---|---|---|
| 策略性项目 | 高 | 高 | 总　监 |
| "瓶颈"项目 | 低 | 高 | 经　理 |
| 杠杆项目 | 高 | 低 | 主　管 |
| 非紧要项目 | 低 | 低 | 职　员 |

（四）混合式设计

不同的企业有不同的特点，一般企业以物品、地区、价值、业务等为基础，可以形成不同的混合式组织形式。混合式设计也就是综合了运用上述各种采购组织的设计方法，如图 1.8 所示。

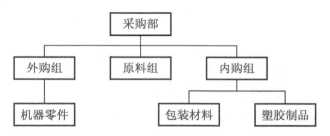

图 1.8　混合式设计的采购组织

**注意**：企业要充分地分析自身的特点，考虑企业内外部的影响因素，建立适合本企业的采购组织结构。同时要注意的是，采购组织结构不是一成不变的，随着企业所面临的内外部环境的变化，需要不断地调整，以便更好地适应环境，完成采购任务，最终实现企业的目标。

## 四、采购部门的岗位设置与职责

采购部门的岗位设置与企业规模、采购品的种类等息息相关。对于中小型企业来说，如果采购品种类不多，在企业组织结构中一般会设计采购部，受总经理或运营副总经理直接领导；而采购部门设置采购经理、采购主管、采购助理、采购员等岗位。中小型企业采购部门的岗位设置如图 1.9 所示。

对于大型企业来说，如果涉及的采购品种类多，在企业组织结构中除了设计采购部以外，一般还有商务部和资源开发部。这 3 个部门均受运营总监的直接领导。采购部主要负责日常采购工作的实施和管理，往往会根据商品品类设置不同的采购小组，岗位设置与中小型企业相似；商务部主要负责洽谈价格和管理采购合同，并设置采购工程师、采购合同管理员岗位；资源开发部主要负责供应商的开发与管理，设置资源开发工程师岗位。大型企业采购部门的岗位设置如图 1.10 所示。

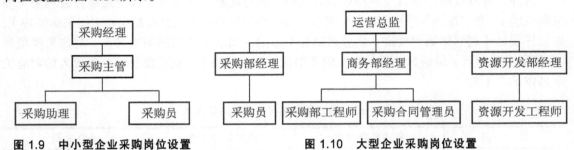

图 1.9　中小型企业采购岗位设置　　　　图 1.10　大型企业采购岗位设置

（一）采购经理岗位职责及任职资格

采购经理对采购部的工作全权负责，对采购工作进行全面管理和监控，并协调与其他相关部门的工作。其直接上级是总经理或运营副总经理，直接下级是采购主管。

1．采购经理岗位职责

（1）主持采购部全面工作，提出物资采购计划，报总经理批准后组织实施，确保各项采购任务完成。

（2）调查研究各部门物资需求及消耗情况，熟悉各种物资的供应渠道和市场变化情况，做到供需心中有数。指导并监督下属开展业务，不断提高业务技能，确保公司物资的正常采购。

（3）审核年度各部门呈报的采购计划，统筹策划和确定采购内容。减少不必要的开支，以有效的资金保证最多的物资供应。

（4）要熟悉和掌握公司所需各类物资的名称、型号、规格、单价、用途和产地。检查购进物资是否符合质量要求，对公司的物资采购和质量要求负有领导责任。

（5）制定物资采购原则，并督导实施。监督参与大批量商品订货的业务洽谈，检查合同的执行和落实情况。

（6）按计划完成各类物资的采购任务，并在预算内尽量减少开支。

（7）认真监督检查各采购员的采购进程及价格控制情况。

（8）在部门经理例会上，定期汇报采购落实结果。

（9）每月初将上月的全部采购任务完成及未完成情况逐项列出编制报表，报总经理及财务部经理，以便于上级领导掌握全公司的采购项目。

（10）督导采购人员在从事采购业务活动过程中，要遵纪守法，讲信誉，不索贿，不受贿，与供货单位建立良好的关系，在平等互利的原则下开展业务。

（11）负责部属人员的思想、业务培训，开展职业道德、外事纪律、法制观念的教育，使所有员工适应市场经济的快速发展。

2．采购经理任职资格

（1）教育背景：理工类或相关专业本科以上学历。
（2）经验：5年以上采购管理经验。
（3）培训经历：受过采购管理、管理学、管理技能开发、项目管理等方面的培训。
（4）技能技巧：
① 具有良好的分析能力、预测能力和表达能力。
② 掌握相关产品的知识，具备采购经验。
③ 熟练使用办公软件，熟悉 MRPⅡ计算机系统。
④ 熟悉供应商评估、考核，懂 ISO 9000 运作。
⑤ 熟悉商品市场、期货市场，具备对市场变化的敏感度。
⑥ 具备良好的英文基础，可进行正式的英文谈判。
⑦ 具有良好的商务谈判能力和合同管理能力。
（5）态度：
① 具有良好的从业品德和敬业、拼搏精神，能够带领团队，具有较好的团队合作精神。
② 遵守严谨的行为规范，懂得理性决策，坚持采购原则，能够承受高强度的工作压力。
③ 具有成本意识，能在既定条件下采取各种方法最大限度地降低成本。

（二）采购主管岗位职责及任职资格

采购主管主要负责制订企业的采购计划，指导和监督采购人员按采购制度进行采购作业，满足企业的物料需求。其直接上级是采购经理，直接下级是采购助理和采购员。

1．采购主管岗位职责

（1）负责拟订采购部门的工作方针与目标，递交上级领导审批。
（2）负责编制年度采购计划和采购预算，建立并不断调整、改善采购制度和流程。
（3）负责及时提供有效的市场信息。
（4）负责管理和监督控制采购部门的工作职责。
（5）负责主持与参与采购部门的会议，协调沟通本部门的各种关系。
（6）负责规划和配置、组织采购部门的人员需求。
（7）负责招聘、培训、开发和考核采购人员，推动采购人员的晋升、调迁和职业发展。
（8）负责监控采购人员的作业进度。
（9）负责与供应商建立良好的关系，掌握供应商物料供应制造与供应能力。
（10）负责约束和规范检查采购人员的道德行为规范。
（11）负责审核订购单与采购合约，核查采购作业发包、验收和付款流程。
（12）负责分析评估所采购物料成本和产品成本，分析竞争情况。
（13）负责审核采购案件项目与供应商的付款、运送条件。
（14）负责监督采购物料到位情况，监督进料品质，协调物料供应管理流程。
（15）负责建立并维持紧急需求物料的采购渠道。

2．采购主管任职资格

（1）教育背景：理工类或相关专业本科以上学历。

（2）经验：3年以上采购管理经验。
（3）培训经历：受过采购管理、管理学、管理技能开发、项目管理等方面的培训。
（4）技能技巧：
① 具有良好的分析能力、预测能力和表达能力。
② 掌握相关产品的知识，具备采购经验。
③ 熟练使用办公软件，熟悉 MRPⅡ计算机系统。
④ 熟悉供应商评估、考核，懂 ISO 9000 运作。
⑤ 熟悉（与产品有关的）物料行情。
⑥ 具备良好的英文基础。
（5）态度：
① 具有良好的从业品德和敬业、拼搏精神，能够带领团队，具有较好的团队合作精神。
② 遵守严谨的行为规范，懂得理性决策，坚持采购原则，能够承受高强度的工作压力。

### （三）采购助理岗位职责及任职资格

采购助理主要负责编写采购合同等文件、整理采购资料，负责采购部门的日常事务，保证采购部门顺利开展工作。其直接上级是采购主管。

1．采购助理岗位职责

（1）负责登记请购单、验收单。
（2）负责登记订购单与合约。
（3）负责记录和监督交货。
（4）负责安排与接待来访人员。
（5）负责申请与支取采购费用。
（6）负责申请进出口文件。
（7）负责计算机作业与档案管理。
（8）负责承办保险、公证等事项。

2．采购助理任职资格

（1）教育背景：中专及以上学历。
（2）经验：1年以上采购助理经验。
（3）技能技巧：
① 计算机操作熟练，了解 MRPⅡ系统。
② 懂 ISO 9000 运作，熟悉培训和有关文件编写。
③ 有一定的报表统计知识。
④ 具备良好的英文基础，能读懂一般的英文函件。
（4）态度：
① 具有良好的从业品德和积极、认真的工作态度。
② 遵守严谨的工作规范，能够完成采购助理的日常工作。

### （四）采购员岗位职责及任职资格

采购员主要负责实施专项采购计划，根据采购制度进行采购作业、完成采购任务。其直接上级是采购主管。

1．采购员岗位职责

（1）负责一般性物料的采购。
（2）负责查访厂商的供应情况。
（3）负责与供应商洽谈价格、付款方式、交货日期等。
（4）负责核查供应商提供的物料的质量。
（5）负责确认交货日期。
（6）负责处理一般索赔案件。
（7）负责退货。
（8）负责收集价格情报、替代品资料、最新产品信息及供应商信息。

2．采购员任职资格

（1）教育背景：理工类或相关专业专科以上学历。
（2）经验：1年以上采购经验。
（3）技能技巧：
① 掌握相关产品知识、具备采购经验。
② 熟练使用办公软件，熟悉 MRPⅡ计算机系统。
③ 懂 ISO 9000 及采购相关程序。
④ 了解相关产品材料市场。
⑤ 有良好的英文基础。
（4）态度：
① 具有良好的从业品德和敬业、拼搏精神，具有较好的团队合作精神。
② 遵守严谨的行为规范，懂得理性决策，坚持采购原则，能够承受高强度的工作压力。

（五）采购工程师岗位职责及任职要求

1．采购工程师岗位职责

采购工程师主要负责采购物品的价格谈判和品质控制。其直接上级是商务部经理。
（1）调查、分析和评估市场，以确定公司的需要和采购时机。
（2）编制采购计划并实施采购。
（3）改进采购的工作流程和标准。
（4）实时掌控市场价格、技术信息，收集已使用产品的性能和质量信息。
（5）签订和送审采购合同，完成采购订单的制作，确认、安排发货及跟踪到货日期。
（6）与技术、品质部门进行有关技术、品质问题的沟通与协调。
（7）向管理层提供采购报告。

2．采购工程师任职要求

（1）本科及以上学历，具有3年以上采购工作经验。
（2）熟悉采购流程，熟悉供应商开发流程和渠道，具备产品检验和验货的基本技能。
（3）思路清晰，具有较强的市场分析和预测判断能力。
（4）熟悉 ISO 9000 质量体系文件要求。

（5）具有较强的协调沟通能力，英语读说能力俱佳；能熟练操作计算机。

（六）资源开发工程师岗位职责及任职要求

资源开发工程师主要负责供应商资源的开发与管理。其直接上级是资源开发部经理。

1. 资源开发工程师岗位职责

（1）负责寻找产品符合质量要求的行业内外的优秀供应商，建立有竞争的供应商体系。
（2）负责供应商资质资料收集、整理，并建立供应商档案。
（3）了解供应商的实际产能，要求并帮助供应商制订产能提升计划。
（4）在产品开发过程中，对过程进行跟踪、检查和协调。对供应商开发过程中出现的问题进行有效的解决，确保产品/零件的开发按时完成，支持批量生产。
（5）确保与供应商的有效联系，受理并协调处理供应商的投诉。
（6）负责与供应商进行合同、价格等商务条款的谈判。
（7）根据对供应商的定期绩效评估，编制优秀供应商及不良供应商名录；制订改善、淘汰、引入供应商的计划。
（8）供应商改进及供应商培训。

2. 资源开发工程师任职要求

（1）本科及以上学历，5年以上采购工作经验。
（2）熟悉供应商和产品开发程序。
（3）懂 ISO 9000 及采购相关程序。
（4）熟练操作计算机及常用办公软件，尤其要精通 Excel 的使用；有良好的英文基础。
（5）有高度的工作热情、良好的团队合作精神，诚实守信。
（6）积极进取，责任心强；善于沟通，协调能力较强。

（七）采购合同管理员岗位职责及任职要求

采购合同管理员主要负责采购合同的管理。其直接上级是商务部经理。

1. 采购合同管理员岗位职责

（1）负责采购价格和合同管理体系的建立、完善和更新工作。
（2）负责建立采购价格管理及合同管理流程、起草采购合同范本。
（3）协助采购谈判执行人员起草合同文本，确定主要合同条款，并按公司规定流程组织合同评审。
（4）对部门档案和供应商档案进行管理，保证相关档案的完整准确。
（5）严守公司商业秘密，做好保管工作。

2. 采购合同管理员任职要求

（1）受过质量管理、供应链管理、合同管理方面的培训；3年以上质量管理工作经验或过程审核经验。
（2）熟悉采购相关流程、合同法及财务基础知识。
（3）有良好的英文读写水平；熟练操作计算机及常用办公软件。
（4）具有一定的洞察力，逻辑思维能力强，具有良好的沟通技巧。

（5）有一定的文字编辑能力，工作严谨，办事认真。

## 案例分析

胡某开了家饺子馆，生意还算火爆。周围小区的不少住户常来光顾小馆，有些老顾客一气儿能吃半斤饺子。胡某说："别看现在生意还不错，开业那段时间，最让我头疼的就是每天怎么进货。"

刚开业时，直接成本为饺子馅、饺子皮、佐料和燃料，每个饺子的成本大约2角。虽然存在价差空间，但胡某的小馆总赚不了钱，原因在于每天都有大量的剩余原料，这些原料不能隔天使用，算上人工、水电、房租等成本，一个饺子的成本快4角了。胡某不由得感慨，如果一天卖出1 000个饺子，同时剩余500个饺子的原料，相当于亏损了100元左右，每个饺子的物流成本最高时达1角，加上粮价上涨，因此利润越来越少。

问题的关键在于控制数量，准确供货。其实饺子的数量很难掌握，做少了吧，有的时候顾客来买没有，也等不及现做，眼看块要到手的钱就这样飞走了；做多了吧，就得剩下。

从理论上来说，一般有两种供应方式可供选择：一是每天定量供应，一般早上10点开始，晚上9点结束，这样可能会损失客流量；二是根据以往的经验来预测，面粉的用量比较大，因为不管包什么馅都得用面粉，所以这部分的需求量相对比较固定。

胡某后来又开了两家连锁小馆，原料供货就更需要统筹安排了。饺子馅的原料要根据头天用量进行每日预测，然后根据原料清单进行采购。一天采购两次，下午会根据上午的消耗进行补货，晚上采购第二天的原料。后来，做饺子的时间长了，需求的种类和数量相对固定下来，饺子的成本终于得到了有效控制。

**分析**：结合案例，谈谈你对采购和采购管理的认识。

## 思考题

一、多项选择题

（1）关于采购，下列说法正确的是（　　　）。
　　A. 采购是从资源市场上取得资源的过程
　　B. 采购是商流过程和物流过程的统一
　　C. 采购是一种经济活动
　　D. 采购就是购买各种物品
（2）采购管理的主要内容包括（　　　）。
　　A. 采购需求管理　　　　　　　　B. 市场与供应商管理
　　C. 采购合同管理　　　　　　　　D. 具体采购业务管理
（3）按采购的科学化程度进行划分，采购可以分为（　　　）。
　　A. 传统采购　　B. 科学采购　　C. 国内采购　　D. 国外采购
（4）属于采购业务流程管理的有（　　　）。
　　A. 制订采购计划　　B. 采购谈判　　C. 签订采购合同　　D. 进货实施
（5）采购组织的类型包括（　　　）。
　　A. 集中型采购组织　　　　　　　B. 分散型采购组织
　　C. 混合型采购组织　　　　　　　D. 跨职能采购小组

二、判断题

（1）采购就是买东西。　　　　　　　　　　　　　　　　　　　　　　　　　　　（　　）

（2）采购管理就是对采购具体业务的管理。　　　　　　　　　　　　　　（　　）
（3）集中采购可以获得供应商的批量价格优惠。　　　　　　　　　　　　（　　）
（4）采购就是将资源从占有方转移到需求方的过程，是商流过程与物流过程的统一。（　　）
（5）采购合同签订后，采购活动就大功告成了。　　　　　　　　　　　　（　　）
（6）MRP采购是根据物料需求计划来进行采购的一种方式。　　　　　　　（　　）
（7）相比国内采购，国际采购时间长、环节多、难度更大，且采购成本更高。（　　）
（8）供应链采购主要从整个供应链的角度来控制采购成本。　　　　　　　（　　）

三、简答题

（1）什么是采购和采购管理？两者有何区别？
（2）简述采购的基本程序。
（3）试比较集中采购和分散采购。
（4）采购组织的基本类型有哪些？它们各有哪些优缺点？

四、讨论题

结合你所了解的实际情况，谈谈我国企业在采购商面所面临的问题。

## 实训项目

### 调查企业采购

一、实训目标

（1）了解不同类型企业采购的地位和作用。
（2）认识企业的采购模式。
（3）熟悉企业的采购流程。
（4）了解企业采购部门的岗位设置及任职资格。

二、实训准备

（1）就近推荐各类企业若干家，包括大、中、小型的生产企业和流通企业。
（2）布置调查内容。
（3）由学生完成调查提纲。

三、实训步骤

（1）4~6人一组，以小组为单位到企业进行实际调查，收集相关资料。
（2）以小组为单位交流调查结果，推荐代表发言。
（3）全班交流，相互提问。
（4）教师进行实训总结。

四、注意事项

（1）调查过程中注意安全，注意行为举止要文明得体。
（2）资料收集尽可能全面，包括企业采购现状、采购商式、采购地位和作用、采购相关规定、采购人员的管理等。
（3）提倡收集企业采购中的真实故事。

# 项目 2

## 采购计划制订

### 工作任务描述

当开始进行采购时,企业首先应该考虑的是制订一个切实可行的采购计划。采购计划的制订对于不同行业和规模的企业来说是有差异的,但所有企业在开展采购产品/服务的各项工作前,都必须分析所采购产品/服务所处的环境和供应关系,并且明确所采购产品/服务需求的内涵,才能有效地制订出准确、可行的采购需求说明和采购计划。

### 工作任务分解

| 工作任务 | 工作要求 |
| --- | --- |
| (1)进行采购产品的供应市场分析 | (1)掌握 SWOT 分析法、产品生命周期分析法、5 种力量模型分析法。<br>(2)运用以上方法分析企业在市场上的地位,为企业采购打下基础 |
| (2)运用供应定位模型分析企业采购和供应战略 | (1)掌握企业战略和供应战略的关系。<br>(2)掌握供应定位模型和各象限的采购战略 |

续表

| 工作任务 | 工作要求 |
| --- | --- |
| （3）明确企业的需求 | （1）掌握企业需求的类型。<br>（2）掌握企业需求的内涵 |
| （4）制订采购计划 | （1）掌握采购计划的概念和重要性。<br>（2）掌握采购需求说明的制订方法。<br>（3）掌握采购计划的制订步骤和方法 |

 学习目标

| 知识目标 | 能力目标 | 学习重点和难点 |
| --- | --- | --- |
| （1）了解企业需求的类型和内涵。<br>（2）掌握SWOT分析法、产品生命周期分析法、物理模型分析法、供应定位模型等。<br>（3）熟悉需求说明和采购计划的概念 | （1）掌握供应市场的分析方法。<br>（2）掌握供应定位模型中各象限的采购战略。<br>（3）掌握需求说明的制订方法。<br>（4）掌握采购计划的制订步骤和方法 | （1）市场分析方法。<br>（2）供应定位模型和各象限的采购战略。<br>（3）需求说明的制订。<br>（4）采购计划的制订 |

 导入案例

宜家从20世纪70年代开始进入中国进行采购，由此拉开了在中国的采购序幕。随后，宜家先后在上海、青岛、深圳、厦门、哈尔滨、成都、武汉等地设立采购办事处。在以前，宜家在中国的战略采购核心一直是最佳采购、社会责任和质量控制，将其作为选择供应商并与之进行长期合作的标准。宜家不断改进这些标准，通过制定竞争性报价和创造最有利条件来节省成本。

除了在中国市场的价格略微偏高外，宜家在全球其他市场一直以优质低价的形象出现，这得益于宜家经济的采购策略。

宜家在选择供货商时，从整体上考虑最低的总体成本，即以产品运抵各地的中央仓库的成本作为基准，根据每个销售区域的潜在销售量来选择供货商，同时参考质量、生产能力等其他因素。由于宜家绝大部分的销售额来自欧洲和美国，所以它一般只参考其产品运抵欧洲和美国的中央仓库的成本。

宜家在全球拥有几千家供货商（包括宜家自有的工厂），这些供货商将各种材料从世界各地运抵宜家在全球的中央仓库，然后从这些中央仓库运往各个商场进行销售。这种全球大批量集体采购的方式可以取得较低的价格，挤压竞争者的生存空间。与宜家的全球大批量集体采购相比，竞争者无法以相同的低价获得原材料，在产品的定价低于宜家的情况下，只有偷工减料或者降低生产费用，才能保证足够的利润空间。因为宜家供货商的订单数量大，单位生产费用和管理费用非常低，且宜家在价格上所加的销售费用和管理费用也不会太高。

宜家亚太地区的中央仓库设在马来西亚，所有运往中国市场的产品必须先运往马来西亚。这种采购商式使宜家总体的经营成本降低，但是对于中国市场来说成本较高，特别是对于家具这类体积较大的商品来说，运费可占到整个成本的30%，直接影响最终的定价。

## 2.1 供应市场分析

采购供应是为确保企业以合理的成本从外部购买各种必需的产品/服务而进行的各种管理与运作过程的总和，也称采购供应职能。但是，采购供应职能并不能孤立地发挥作用，它必须与其他各种职能相结合起来才能发挥作用。在进行具体操作前，企业必须对采购目标进行战略决策，也就是进行市场分析和产品定位。

### 一、评估市场与经营环境

由于市场与经营环境处在不断的变化中，所以企业需要坚持不懈地追踪各种环境条件的变化，以便根据需要及时调整战略。在制定企业战略的过程中，需要考虑的因素包括竞争者的表现与投资现象、市场趋势与消费者行为的变化、产品设计与新法规的发展等。在这些变化中，有些因素可能是根本性的变化，将对企业的长期战略产生影响或只与特定的环节有关，需要对其采取相应的对策。

（一）市场机遇与威胁

企业对市场与经营环境进行，将发现各种机会。例如，一些没有被满足的需求将可能成为开发新产品/服务的依据，同时有助于企业发现潜在的威胁并采取相应的对策。

当前全球化进程不断加快，给那些希望与市场同步发展的企业带来了挑战，如果要抓住机遇、减少威胁，就必须正确地处理各种信息。因此，在企业确定未来销售前景时，正确评价市场与经营环境的变化趋势非常有必要。这就要求企业对于诸如消费者偏好、市场潜在增长、市场竞争程度等因素进行深入的分析和研究。在此基础上，企业可以得出对于某特定市场的具体评价，这种评价也包括对市场中存在的机会与威胁的认识。

企业的许多机遇与威胁直接涉及生产所需要的各种投入，采购供应部门应该通过识别这些机遇与威胁来为企业进行应对决策提出建议。

（二）消费者需求与偏好

通过消费者调查与研究、顾客建议与投诉的追踪，企业可以获得关于现有或潜在产品与服务的反馈，了解消费者需求与偏好的变化趋势。详见后文"采购需求分析"，此处不再赘述。

### 二、分析企业自身的竞争能力及提供的产品/服务

（一）市场的潜在增长

对目标市场的潜在增长进行统计和分析，将有助于分析企业产品/服务的未来前景，特别是对于了解产品/服务所处的生命周期阶段而言，是一个非常重要的方法。

每种产品/服务的"市场生命"可以划分为图 2.1 所示的 4 个阶段。当产品/服务处于生命周期的导入期时，由于尝试使用新产品/服务的顾客数量较少，所以产品/服务的销售额很低；一旦产品/服务进入成长期，销售额便迅速上升；当产品/服务进入成熟期，销售额就变得相对稳定；最终产品/服务会进入衰退期，销售额开始下降，直到市场缩小到原来的一小部分或者完全消失。

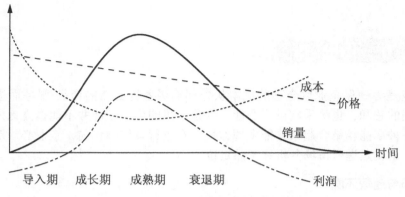

图 2.1 产品"市场生命"周期阶段

不同的产品/服务，其生命周期过程也有很大差别，如技术发展快的产品/服务通常具有非常短的生命周期，而诸如杯子、肥皂类的日常消费产品/服务则有着相当长的生命周期。但是，它们迟早都将面对进入市场的新产品/服务或其他不同产品/服务的竞争。企业的产品/服务在产品生命周期阶段进入得越早，其产品的生命周期就越长，所具有的长期发展潜力就越大。但同时，企业的产品/服务进入市场越早，尤其是在导入期，因为不能确定何时进入成长期，所以承担的风险也就越大。

采购供应部门所关注的工作重点也随着产品生命周期阶段的变化而变化。例如，在导入期，企业需要为创新增加额外的费用，为成功地向市场引入某种新产品/服务而确定需要的原材料或其他投入品；在成长期，由于产品需求迅速增长，所以保证原材料的有效供应成为最关键的问题；在成熟期，由于价格可能成为竞争的焦点，所以降低成本将成为采购供应的重点；在衰退期，采购供应部门需要合理地缩减供应合同时间以规避库存积压的危险。

（二）竞争程度

市场的竞争程度会对市场风险和企业的销售预期产生影响。美国管理学家迈克尔·波特（Michael Porter）于 20 世纪 80 年代初提出了以下 5 种影响竞争力的力量，如图 2.2 所示。

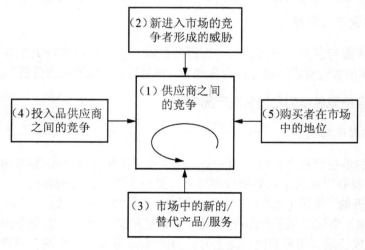

图 2.2 市场中的 5 种力量

（1）供应商之间的竞争。企业面对的竞争者越多，为了获得并保持市场份额所需要付出的努力就越大。

（2）新进入市场的竞争者形成的威胁。新进入市场的竞争者一般会受到市场进入成本的影响。由于存在众多新加入的竞争者的潜在威胁，所以一个容易进入的市场的不确定性比难进入的市场的不确定性要大得多。

（3）市场中的新的/替代产品/服务。如果一种产品的价格过高，在替代产品出现之后，消费者可能会转而购买替代品。

（4）投入品供应商之间的竞争。如果存在充分的竞争，供应商提供的产品价格将趋于稳定，生产厂家的利润可以得到保护；如果不存在竞争，来自供应方面的风险将增加，产品的价格将上涨。采购供应在此时的作用应该是寻找并保护最富有竞争性的供应资源，拓展可供选择的供应资源并维护竞争优势。

（5）购买者在市场中的地位。如果需求超过供应，就像一个成长的市场中可能出现的那样，更高的价格可以被接受，企业利润将上升；如果供应超过需求，市场将成为买方市场，企业将面临更大的风险。

（三）市场机遇与风险水平

根据对消费倾向、市场的潜在增长、市场竞争的程度及其他机遇与威胁的分析，企业将对哪些产品、哪些市场给企业的未来发展带来最大的机遇与威胁得出一个全面的认识。在这一过程中，采购供应职能可以发挥重要作用。

### 三、制订产品/服务-市场方案

在评估了市场机遇与威胁后，企业应按照自身的优势和劣势制订新的产品/服务-市场方案，也即在特定的市场上进行销售的特定产品/服务的方案。

（一）细分市场

市场并不是完全一样的，它是由具有特定的需求与不同特征的顾客群体或细分市场构成的。例如，按照地理位置、人口统计因素（如人口的年龄、性别、收入水平、道德等）、消费者的生活方式、消费者的消费习惯选择特定的销售渠道。

"市场"这个概念既能代表某一产品/服务的整个市场，也能反映整个市场中的某一部分。市场中的每一个细分市场具有不同的需求。因此，在决定如何发展业务时，企业必须决定：采用哪种基本的产品/服务-市场策略；企业在每一个产品/服务上想要获得的地位（如市场份额、销售目标等）；企业进入市场或进一步发展的可能途径；等等。

（二）基本选择

企业在发展其产品/服务-市场的方面可以进行以下一些基本选择：
（1）在现有的产品/服务-市场上增加份额。
（2）利用现有产品/服务去开拓新市场。
（3）在现有的市场上开发销售新产品/服务（包括现有产品/服务的升级换代）。

（4）在新市场上开发销售新产品/服务。

企业上述决策的选择次序，表明了依次增加的风险与复杂性，也体现了在企业长期发展中不断增加的危险程度。图 2.3 所示为产品与服务矩阵。

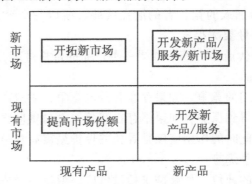

图 2.3　产品与服务矩阵

开拓新市场不仅可能意味着进入新的地理区域上的市场，而且可能意味着向生活在同一区域的新顾客群体提供产品/服务。新的产品/服务可能源自市场与顾客的调查及贸易往来，也可能源自包括研究与开发机构在内的企业内部。

### 四、比较和选择产品/服务-市场方案

（一）决定企业的市场定位

通过了解特定市场上的竞争程度及其未来的发展趋势，企业能够决定自己在市场中实际能够达到的地位究竟是市场领导者、市场挑战者还是市场跟随者。市场领导者是在特定的市场或细分市场上地位最高的企业，它们拥有最大的市场份额和由此产生的最大的销售额，成本通常比竞争对手低，并享有较高的边际利润；市场挑战者是市场中的重要角色，它们总是在努力成为市场领导者，但往往要通过付出比市场领导者更多的投入才能扩大市场份额；市场跟随者是市场上相对不太重要的企业，它们要扩大市场份额，就必须进行相对高额的投资，以应对前两者引导的消费者偏好。

企业希望具有的市场地位和建立在此基础上的目标销售额，将取决于企业的实力及与竞争对手相比自身产品/服务能够满足消费者需求的程度。

（二）进入市场的方式与发展途径

企业可以通过很多方式进入一个新的产品/服务市场，但在进入市场的速度与所需要的前期投资等方面，每种方式各有其优势和劣势。

企业在进入一个市场时，关键的决策是，由自己直接进行销售还是通过某一种或某几种方式的业务合作进行销售。企业进入市场的方式的选择，将受到企业在市场中的地位、核心竞争能力的性质、目标市场上的竞争程度等因素的限制。

1. 直接销售

这种方式是指企业通过自己在市场中的生产设施与分销机构直接向消费者销售产品。它要求企业具备或必须发展自己的基础能力，具备解决进入市场所遇到的问题的经验和解决问

题的专家。如果扩张可以通过现有渠道实现，那么企业进入的成本将被分摊到整个发展过程中，前期投资需求就相对较小。但采用这种方式在市场中建立企业的地位，通常要花费较长时间，不适合在技术发展较快的领域开发新产品时使用。

2．通过代理人或代理机构进行销售

这种方式与直接销售的不同之处在于，代理人或代理机构可以通过它们所具备的经验或在市场中已经建立起来的地位加快企业进入市场的速度。

3．建立分支机构

采用这种方式在具备生产设施的新市场建立销售分支机构，需要较大的前期投入，但是企业可以通过建立机构的方式在市场上树立自己的形象，能极大地缩短供货时间。

4．特许经营

这种方式是指企业将自己所拥有的知识产权或经营权的产品/服务正式授权给其他企业，允许其他企业生产或销售这种产品/服务。这是一种可以快速地建立企业形象的方式。

5．联盟

企业间的联盟对于各方来说都是战略性的。结盟各方需要在较长的时期里制定共同的目标、承担共同的义务，相互依靠，平等互利。一个成功的联盟，在各方面都要为支持其他各方做出贡献，同时联盟各方都保持着独立的法人实体身份。

6．合资企业

合资企业包括通过联合持股创立的新法人实体。这种方式因为需要花费很多时间去建立一个新的企业或组织，所以总体时间较长。

7．合并或兼并

合并是指两个企业合并成一个新企业，并且都失去原有的法人地位。这种方式的主要缺点是由于不同企业文化的影响，使得新企业内的职责不清而难以进行决策。兼并是指一家企业完全接管另一家企业。一般来说，兼并涉及重大的财务投资，并且被授予更大、更明确的决策权力。合并和兼并都是企业快速获得自身所缺乏的进入某一产品市场所需要的技术与能力的方式。

## 2.2 供应定位与定位战略

### 一、供应战略与企业战略

供应战略是指从质量水平、创新、供应的连续性和前置期、供应商的服务和供应、总成本的降低等方面为采购行为设定供应目标的战略。由于采购不同的产品/服务在支出水平、对企业的重要性和供应风险的程度方面存在不同，所以在采购不同产品/服务时需要采用不同的供应战略。

一般来说，企业的供应战略应该考虑到以下几点：

（1）是从同一个供应市场采购所有产品还是从多个供应市场或细分市场分别采购？

（2）从多少家供应商采购？
（3）与供应商保持的关系紧密程度如何？
（4）为保持这种关系需签订什么样的合同？
（5）采用什么样的运营采购战略（包含保有库存情况、实施价值工程等）？

企业战略需要优先考虑一系列情况，主要包括企业将重点发展的产品线、努力开发的产品、企业部门和流程运作方式等问题。企业的所有战略，包括供应战略在内，都应该与企业战略保持一致。

## 二、供应定位模型

供应定位模型可以帮助企业基于以下因素来权衡采购产品的相对重要性。

### （一）采购产品的年支出水平

帕累托法则是进行这一分析的基础。帕累托法则认为，20%的采购产品大约占总支出的80%，而其余80%的采购产品大约只占总支出的20%。此外，可以使用ABC评价体系来进行分析，"A"类产品占总支出的30%~60%，"B"类产品占总支出的20%~30%，"C"类产品占总支出的10%~15%。如果某产品占支出的比例越大，则该产品成本节约的潜力就越大，对企业的重要性也就越高。

### （二）供应影响、机会和风险

这种组合方式说明，一方面，如果采购部门无法实现采购产品的供应目标，将会对整个企业产生何种影响（通常是损失收益）；另一方面，可以帮助企业进行判断采购产品的供应市场条件要求企业做出何种努力，以便规避无法实现供应目标的风险，或者利用可以使本企业超越其他竞争者的机会。图2.4所示为供应定位模型。

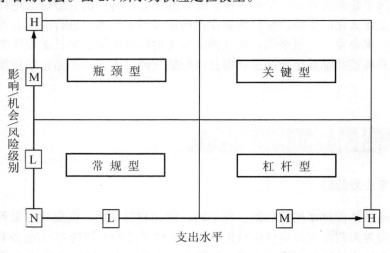

图2.4　供应定位模型

图2.4的横轴代表采购产品的支出水平。从左到右，支出水平逐渐提高。占总支出80%的20%采购产品位于横轴的右侧，占其余20%支出的80%产品位于横轴左侧。该图的纵轴代

表各采购产品对企业的影响/机会/风险级别。这种评级方法将采购产品划分为4种类型,即H、M、L和N,它们分别代表的是:

H＝高影响/机会/风险
M＝中等影响/机会/风险
L＝低影响/机会/风险
N＝可忽略的影响/机会/风险

供应定位模型有助于实现以下两个主要目标:

(1)指导企业确定各采购产品在供应商评估中的优先级别。企业没有必要在所有采购产品的供应商评估上都花费相同的精力,因为一些采购产品对企业的重要性要大于其他一些产品。这些决定因素包括采购产品的支出水平、采购产品对企业的影响、产品的供应市场条件。

(2)指导企业确定供应商评估的重点。在均衡考虑供应定位模型中所定义的这些因素后,企业就可以为不同的采购产品制定不同的供应策略,并决定与供应商建立何种类型的关系,以及采取哪些供应商评估方法。

为了理解供应定位模型是如何影响供应战略的,可将图2.4划分为4个象限,即常规型产品、杠杆型产品、瓶颈型产品和关键型产品。每个象限代表具有不同特色的采购产品,可逐一考察供应定位模型中4个象限的特征,因为大多数采购产品/服务都具有其所属象限的特征。

(1)常规型产品的特征是低影响/机遇/风险水平和低支出水平。位于该象限中的产品/服务具有低影响/机遇/风险水平,因为它们是标准的且可以从许多供应商处得到的产品,同时,花费在这些产品上的总支出也相当低。因此,在采购这些产品时,不必花费太多精力。通常,企业都有大量的标准品位于此象限,如办公文具、保洁服务或者标准的生产耗材。

(2)杠杆型产品的特征是低影响/机遇/风险水平和高支出水平。位于该象限中的产品/服务是一些标准的且可以轻易地从多家供应商处得到的产品,在这一点上,它与常规型产品相似。但是,它与常规型产品的区别在于位于该象限内的产品/服务的年度支出水平较高。这通常意味着,该产品的采购对供应商的吸引力很大,会增强企业的"杠杆作用",使其处于更有利的谈判地位,特别是在企业希望尽可能压低价格的时候。

一个采购产品,对于一家企业来说是常规型产品,而对于另一家企业来说可能成为杠杆型产品,认识到这一点是很重要的。年度支出水平(而不是产品的单价)是存在这种差别的根本原因所在。例如,标准的厢式货车,对于一家配送企业来说可能属于杠杆型产品,而对于其他购买量不多的企业来说就不是杠杆型产品。可见,杠杆型产品处在一个具有吸引力的象限。在大多数情况下(这取决于企业规模的大小),如果企业拥有较强的议价力量,那么许多供应商都会争着与其进行业务往来。

(3)瓶颈型产品的特征是高风险和低年度支出水平。位于该象限中的产品/服务的专业性极强,因而只能从少数几家供应商处获取。例如,当产品的设计基于某项新技术,或者产品依赖于某些高精度零部件时,就可能出现这种情况。某些技术含量不高的产品,当其供不应求且缺货会对企业造成重大影响时,也可能成为瓶颈产品。

瓶颈型产品的供应将一个重大的风险摆在了企业面前,但因为这类产品的支出水平太低,对供应商没有什么吸引力,企业也几乎没有能力对这类产品的供应商施加任何影响或控制,所以对于瓶颈型产品问题必须认真对待。

（4）关键型产品给企业带来了高风险，而且这些产品的支出水平较高。一般来说，企业具备一定的影响这些产品供应的能力。由于和瓶颈型产品相同的原因，关键型产品的供应商也仅限于少数厂家。

由于关键型产品是使企业产品形成特色或者取得成本优势的基础，所以会对企业的盈利能力起到关键性的作用。关键型产品包括最终产品所必需的某些零部件、某些产品所需的非常复杂的或定制的产品。例如，一些行业的关键设备有时是基于新技术制造的，甚至是为企业专门定制的。在这种情况下，任何性能要求上的偏差都可能对整个生产效率和工艺效果造成严重的影响。因此，企业应对关键型产品的采购给予特别关注。

以上4个象限的特征见表2-1。

表2-1 供应定位模型各象限的特征

| 项 目 | 常规型产品 | 杠杆型产品 | 瓶颈型产品 | 关键型产品 |
| --- | --- | --- | --- | --- |
| 对企业的影响/机会/风险 | 低 | 低 | 高 | 高 |
| 标准或非标准采购产品 | 标准 | 标准 | 通常为非标准，但可能兼而有之 | 通常为非标准，但可能兼而有之 |
| 供应商的数量 | 许多 | 许多 | 很少 | 很少 |
| 企业的支出水平 | 低 | 高 | 低 | 高 |
| 业务对供应商的价值 | 低 | 高 | 低 | 高 |

### 三、常规型产品的供应战略

对于常规型产品，企业最关心的是如何在最大限度上降低采购所需的时间和精力。表2-2概括了针对企业需要长期采购的常规型产品所采取的供应战略及其要素。

表2-2 常规型产品的供应战略及其要素

| 供应商数量 | 1个 |
| --- | --- |
| 与供应商的关系类型 | 最小干涉 |
| 合约类型 | 长期合约 |
| 供应商类型 | |
| 能够尽可能多地满足企业的采购需求 | |
| 响应积极，可以在最大限度上降低企业进行干涉的需要 | |
| 将长期连续供应企业所需产品 | |

供应商应该具备在不需要企业花费时间和精力的前提下，处理大量常规型产品业务的能力。供应商能被企业所提供的业务安排激发出足够的积极性。由于常规型产品的支出水平对供应商缺乏吸引力，所以供应商的响应水平在很大程度上取决于其积极性。有一些供应商不管业务规模大小都会给企业提供良好的服务，而另一些供应商则不会这样。

评价常规型产品的潜在供应商时，企业不必对过多的评价标准进行调查。因为调查的评价标准越多，所以企业需要花费的时间和精力就越多。

企业还可以在众多潜在供应商中,只对其中一些可能合适的供应商进行评价。在这一象限的企业采购战略是在最大限度上减少后续需要花费的精力,这个目标可能意味着预先在评价阶段要稍微多花费一些时间。

### 四、杠杆型产品的供应战略

由于杠杆型产品的支出费用很高,但是可能给企业带来的风险却很低,所以企业的主要目标是尽可能降低采购的价格和成本。

表2-3概括了针对企业需要长期采购的杠杆型产品的供应战略及其要素。其中有两个会影响供应战略变化的要素:转换成本有多高(如用一家供应商替换另一家供应商所需的成本等)、不同供应商的产品价格是否变化很大。

表2-3 杠杆型产品的供应战略及其要素

| 供应战略要素 | 例1:转换成本极高 | 例2:价格变化小/转换成本极低 | 例3:价格变化小/转换成本相对较高 | 例4:价格变化大/转换成本低 | 例5:价格变化大/转换成本相对较高 |
|---|---|---|---|---|---|
| 供应商数量 | 1个 | 很多 | 1个 | 很多 | 2个或3个 |
| 合同类型 | 定期合同——特别是长期合同 | 即期合同 | 定期合同 | 即期合同 | 定期(框架式)合同——尤其是中期合同 |
| 需要的供应商类型 | 合同期限内成本最低 | 当前成本最低 | 合同期限内成本最低 | 当前成本最低 | 合同期限内成本最低 |
| 期望与供应商建立的关系类型 | 合作型(一旦"锁定"合作关系,采购就不再滥用强势) | 交易型 | 交易型(采购时适当强势) | 交易型 | 合作型 |

供应商的关系类型和企业希望签署的合同类型在这里是评价的重点。如果企业的转换成本相对较高(如例1、例3和例5),就应该通过签署定期合同(如果可能的话,合同年限可能是数年)与供应商建立相当长时期的合作关系。

当企业的转换成本极高时(如例1),供应商是否准备采取企业所希望的合作姿态,或者是否设法利用其支配地位,将取决于它与企业合作的积极性的高低;而当企业的转换成本较低时(如例2、例4),企业采取的策略应该是在每次采购时,从成本最低的供应商处进行即期采购。

下面将依次介绍这两种策略,以及这两种策略所包含的供应商关系和要求。

(一)适用定期合同的测评标准(如例1、例3和例5)

企业不仅要对与采购要求(如产品与规格要求的一致性、最低废品率等)相关的潜在供应商的综合能力进行评价,而且要确定供应商在合同期限内能否使企业的成本支出最低,以及在合同期限内供应商能否连续不断地提供采购产品。

企业还应该评估与其要求相适应的供应商以下各方面的能力：
(1) 是否使用电子商务。
(2) 能否履行与企业签订的无定额合同中所要求的授权采购义务。
(3) 是否使用采购卡。
(4) 是否可以合并账单。
(5) 是否指定客户经理专门处理企业的业务。

（二）适用现货采购的测评标准（如例2、例4）

当前采购成本最低是进行现货采购的基础。在这种情况下，企业无须再花费时间评价供应商降低成本的综合能力，而且成本和供应可获得性的评价也可以推迟到评价供应商报价的时候再进行。企业将确定在成本、能力和积极性方面，哪家供应商的综合水平最高，哪家供应商就是履行即期合同的最佳选择。在供应商评估阶段，企业只需要研究供应商的产品质量和遵守承诺的交货时间的可靠性就可以了。

## 五、瓶颈型产品的供应战略

瓶颈型产品一般是那些可能给企业带来很高风险的采购产品。对于这类产品，企业最主要也最难以实现的目标是将供应风险降至最低，这些风险一般包括产品质量和供应可获得性等。只有找到一个不在乎业务规模的大小且总能积极地与企业合作的供应商，企业才能实现这个目标。

表2-4概括了针对企业需要长期采购的瓶颈型产品的供应战略及其要素。

表2-4 瓶颈型产品的供应战略及其要素

| 供应商数量 | 1个（也可能是2个） |
|---|---|
| 供应商的关系类型 | 做一个"好客户" |
| 合同类型 | 定期合同（可能持续相当长时间） |
| 供应商类型 | |
| 在可能给采购企业带来很大风险的领域具备特殊的能力 | |
| 不会滥用其强有力的谈判地位优势 | |
| 将长期持续地供应企业所需的产品 | |

对于瓶颈型产品，企业最关心的是供应商所提供的产品的质量是否符合要求，以及能否在合同期限内保持供应的持续性。如果企业需要的产品数量相对较少，则不必过于担心供应商的生产能力。

## 六、关键型产品的供应战略

关键型产品是同时具备高支出费用水平和可能给企业带来高风险这两个特征的产品。表2-5概括了针对企业需要长期采购的关键型产品的供应战略及其要素。

表 2-5 关键型产品的供应战略及其要素

| 供应商数量 | 1 个 |
|---|---|
| 供应商的关系类型 | 合伙关系 |
| 合同类型 | 长期"合伙"合同 |
| 供应商类型 | |
| 必须在可能给企业带来最高风险的领域具备特殊能力 | |
| 必须具备长期提供低成本和技术领先产品的能力 | |
| 企业所需的产品/服务必须属于供应商的核心业务范围 | |
| 供应商的业务战略必须与企业的业务战略一致 | |
| 供应商必须具有稳定的财务状况和持久的市场地位 | |
| 供应商必须未与企业的竞争者建立任何优待关系 | |
| 供应商不能试图利用其支配地位 | |

表 2-5 所列的许多因素都与供应商的积极性而非能力有关。这是由于供应商的高积极性是建立成功的合伙关系的基础，所以对于关键型产品的供应商评估需要企业花费大量的时间和精力。

表 2-6 概括了评价关键型产品供应商的适合性时，可以使用的主要评价标准。

表 2-6 评价关键型产品供应商的主要标准

| 采购商的要求 | 相关因素（适用的） | 用于评价供应商的标准举例 |
|---|---|---|
| 在合同期限内能够以最低成本提供产品的供应商 | 直接原材料成本 | 采购与供应部门的发展水平和地位 |
| | | 主要原材料投入的支出水平 |
| | 直接劳动力成本 | 预期未来 5 年的工资水平 |
| | 企业管理费用负担 | 企业管理费用占直接成本的比例 |
| | | 采取的降低企业管理费用的措施 |
| | 生产效率和生产力 | 产量与所使用的投入和资源（如设备）的关系 |
| | | 主要生产机器的平均使用时间 |
| | | 库存水平 |
| | | 已用于或计划用于提高生产效率的投资 |
| | 外向物流成本 | 供应商与发货点的接近程度及供应商的物流管理系统 |
| | 设计能力 | 设计人员资质——现状及前景 |
| | | 产品设计应用软件的使用 |
| | | 已用于或计划用于提高设计能力的投资 |
| | 融资能力 | 邓白氏（Dun & Bradstreet）信用评级，或银行对企业的信用评级 |
| | | 未来投资的可能性 |
| 业务战略的一致性 | 供应商的兴趣 | 供应商与企业在产品领域、对同一市场的兴趣及辅助运营战略（如电子商务应用等）等方面的一致性程度 |

| | | 续表 |
|---|---|---|
| 采购产品属于供应商的核心业务范围 | 供应商的兴趣 | 所需产品在供应商核心业务中的重要程度 |
| 供应商的市场地位稳定 | 长期内的供应能力 | 市场份额和地位 |
| 财务状况稳定 | 长期内的供应能力 | 由相关评级机构授予的信用等级或进行的详细财务分析 |
| | | 在详细的财务分析的基础上，企业财务部门所得出的对供应商的看法 |
| 与自己的竞争者没有优待关系 | 符合企业的竞争利益 | 与企业竞争者的关系性质 |

## 2.3 采购需求分析

明确采购需求的目的是向供应商提供满足用户需求所需的信息。企业应在采购说明中详细说明对需求的预期，这是非常重要的；否则，供应商可能会满足采购说明的需求，但不能完全满足用户的实际需求。明确的需求说明是采购成本、效果和利润的主要决定要素。

采购说明一般由直接用户单独制订，采购部门可以不必参与制订。但是，采购部门如果积极参与采购说明的制订，则可以充分地发挥采购部门熟悉供应商和市场的优势。

### 一、需求的类型

（一）业务性和资本性需求

企业需求一般有两种基本类型，即业务性需求和资本性需求。

（1）业务性需求。业务性需求是指企业日常运转所需要的物品，如生产线上的零部件、维修性供给品、办公用品等，这些产品一般会在1年内被使用或消耗掉。

（2）资本性需求。资本性需求是指企业日常运转中不会被消耗掉的固定资产，其使用寿命大于1年，如影印机、运货车辆、机器设备、建筑物等。

这里要注意的是，服务是在短期内被提供和使用的，因此有时会被认为是业务性需求。而事实上，有些服务应被认为是资本性需求。例如，这些服务是与资本性项目（如新的生产建筑物）有关的，在这种情况下，可能需要采购工程设计服务，并雇用建筑工人。这些服务将构成资本项目的成本，所以应当将它们作为资本项目来看待。在具体运作中，资本性需求的开支会产生有利的税收待遇，因此可以在许多财务会计系统中进行不同的处理。由于这些原因，许多企业都对业务性需求采购和资本性需求采购进行区别对待。

（二）直接功能和支持功能需求

当一家企业实施采购（无论是业务性还是资本性）时，必须考虑不同功能的需求，分别阐述如下：

（1）直接功能。直接功能是指直接制造产品/服务和（或）向最终消费者提供产品/服务的功能。

直接功能的需求主要与企业产品的生产和服务的提供有关。直接功能也可能需要非生产性的产品成本，如计算机软件的培训服务。

（2）支持功能。支持功能是指从事服务和事务性活动（如会计）以支持直接功能的功能。

（三）生产性和非生产性需求

采用生产性需求与非生产性需求的区分方法，比采用直接功能需求和支持功能需求的区分方法更为合理，分别阐述如下：

（1）生产性需求。生产性需求是指企业最终产品的直接组成部分的物品的采购，或直接介入生产过程的产品的采购，如材料、零部件和生产设备等。

（2）非生产性需求。非生产性需求是指那些既不构成企业最终产品的直接组成部分，也不是生产过程中所使用的产品/服务的采购，包括非生产性需要的机器设备，维护、修理和运营（Maintenance，Repair and Operation，MRO）产品（如备件、工具和燃料）及办公用品等。

一般来说，生产性需求和非生产性需求的性质是完全不同的，最重要的差别是相关需求的不确定性。生产性产品的采购由于其最终需求是外部的，不是直接由组织控制的，所以一般难以预测；而非生产性需求由于通常建立在内部计划（如新投资、项目等）的基础上，企业可直接控制和安排预算，所以易于进行预测。

**注意**：将业务性需求、资本性需求、生产性需求、非生产性需求这4种类型结合在一起，还可以得到4种需求类型，即生产的业务性需求、生产的资本性需求、非生产的业务性需求、非生产的资本性需求。

## 二、明确采购的产品/服务

采购需求需要明确的内容包括需要的产品/服务、数量和交付、供应商服务与响应、供应商需要的其他信息。

### （一）明确需要的产品/服务

对于采购产品，先要考虑它的功能，还要明确它的设计、生产能力、运行的可靠性、对生产制造过程的要求、使用便利程度、耐久性和安装要求，此外还包括适用性、灵活性、环保性及处置方式等特殊要求。对于服务产品，可以考虑用服务的产出和结果来具体明确需求。

对采购产品进行技术性定义，就是为了确保所明确的质量等级可以满足对其性能的要求，以及明确规定可以接受的质量偏差。同时，为了保证交付的产品能像预期的那样正常工作，还要明确提出测试、检验和质量保证文件的要求，它可以在出现产品/服务不合格或供应商的工作质量不能保证的情况时确保企业的利益。

### （二）明确数量和交付

明确数量和交付，是指规定某一产品/服务需要多少，要求供应商何时、何地提供。这里的需求可以是一次性的，也可以是一定时期内的连续需求。同时，必须确认在数量和交付方面可以接受的变动范围。

由于交货地点将明显地影响供应商的前置期，即从接收采购订单到完成订单之间的时间，所以为了将前置期最小化，采购人员要明确所使用的运输方式。

### （三）明确供应商服务与响应

采购人员要确定服务目标、供应商提供的支持和服务等级，并尽量将其具体化。例如，响应能力可具体描述为"服务台必须每天 24h 提供有效服务""对书面询问，在两天之内给予答复"等。

在采购复杂的机器设备时，采购人员要明确，在机器的试运转和运作初始期间，供应商必须提供技术指导和协助工作的天数；另外，供应商提交的报价单中应包含的培训要求和确认的维修要求。例如，在一项服务目标中可以提出"维修技术人员在报修通知书发出的 12h 内赶到现场"的要求等。

### （四）供应商需要的其他信息

采购人员提供给供应商必需的其他信息有助于供应商更好地理解采购企业的需求，为采购提供帮助。这里所说的其他信息可以包括明确指出采购中包括和不包括什么、联系人详细情况、买方企业的基本情况、产品/服务的范围、有关特殊采购的详细要求、任何供应商都必须允诺的明确的法律要求（如有关健康、安全、环境标准或进口条例）等。

## 三、明确采购数量、具体交付方式与服务要求

### （一）采购数量的确定与订购方式

在对产品/服务的采购量进行确定时，采购人员应当估计出一定时期内该种产品/服务最可能的需求量。由于企业对采购产品/服务的要求不断变化，实际需求量也会随着时间的变化而变化。采购人员在与供应商协商长期订购合同时，也需要对以后一段时期内的需求进行估计。另外，库存控制方法同样也需要对未来一段时期内的需求量进行估计，以便明确供应前置期、安全库存和订购数量。因此，采购人员应当尽可能详细地制订采购计划，不然采购的产品/服务的数量就有可能偏离实际需求量。

常用的订购方式主要有以下两种：

（1）定量补货系统。定量补货系统是指当库存量降到一定水平时，按固定的数量（基于 EOQ，EOQ 是 Economic Order Quantity 的缩写，意为经济订货批量）进行订购的方式。

（2）定期补货系统。定期补货系统是指按照固定的时间周期来订购，而订购数量是变化的。在每个订货周期内，为了达到一个比较合适的最高库存量，要保证订货期内的需求。订货间隔要使平均订货量与 EOQ 相吻合。

**注意**：许多企业采取 JIT 采购商法，供应商直接将采购的物品送到企业的生产线上，从而实现了零库存。

订购数量与交货数量并不相同，因为一次订购数量可能包含订购期间内多次交货的数量。分散交货的方式使得企业进行大批量的采购成为可能，这样既减少了存货持有成本，又减少了订购成本。

还有一种方法是合同订购，也称"一揽子采购"。采购商要在合同条款中详细列出某一

时期内全部采购物品的数量（根据需求预测误差），并且在合同项下根据实际需要制订出详细的送货计划。这种方法同样也可以减少管理和存货成本。

（二）明确具体交付的方式

明确交付包括明确送货次数、送货时间、交货地点、运输方式和包装说明等。

1. 明确送货次数和送货时间

除了要明确送货的次数之外，还要明确送货的时间，尤其是前置期，即供应商在接单后履行订单的周期。如果一份订单同时包含多种产品，采购商和供应商有必要就每种产品的送货时间达成一致意见。有时供应商的交货期可能会取决于采购商提供的某些特定的信息，在购买定制产品时就会出现这种情况。订购时，采购商只能够向供应商提供开始准备的时间（如让供应商提前购置前置期较长的物料），在一段时间以后才能提供最终设计方案。为了保证供应商拥有切实可行的前置期，采购商应详细列出什么时间向供应商提供何种信息的计划。如果信息提供得比预定的要晚，其带来的结果将是延迟交货。

采购商还可以通过其他方式来影响供应商的前置期。例如，供应商的设计方案在投产以前要征得采购商的同意，或者请采购商检验，或者在装运前进行检验等，如果供应商定出一个可行的前置期，则需求必须明确详细地列出。因为为了赢得一份订单，供应商可能会不切实际地提出它们不可能履行的前置期，所以订购中供应商的交货时间必须是切实可行的。采购商应尽可能地检查这些日期是否现实。如果采购商和供应商之间有过重要的贸易往来，这个环节就可以忽略；否则，采购商应实地考察一下供应商，考察的主要内容包括供应商是否有足够的剩余生产能力、以往的交货履行情况、库存水平等。

及时交货也是很重要的，尤其对于设备的主要部件，采购商应制订出供应商交货的详细计划；而且，一项生产计划要清楚地列出主要生产活动完成的时间。此外，采购商可以要求供应商根据生产计划提供相应的进度报告，并运用适当的合同条款，进一步保证准时交货。例如，"清算赔偿金"条款应列入合同，根据这项条款，如果供应商没有准时交货，采购商就可以要求供应商根据合同的规定进行赔偿。

如果采购商要求保证长期得到供应，或者供应市场并非在完全可以依赖的情况下，采购商有可能与一个或多家供应商就需要的产品签订长期订货合同。

当采购服务的时候，要了解服务与产品的不同之处，因为服务不能被储存，且必须在需要时提供。例如，饭店服务只有在顾客用餐的时候提供，这表明必须提前进行详细合理的时间计划，只有这样供应商才能高效率地提供服务。

2. 明确交货地点

供应商的前置期和交货的地点密切相关。如果供需双方在不同的国家或地区，采购商可能到供应商所在地去提货，也可能要求供应商向自己所在地送货。在不同情况下，供应商的前置期是不同的。供需双方如果对交货地点的具体规定不重视，很容易引起争议。

3. 运输方式和包装说明

在前置期不能再压缩的情况下，采购商就期望对运输的方式做出具体的规定。例如，空运明显要比海运速度快，但运输成本往往比较高（但并不总是如此）。

采购商在制订货物送达计划时，总是要求越早越好，而供应商则要求有一定的时间限度，如"10～14周"。在实践中，应该避免使用这样的约定，因为这种约定本身是含糊不清的，并且供应商和采购商各自的理解也不相同。

在货物运输过程中，潜在的货损也应该引起注意，货物损坏可能导致货物与说明不符。运输方式对货物损害程度是有影响的，如航空运输中货物损害的风险要低于海上运输。尽管供应商在运输包装方面有足够的经验，但为了使运输中货物受损的风险降到最低，采购商也需要对包装物属性做详细的规定。此外，对于特殊运输也要做出规定，如食品要冷藏运输、易碎品要使用柔软的内包装等。

### （三）明确供应商服务的要求

对供应商服务的要求主要包括供应商响应、技术支持与培训、维护与修理服务等方面。

#### 1．供应商响应

供应商响应与供应商的服务水平相关。在可能的情况下，采购商应利用具体的指标明确所要求的供应商服务水准，如"24h的电话服务""对所提问题，两天之内通过电子邮件做出答复""更新后的技术手册在要求的24h内送达购买者手中"等。

采购商也可以要求供应商专门指定一名客户服务经理负责答复和处理采购商的需求与问题。

#### 2．技术支持与培训

当采购技术复杂的机器设备时，采购商应该要求供应商必须在机器启动和试运行期间提供相应的技术支持与帮助。此外，采购商还应要求供应商提供技术培训。例如，一份技术采购说明可能包括最少要保证多少天或多少小时的技术支持。

#### 3．维护与维修服务

采购商可将维护作为主采购订单的一部分，在订单中做出规定。在这种情况下，修理要求也应明确规定。例如，"接到机器发生故障通知的24h内修理工要及时赶到""供应商要在接到通知的24h内将需要修理的关键零部件送达采购商"等。

## 2.4 制订采购计划

### 一、采购计划

采购计划是整个采购管理进行运作的第一步。采购计划制订得是否合理、完善，直接关系整个采购运作的成败。采购计划是指根据市场需求、企业的生产能力和采购环境容量等确定采购的时间、采购的数量及如何采购的作业。

一般来说，制造企业制订采购计划主要是为了指导采购部门的实际采购工作，保证产销活动的正常进行和企业的经营效益。因此，一项合理、完善的采购计划应达到以下要求：

（1）预估物料或商品需用时间和数量，以保证连续供应。在企业生产活动中，生产所需的物料必须能够及时获得且能够满足需要，否则就会因物料供应不上或不足而导致生产中断。

因此，采购计划必须根据企业的生产计划、采购环境等估算物流需用时间，在恰当的时候进行采购，保证生产的连续进行。

（2）配合企业生产计划和资金调度。制造企业的采购活动与生产活动是紧密相关的，是直接服务于生产活动的。因此，采购计划一般要依据生产计划来制订，确保采购到适当的物料以满足生产的需要。

（3）避免物料储存过多而积压资金。在实际生产经营过程中，库存是不可避免的，有时还是十分必要的。库存实质上是一种闲置资源，不仅不会在生产经营中创造价值，反而还会因占用资金而增加企业的成本。也正因如此，零库存管理成为一种先进的生产运作和管理模式。在企业的总资产中，库存资产一般要占到 20%～40%。物料储存过多会影响资金的正常周转，还会增加市场风险，给企业经营带来负面影响。

（4）使采购部门事先准备，以便选择有利时机购入物料。在瞬息万变的市场上，要抓住有利的采购时机并不容易，只有事先制订完善、可行的采购计划，才能使采购人员做好充分的采购准备，在适当的时候购入物料，而不至于临时抱佛脚。

（5）确立物料耗用标准，以便控制物料采购数量和成本。通过以往的经验和对市场的预测，采购计划如果能够较准确地确定所需物料的规格、数量、价格等标准，就可以对采购成本、采购的数量和质量进行控制。

## 二、采购需求说明的制订与发布

### （一）编制需求说明的注意事项

需求说明一般由采购商按照具体需求来编制和确定。在编制时，一般都会遇到"如何确定标准？如何尽量采购到性价比高的产品？"这些问题。

#### 1. 利用外部通用标准进行需求说明编制

一家企业可以制定自己购买某种产品/服务的标准，但是也应该认识到存在广泛被认可的适用于普通产品、服务、工序、安全要求等的标准，这些标准来源于行业标准、国家标准、地区标准、国际标准。这些被广泛认可的标准能够使买卖双方通过使用共同的参数、术语和符号而产生共同的语言，而且这些标准可以通过各种公开渠道获得。因此，企业在花费时间和财力制定自己的规格之前，一定要设法弄清楚是否已有通用的标准。

只有在商品专业性强、不易获得、没有现成标准，或者采购价值较高、值得投入时间和精力开发时，企业才会自己制定标准。

#### 2. 注意内部标准化问题

在进行需求说明编制时，应该注意内部标准化问题。内部标准化是指在采购产品时，对采购的各种产品在尽可能广的范围内减少规格型号的数量。

在企业日常生产和设计中，工程师或设计人员往往愿意采用自己的设计或规格型号，而不愿采用企业内部已有的设计或规格型号，或者未做出尽量使用内部已见成效的设计或规格型号的努力；有些企业由于没有配备信息系统，所以无法利用已有的设计或规格型号。这些因素造成大型企业的多个事业部制组织中内部标准化缺乏。

采用内部标准化的好处主要有以下几点：

（1）可以使企业内部减少建立新的规格所需的时间和精力。

（2）有助于企业集中精力在核心项目上，更好地关注质量，花费更多的时间寻找最佳的供应源。

（3）可以使企业大批量采购较少的品种，进而同少数供应商谈判达成更优惠的价格。

（4）可以与少数供应商达成更大的交易量，扩大交易双方的相互影响力，加强交易双方的信任和合作，进而提高供应质量水平。

（5）交易品种的减少将直接减少储存的原材料，从而降低安全库存数量，最终降低储存费用。

当然，内部标准化在企业追求自身产品的差异化和产品具有鲜明特色时不太适用。在这种情况下，进行多样化的采购更加合适。

3. 价值分析和价值工程

价值分析（Value Analysis，VA）和价值工程（Value Engineering，VE）是一种结构性问题的解决方法，用于对特定问题或需求制订最优的解决方案。其中，价值分析用于对已有产品的重新设计，而价值工程用于设计新产品。

VA 和 VE 可以用下列公式定义：

$$价值 = 功能 \div 成本$$

这一公式表明价值是建立在能做什么和花费多少钱的基础上的。价值可以通过以下方式得到增值：

（1）以更低的成本提供同样的功能。

（2）以同样的成本增加功能的范围和质量。

（3）功能增加的比例高于成本增加的比例。

在大多数情况下，VA 和 VE 是以最小成本提供所需功能的一种工具，而所需功能是根据产品的特性（如可靠性、质量和安全性）来确定的。

在进行需求编制中应用 VA 和 VE 时应该注意到，相对于其他解决问题的方法，它们的最大特点是将着眼点放在功能上，因此可以创造出独特的设计方式和理念。

（二）编制需求说明的方法

在编制需求说明时，既要考虑需采购产品/服务的属性，也要考虑企业所要达到的总体供应目标与供应指标。选择编制需求说明的方法时没有绝对的规则可循。

供应目标与供应指标一般表现在以下 4 个方面：

（1）确保所需采购产品/服务具有所要求的质量，有时还应具备一定的新颖性和差异性。

（2）确保所需采购产品/服务的供应及时可靠。

（3）确保得到必要的供应商支持（如技术支持、维护和培训等）。

（4）确保总成本最低。

因此，由供应目标或供应指标确定的需求说明必须考虑供应市场环境。

表 2-7 列出了供应目标和供应指标对编制需求说明的各种影响因素。

表 2-7　供应目标和供应指标对编制需求说明的各种影响因素

| 供应目标/指标 | 对说明的方法和类型的影响 |
| --- | --- |
| 确保产品/服务质量的新颖性和差异性：<br>（1）有利于优化产品设计。<br>（2）确保所采购产品具有最新设计，或有助于将本企业与竞争对手相比具有差异性优势。<br>（3）确保各供应商持续地按产品/服务说明供货 | （1）设计过程中运用价值分析/价值工程。<br>（2）采用能激励供应商的设计创新能力的性能规范。<br>（3）当产品的差异化显得尤为重要时，采用名牌产品或供应商专有规格。<br>（4）采用标准化产品，以减少错误的发生。<br>（5）当供应商具备高水平的技术和经验时，采用技术规格。<br>（6）采用能提高可靠性的质量指标 |
| 确保有效供应：<br>确保供应的持续有效，前置期最小化，及时供货 | 采用标准化产品，以在更广泛范围内确保供应 |
| 确保供应商支持：<br>确保供应商提供必要的技术支持 | （1）采用名牌产品，以获得更好的服务。<br>（2）在说明中明确所需的技术支持内容 |
| 成本最小化：<br>实现采购价格、获取成本与生命周期成本的最小化 | （1）采用价值分析/价值工程，以确保方案的成本最低。<br>（2）采用能奖励供应商的设计创新能力的性能规范。<br>（3）采用标准化产品，因为使用标准化比定制设计的成本更低。<br>（4）避免使用阻碍竞争且牵涉非标准供应商流程的技术规格。<br>（5）不采用名牌产品，因为名牌产品的使用成本高 |

对有利于提高企业竞争优势的产品，其商品采购说明应选择突出个性的说明，如加入非常详细的技术规格、铭牌、高水准的性能规格等内容；而对于差异性并不重要的产品，采用标准化产品以降低采购成本。采购产品的支出越大，企业越应该对此项支出运用价值分析和价值工程技术，以找到降低成本的途径；如果采购产品的支出很小，则企业可以直接通过选用常见品牌商品，以最简单和方便的方法进行采购，即使产品成本不是最低，但因为整个支出非常有限，也不会导致整体采购成本上升。图 2.5 所示为采购说明的使用方法。

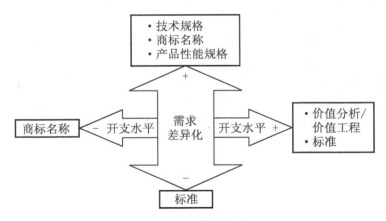

图 2.5　采购说明的使用方法

采购说明一般应包括以下内容,见表 2-8。

表 2-8 采购说明的内容

| 产品/服务质量 | (1)产品/服务规格必须明确地描述所需工程图、设计图等事项,以及必须达到的相关性能和可靠性。<br>(2)质量检测与测试要求,包括审核文件、亲临现场检验或发运前的检查 |
|---|---|
| 数量与交货 | (1)所要求的数量。<br>(2)交货日期和地点、相关交货规定。<br>(3)交货限制。<br>(4)特殊运输要求和运输方法。<br>(5)包装要求。<br>(6)对于订货时尚不清楚的有关信息,确定通知供货商有关信息的时间。<br>(7)要求供货商提供按时交货的日程计划及其对计划执行情况的报告。<br>(8)如需要,包含交货前的商品检验要求 |
| 服务/响应 | (1)要求的服务水平(可以合理地量化)。<br>(2)要求指定一名"客户经理"。<br>(3)要求对复杂设备的安装和使用提供技术支持或协助。<br>(4)要求培训。<br>(5)要求维护支持和及时供应配件。<br>(6)对维修请求的响应时间。<br>(7)管理信息要求 |
| 成本指标 | (1)最高采购价格。<br>(2)最高获取成本。<br>(3)最高总所有权成本。<br>(4)评价供应商报价的成本基础 |
| 联系人信息 | 联系人名称、地址等 |
| 背景和责任范围 | (1)有关本企业的基本信息和要求的内容。<br>(2)供应商的义务,如设计、生产、交货、维护或操作等方面的义务。<br>(3)必要时,供应商要负责获取进出口许可证、支付关税、安排清关等 |
| 法律要求 | 所采购产品/服务应遵守的法律 |
| 政策要求 | 供应商应遵守的本企业及其他职能部门的政策 |

从表 2-8 可以看到,编制采购说明会涉及众多人员,所以是一项团队活动。在编制的初期,采购供应部门的任务是在确保充分了解供应市场环境、保证良好的商业行为、必要时促使供应商参与的前提下编制产品/服务说明。采购供应部门还应该确保供应商从采购说明中获得充分、清晰、简洁、一致的信息。在编制过程中,采购供应部门一定要重视与供应商的互动,以确保说明内容清晰完整。

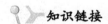知识链接

## 商品采购说明示例

(1)投标供应商注册资本必须在 50 万元人民币以上(含 50 万元人民币),必须要有类似成功案例 3

则以上（含3则，合同复印件作为投标书的一部分）。

（2）本次采购项目包括A学校体育器材和B学校体育器材，是一个整体，不可分割，必须全部响应，否则将作为无效投标处理。

（3）各投标供应商所投产品的质量、技术性能不得低于省市有关教育技术装备的文件要求，否则将作为无效投标处理。如果中标后发现有不符合之处，采购中心和采购人仍有取消合同的权利。

（4）各投标供应商所投产品必须达到国家质量、环保要求，并提供相应的质检报告。质检报告复印件应作为投标书的一部分，如未提供将作为无效投标处理。

（5）投标报价应含产品的生产制造、包装运输、施工安装、售后维护等成本费用及相关的所有税费。

（6）任何一家投标供应商中标后，必须根据现场情况提交详细的施工方案，经采购人审核同意后方可施工，并应负责施工现场安全，否则采购中心和采购人可以拒绝支付款项。因安全问题造成的事故损失由供货方承担全部责任。

（7）自签订合同之日起20天内，必须根据采购人要求将全部货物送至相关学校，并负责安装调试完毕。

（8）所有货物安装验收合格者，将支付其合同总价款的50%，余款作为质量保证金于验收合格1年后付清。

（9）服务要求：①提供不少于3年的质保和7×24h免费上门维护服务。②质保期内报修后，8h内电话响应，24h上门解决问题。8h内不予响应的，使用方将自行采取必要的措施，由此产生的风险和费用由供货方承担。24h内不能现场解决问题的，必须提供备品，以确保使用方正常工作。③货物开箱后，如采购人发现有任何质量问题，供应商必须立即以同样型号材质的货物在使用方确认的时间内进行更换，确保其使用。④质保期内，货物发生严重故障无法修复，或者维修达3次的，必须以同样型号材质的货物予以免费更换。

（10）在产品的正常使用年限内，如由于产品质量或施工安装问题造成使用方财产损失、人员伤亡，供货方将作为直接责任人承担相应的赔偿责任。

### 三、采购计划的编制

采购计划的编制是确定从企业外部采购哪些产品/服务能够最好地满足企业经营需求的过程，需要考虑的事项包括是否采购、怎样采购、采购什么、采购多少、何时采购。优秀的采购计划可以使企业的采购管理有条不紊地开展。一项完善的采购计划不仅包括采购工作的相关内容，而且包括对采购环境的分析，并要与企业的经营方针、经营目标、发展计划、利益计划等相符合，其主要内容见表2-9。

表2-9 采购计划的主要内容

| 部　　分 | 目　　的 |
| --- | --- |
| 计划概要 | 对拟议的采购计划进行扼要的综述，便于管理人员快速浏览 |
| 目前采购状况 | 提供有关物料、市场、竞争及宏观环境的相关背景资料 |
| 机会与问题分析 | 确定主要的机会、优势、劣势和采购面临的问题 |
| 计划目标 | 确定计划在采购成本、市场份额和利润等领域需要完成的目标 |
| 采购战略 | 提供将用于实现计划目标的主要手段 |
| 行动方案 | 谁去做？什么时候去做？费用多少？ |
| 控制 | 指明如何监测计划 |

## (一)采购计划编制流程

在编制采购计划之前首先要做自制/外购分析,以决定是否要采购。在自制/外购分析中,主要对采购可能发生的直接成本、间接成本、自行制造能力、采购评标能力等进行分析比较,并决定是否从单一的供应商或从多家供应商采购所需的全部或部分物料,或者不从外部采购而是自行制造。

当决定需要采购时,合同类型的选择便成为买卖双方关注的焦点,因为不同的合同类型适合不同类型的采购。常见的合同可分为4种:一是成本加固定费用(Cost Plus Fixed Fee,CPFF)合同,适合于研发项目;二是成本加奖励费(Cost Plus Incentive Fee,CPIF)合同,主要用于长期的硬件开发和试验要求多的合同;三是固定价格加奖励费用(Fixed Price Plus Incentive Fee,FPIF)合同,它是长期的高价值合同;四是固定总价(Firm Fixed Price,FFP)合同,买方易于控制总成本而风险最小,卖方风险最大而潜在利润可能最大,因而最常用。

在自制/外购分析和确定所采用的合同类型后,采购部门就可以着手编制采购计划了。采购计划的编制主要包括两部分内容:采购认证计划的制订和采购订单计划的制订,具体又可分为8个环节,即准备认证计划、评估认证需求、计算认证容量、制订认证计划、准备订单计划、评估订单需求、计算订单容量、制订订单计划,如图2.6所示。

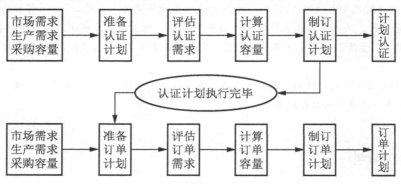

图 2.6 采购计划编制流程

### 1. 准备认证计划

采购计划的第一步是准备认证计划,这是做好采购计划的基础,主要包括4个方面的内容:接收由开发部门提交的开发批量需求计划、接收余量需求计划、准备供应商群体认证环境资料、拟制认证计划说明书,如图2.7所示。

图 2.7 准备认证计划的流程

(1)接收开发批量需求计划。要制订比较准确的认证计划,采购计划人员首先必须熟知开发需求计划。开发批量物料需求通常有以下情况:

① 在目前的采购环境中能够找到的物料供应。例如,如果以前接触的供应商的供应范围比较大,就可以从这些供应商的供应范围内找到企业需要的批量物料供应。

② 现有的采购环境中无法提供企业需要采购的新物料时,需要企业采购部门到社会供应群体中寻找新物料的供应商。

(2) 接收余量需求计划。采购人员在进行采购操作时,可能会遇到两种情况:一是随着企业规模的扩大,市场需求会变得越来越大,现有的采购环境容量不足以支持企业的物料需求;二是由于采购环境呈衰退趋势,使物料的采购环境容量逐渐缩小,无法满足采购的需求。在这两种情况下就会产生余量需求,便要求对采购环境进行扩容。采购环境容量的信息一般由认证人员和订单人员提供。

(3) 准备认证环境资料。采购环境的内容一般包括认证环境和订单环境两个部分,相对应的是认证容量和订单容量。认证容量和订单容量是两个完全不同的概念,有些供应商的认证容量比较大,但是其订单容量比较小,有些供应商的情况则恰恰相反。其原因在于,认证过程本身是对供应商样件的小批量试制过程,需要强有力的技术支持,有时甚至需要与供应商一起开发;而订单过程是供应商的规模化生产过程,其突出的表现就是自动化机器流水作业及稳定的生产,技术工艺已经固化在生产流程之中,所以订单容量的技术支持难度比起容量的技术支持难度要小得多。因此,企业对认证环境进行分析时,一定要区分认证环境和订单环境。

(4) 拟制认证计划说明书。做好上述工作之后,就要准备好认证计划所需要的材料,主要包括认证计划说明书(物料项目名称、需求数量、认证周期等)、开发需求计划、余量需求计划、认证环境资料等。

2. 评估认证需求

编制采购计划的第二步是评估认证需求,主要包括分析开发批量需求、分析余量需求、确定认证需求3个方面,如图2.8所示。

图 2.8　评估认证需求的流程

(1) 分析开发批量需求。要做好开发批量需求分析不仅要分析量的需求,而且要掌握物料的技术特征等信息。开发批量需求的样式是各种各样的,按照需求的环节可以分为研发物料开发认证需求和生产批量物料认证需求;按照采购环境可以分为环境内物料需求和环境外物料需求;按照供应情况可以分为直接供应物料和需要定做的物料;按照国界可分为国内供应物料和国外供应物料;等等。对于如此复杂的情况,计划人员必须对开发物料需求做详细的分析,必要时还应与开发人员、认证人员一起研究开发物料的技术特征,按照已有的采购环境及认证计划经验进行分类。

(2) 分析余量需求。分析余量需求首先要对余量需求进行分类。余量认证的产生来源有两种:一种情况是市场销售需求的扩大;另一种情况是采购环境订单容量的萎缩。这两种情况都导致了目前采购环境的订单容量难以满足用户的需求,因此,需要增加采购环境容量:对于因市场需求原因造成的,可以通过市场与生产需求计划得到;对于因采购环境订单容量萎缩造成的,可以通过分析现实采购环境的总体订单容量与原订单容量之间的差别得到。将这两种情况的余量相加即可得到总的需求容量。

（3）确定认证需求。根据开发批量需求与余量需求的分析结果，计划人员就可以确定认证需求了。

3. 计算认证容量

采购计划的第三步是计算认证容量，主要包括分析项目认证资料、计算总体认证容量、计算承接认证量、确定剩余认证容量，如图2.9所示。

图 2.9 计算认证容量的流程

（1）分析项目认证资料。分析项目认证资料是计划人员的一项重要事务，不同的认证项目的周期也是千差万别的。对于某种行业的实体来说，需要认证的物料项目可能是上千种物料中的某几种，熟练并分析几种物料的认证资料是有可能的；但对于规模较大的企业来说，需要分析上千种甚至上万种物料，其难度则大得多。

（2）计算总体认证容量。一般在认证供应商时，要求供应商提供一定的资源用于支持认证操作，或者一些供应商只做认证项目。在供应商认证合同中，应说明认证容量与订单容量的比例，防止供应商只做批量订单，不愿意进行样件认证。计算采购环境的总体认证容量的方法是，将采购环境中所有供应商的认证容量叠加，有些供应商的认证容量需要乘以适当的系数。

（3）计算承接认证量。供应商承接认证量等于当前供应商正在履行的认证的合同量。认证容量的计算是一个复杂的过程，各种物料项目认证的周期不同，一般是计算要求的某一时间段的承接认证量，最恰当的处理方法是借助电子信息系统，模拟显示供应商已承接认证量，以供认证计划决策使用。

（4）确定剩余认证容量。某一物料所有供应商群体的剩余认证容量的总和，称为该物料的剩余认证容量，其计算方法如下：

物料剩余认证容量＝物料供应商群体总体认证容量－承接认证量

该计算过程可以被电子化，一般MPR系统不支持这种算法，可以单独创建系统。认证容量是一个近似值，仅作参考，认证计划人员对此不可过高估计，但它能指导认证过程的操作。

4. 制订认证计划

采购计划的第四步是制订认证计划，主要包括对比需求与容量、综合平衡、确定余量认证计划、制订认证计划，如图2.10所示。

图 2.10 制订认证计划的流程

（1）对比需求与容量。认证需求与供应商对应的认证容量之间一般都会存在差异。如果认证需求小于认证容量，则没有必要进行综合平衡，直接按照认证需求制订认证计划即可；如果认证需求量远超出供应商容量，就要进行认证综合平衡，对于剩余认证需求要制订采购环境之外的认证计划。

（2）综合平衡。认证计划人员应从全局出发，综合考虑生产、认证容量、物料生命周期等要素，判断认证需求的可行性，通过调节认证计划来尽可能地满足认证需求，并计算认证容量不能满足的剩余认证需求。

（3）确定余量认证计划。对于采购环境不能满足的剩余认证需求，应提交给采购认证人员分析并提出对策，与之一起确认采购环境之外的供应商认证计划。采购环境之外的社会供应群体如果没有与企业签订合同，那么制订认证计划时要特别谨慎，并要由具有丰富经验的认证计划人员和认证人员联合操作。

（4）制订认证计划。制订认证计划即是确定认证物料数量及开始认证时间，其计算方法如下：

认证物料数量＝开发样件需求数量＋检验测试需求数量＋样品数量＋机动数量

开始认证时间＝要求认证结束时间－认证周期－缓冲时间

5．准备订单计划

采购计划的第五步是准备订单计划。准备订单计划分为 4 个方面，即接收市场需求、接收生产需求、准备订单环境资料、制订订单计划说明书，如图 2.11 所示。

**图 2.11　准备订单计划的流程**

（1）接收市场需求。认证计划人员必须熟知市场需求计划或者市场销售计划，进一步分解市场需求便得到生产需求计划。企业的年度销售计划一般在上一年的年末制订，并报送各相关部门，同时下发到销售部门、计划部门、要购部门，以便指导全年的供应链运转，根据年度计划制订季度、月度的市场销售需求计划。

（2）接收生产需求。生产需求对采购来说可以称为生产物料需求。生产物料需求的时间是根据生产计划确定的。生产物料需求计划（MRP）通常是订单计划的主要来源。为了理解生产物料需求，认证计划人员需要熟知生产计划和工艺常识。在 MRP 系统中，物料需求计划是主生产计划的细化，主要来源于主生产计划、独立需求的预测、物料清单文件、库存文件。编制物料需求计划的主要步骤如下：

① 决定毛需求。

② 决定净需求。

③ 对订单下达日期和订单数量进行计划。

（3）准备订单环境资料。准备订单环境资料是准备订单计划中的一个非常重要的内容。订单环境资料主要包括以下几个方面：

① 订单物料的供应商消息。

② 订单比例信息。对由多家供应商供应的物料来说，每一家供应商分摊的下单比例称为订单比例，该比例由计划认证人员制订并进行维护。

③ 最小包装信息。

④ 订单周期。订单周期是指从下单到交货的时间间隔，一般是以天为单位的。订单环境

一般使用信息系统进行管理，订单人员根据生产需求的物料项目，从信息系统中查询了解物料的采购环境参数及其描述。

（4）制订订单计划说明书。其主要内容包括订单计划说明书（物料名称、需求数量、到货日期等）、市场需求计划、生产需求计划、订单环境资料等。

6. 评估订单需求

评估订单需求是采购计划中非常重要的一个环节。只有准确地评估订单需求，才能为计算订单容量提供参考依据，制订出合适的订单计划。它主要包括3个方面的内容，即分析市场需求、分析生产需求、确定订单需求，如图2.12所示。

图2.12 评估订单需求的流程

（1）分析市场需求。订单计划首先要考虑的是企业的生产需求，因为生产需求的大小直接决定了订单需求的大小。但订单计划不仅仅来源于生产计划，制订订单计划时还要兼顾企业的市场战略及潜在的市场需求等。此外，制订订单计划时还需要分析市场要货计划的可信度，仔细分析市场签订合同的数量及未签订合同的数量的一系列数据，同时研究其变化趋势，全面考虑要货计划的规范性和严谨性，参照相关的历史要货数据，找出问题所在。

（2）分析生产需求。要分析生产需求，首先要研究生产需求的产生过程，其次分析生产需求量和要货时间。

（3）确定订单需求。根据对市场需求和生产需求的分析结果确定订单需求。一般来说，订单需求的内容是指通过订单操作手段，在未来指定的时间内，将指定数量的合格物料进行采购入库。

7. 计算订单容量

计算订单容量是采购计划中重要组成部分。计算订单容量主要有4个方面的内容，即分析项目供应资料、计算总体订单容量、计算承接订单量、确定剩余订单容量，如图2.13所示。

图2.13 计算订单容量的流程

（1）分析项目供应资料。对于采购工作来说，在目前的采购环境中，所采购物料供应商的信息是非常重要的一项信息资料。如果没有供应商供应物料，那么无论是对生产需求而言还是对紧急的市场需求而言，都是"巧妇难为无米之炊"。可见，供应商的物料供应是满足生产需求和紧急的市场需求的必要条件。

（2）计算总体订单容量。总体订单容量是多方面内容的组合，一般包括两个方面的内容：一是可供给的物料数量，二是可供给物料的交货时间。例如，汽车零部件供应商A在11月30日之前可供应2万个轴承（Ⅰ型1.5万个，Ⅱ型0.5万个），供应商B在11月30日之前可供应轴承3万个（Ⅰ型1.5万个，Ⅱ型1.5万个），那么11月30日之前Ⅰ型、Ⅱ型两种轴承的订单容量为5万个（Ⅰ型3万个，Ⅱ型2万个）。

（3）计算承接订单容量。承接订单量是指某供应商在指定的时间内已经签下的订单量。例如，汽车零部件供应商A在11月30日之前可供应2万个轴承（Ⅰ型1.5万个，Ⅱ型0.5万个），若已承接Ⅰ型轴承1万个，Ⅱ型轴承0.5万个，那么已承接的订单容量为1.5万个（Ⅰ型1万个＋Ⅱ型0.5万个）。

（4）确定剩余订单容量。剩余订单容量是指某物料所有供应商群体的剩余订单容量的总和，其计算方法如下：

物料剩余订单容量＝物料供应商群体总体订单容量－已承接订单量

8．制订订单计划

制订订单计划是采购计划的最后一个环节，也是最重要的环节，主要包括4个方面的内容，即对比需求与容量、综合平衡、确定余量认证计划、制订订单计划，如图2.14所示。

**图2.14　制订订单计划的流程**

（1）对比需求与容量。对比需求与容量是制订订单计划的首要环节。只有比较出需求与容量的关系，才能有的放矢地制订订单计划。如果经过对比发现需求小于容量，即无论需求多大，容量总能满足需求，则企业要根据物料需求来制订订单计划；如果供应商的容量小于企业的物料需求，则企业要根据容量制订合适的物料需求计划，这样就产生了剩余物料需求，需要对剩余物料需求重新制订认证计划。

（2）综合平衡。计划人员要综合考虑市场、生产、订单容量等要素，分析物料订单需求的可行性，必要时调整订单计划及计算容量不能满足的剩余订单需求。

（3）确定余量认证计划。在对比需求与容量的时候，如果容量小于需求，就会产生剩余需求，要提交给认证计划制订人员处理，并确定能否按照物料需求规定的时间及数量交货。为了保证物料及时供应，可以通过简化认证程序，由具有丰富经验的认证计划人员进行操作。

（4）制订订单计划。制订订单计划是采购计划的最后一个环节，订单计划做好之后就可以按照计划进行采购了。订单的内容包括下单数量和下单时间两个方面，其计算方法如下：

下单数量＝生产需求量－计划入库量＋安全库存量

下单时间＝要求到货时间－认证周期－订单周期－缓冲时间

（二）如何制订合理、完善的采购计划

市场瞬息万变且采购过程复杂多变，使得采购部门要制订一份合理、完善并能有效指导采购管理工作的采购计划并不容易。采购计划好比采购管理这面盘棋上的一颗重要的棋子，采购计划做好了，采购管理工作十有八九就会成功；但如果这一颗棋子走错了，可能会导致满盘皆输。因此，采购部门应对采购计划工作给予高度的重视，这项工作不仅需要拥有一批经验丰富、具有战略眼光的采购计划人员，而且在制订采购计划时，还必须抓住关键的两点——知己知彼，群策群力。

（1）认真分析企业自身情况，做到"知己"。在制订采购计划之前，要充分分析企业自身的实际情况,如企业在行业中的地位、现有供应商的情况、生产能力等,尤其要把握企业的长远发展计划和发展战略。企业发展战略反映了企业的发展方向和宏观目标,采购计划如果没有贯彻落实企业的发展战略,可能会导致采购管理与企业的发展战略不协调甚至产生冲突,造成企业发展行动与目标"南辕北辙";而且,脱离企业发展战略的采购计划就如同无根的浮萍,既缺乏根据,又会失去方向。因此,只有充分了解了企业自身的情况,制订出的采购计划才可能是切实可行的。

(2)进行充分的市场调查,收集翔实的信息,做到"知彼"。在制订采购计划时,应对企业所面临的市场进行认真的调研,调研的内容应包括经济发展形势、与采购有关的政策法规、行业的发展状况、竞争对手的采购策略及供应商的情况等。只有做好充分细致的准备工作,才能最终完成采购计划的制订;否则,制订的计划无论在理论上多么合理,都可能经不起市场的考验,要么过于保守造成市场机会的丧失和企业可利用资源的巨大浪费,要么过于激进导致计划不切实际、无法实现而成为一纸空文。

(3)广开言路,群策群力。许多采购部门在制订采购计划时,常常仅由采购经理来制订,没有相关部门和基层采购人员的智慧支持,可能失去有用的资料和创造性的建议,而且采购人员未达成普遍共识,从而因采购计划不够完善影响采购运作的顺利进行。因此,在编制采购计划时,不应把采购计划视作一家的事情,应当广泛听取各部门的意见,吸收采纳合理和正确的意见和建议。在计划草拟成文之后,还需要反复征询各方意见,以使采购计划真正切入企业的实际和特点,适应市场变化的趋势。

(三)编制和执行采购计划时应注意事项

除了把握上述制订采购计划的方法之外,采购部门在编制采购计划时,还应注意以下两个问题:

(1)应尽量具体化、数量化,说明何时、何人实施,以便于计划管理、执行和控制。例如,按照生产计划的要求,某汽车制造企业需要在3月15日之前采购一批汽车配件,那么在采购计划中就应说明这批汽车配件采购的时间、采购的数量、负责采购的人员及可能选择的供应商等。

(2)应适时对计划进行修改和调整。计划一旦制订,一般应相对稳定,不能朝令夕改,但市场是不断变化的,而企业往往又是被市场牵着鼻子走的,如果对外部环境的变化置之不理,一味地按照原来的计划实施采购,就可能会使企业面临极大的风险。因此,在计划实施过程中,采购人员应密切关注市场的变化,当发生未能预测到的变化时,应对计划做出相应的调整,但应注意调整和修改不能过多或太随意。

 **案例分析**

广东A冷柜有限公司是由日本B株式会社和国内制冷龙头企业C集团于合资组建的,主要产品为冷柜和冰箱。该公司的生产流程是:根据订单及销售预测安排生产计划,提出材料清单,以采购各种原材料来满足生产需要。但是,这种生产模式常遭遇生产周期长、交货周期长、生产现场产品囤积、库存过高等问题,造成成本积压与浪费。因此,该公司决定进一步引入JIT体系来改善生产作业。JIT采购的核心是把供应商纳入自己的供应体系,严格执行产出计划,由后续工序拉动,实现小批量零库存。

该公司的JIT实施大致情况如下所述。

1. 应用JIT的前提条件

（1）群组技术将产品依照设计属性或制造特质进行适当分类，而机具设备则依照产品生产流程分区配置，使类似的产品族可在同一机具群生产，以缩短作业准备时间，提高机器使用率，减少搬运成本，提高加工效率。

该公司运用群组归类将流程分成钣金件、喷涂件和组装3个群组部分。实行群组布置，可以为小批量、标准化生产打好基础。

（2）持续稳定生产、严把生产质量关，是维持JIT系统运作的要点，以下制度有利于提高质量管理水平：

① 自主检查制度——为配合持续稳定的生产，生产质量严格把关是维持及时生产系统运作的要点。

② 标准作业程序——根据设计图及各作业先行后续的关系，将作业拆解成所需加工的动作，在现场用秒表测量每个加工动作所需的标准工时，包括手工作业、自动加工和准备时间，然后依照设计图、标准工时制定标准作业程序，使工人能以最有效的作业方式完成工作。

③ 加工线工序平衡——整个加工线生产平衡必须明确周期时间及准备时间。这两个时间的标准化也是确保加工线平衡的基础。

④ 公司内相关人员的教育训练——相关人员包括主管、操作人员等。

⑤ 建立二级单位间顺畅的沟通机制——各二级单位指定代表作为联系人，建立起各相关单位间信息传递的通道。

2. JIT体系实施

完善小部件、箱体钣金件能否配合，是JIT的运用能否成功的关键所在。根据产品作业特性，将生产流程划分为以下两个阶段：

第一阶段，小构件加工、冰箱门板和箱体制造。由于配备了先进的自动化设备，所以工序可迅速地进行调整。当作业有所延误时，就以加班方式来生产不足之量。此外，为了防止误用和工作便利，采用颜色管理的方式，将周一至周六要取用的小构件和箱体板的特定部位涂上不同颜色，以便于目视管理。

第二阶段，组装作业。组装工序采用生产流水线方式。为了缩短等待时间，必须使生产线平衡化。因此，要求现场领班训练工人熟悉标准作业和操作程序，并发扬互相帮助的精神，以弥补一部分工序中的作业延误。

3. 效益评估

（1）学习曲线。由制造业首先提出的学习曲线理论提出，重复性的作业具有学习效益且可以减少作业的时间，由累积的工作经验可学习如何做得更快、更好。该公司在计划阶段尽量安排每日相对固定的作业数量和稳定的作业内容，使得企业生产快速进入稳定生产阶段，减少了学习过程造成的生产力损失。根据现场实作统计结果显示，其生产效率能优化约13%。

（2）缩减生产区域。该公司由于实施JIT生产作业，而不会有整批的小构件及箱体板堆放在生产线旁，所以可大幅缩减生产作业面积，第一阶段的作业面积减少50%，第二阶段的作业面积减少15%，使工作空间更能得到有效利用。

（3）降低小构件及成品库存量。采用传统的作业方式时，工人为了方便会事先加工多余的小构件，这是一种生产过剩的浪费。而采用JIT体系，箱体制造所需的小构件和箱板完全配合生产排程，因而每月半成品库存下降30%，每月成品库存下降60%，所以每月可减少利息支出及搬运费用约22万元人民币。

（4）质量稳定。采用标准作业程序使工人操作水平保持稳定，同时落实自主检查制度使生产质量大幅提升。经实测结果显示，钢板切割不良率由改善前的3%降至改善后的1.2%，成型电焊不良率则由改善前的3.5%降至改善后的2%，维修费用每月减少10万元人民币，而且生产线得以维持连续性的生产，避免了工序中断。

**分析**：广东A冷柜有限公司是如何根据公司实际实施JIT体系的？

## 思考题

一、单项选择题

（1）保持组织日常运转所需要的是（　　）。
　　A. 业务性需求　　B. 资本性需求　　C. 生产性需求　　D. 非生产性需求

（2）服务规格中的变量指的是（　　）。
　　A. 物品　　B. 人　　C. 时间　　D. 价格

（3）在一个国家内设立并被允许使用的是（　　）。
　　A. 行业标准　　B. 国家标准　　C. 地区标准　　D. 国际标准

（4）当所购物品很难描述时应采用的规格是（　　）。
　　A. 品牌和商标名称　　　　　　B. 供应商或行业编码
　　C. 样品　　　　　　　　　　　D. 技术规格

（5）新产品的价值工程研究最好在（　　）完成。
　　A. 设计阶段　　B. 生产阶段　　C. 销售阶段　　D. 售后服务阶段

二、多项选择题

（1）需求的类型包括（　　）。
　　A. 业务性需求　　B. 资本性需求　　C. 生产性需求　　D. 非生产性需求

（2）服务规格所包含的类型有（　　）。
　　A. 运输　　B. 广告　　C. 薪酬管理　　D. 培训

（3）采购说明中必须明确购买者的联系方式主要包括的信息有（　　）。
　　A. 技术联系人信息　　　　　　B. 采购联系人信息
　　C. 财务联系人信息　　　　　　D. 总经理信息

（4）制订采购说明时应考虑的需求有（　　）。
　　A. 使用者或消费者　　　　　　B. 机器和设备
　　C. 原材料和原件　　　　　　　D. 运输、搬运和储存

三、判断题

（1）一个采购说明包含5个方面的内容，即产品/服务、数量、交付要求、响应、其他信息。（　　）
（2）需求的类型包括业务性需求和资本性需求。（　　）
（3）产品规格的"默示的质量"在任何情况下都是充分的。（　　）
（4）服务规格和产品规格完全一致。（　　）
（5）AV/VE是寻求价值增值的结构性方法。（　　）

四、简答题

（1）什么是业务性需求、资本性需求、生产性需求和非生产性需求？分别举例说明。
（2）简述采购需求说明的编制方法。
（3）简述采购计划的制订步骤。

 实训项目

## 分析供应市场

一、实训内容

本项目为某学校计算机采购项目，于 8 月 23 日下达采购中心，被列入政府采购范围。这次联合集中采购计算机的数量为 3 120 台，涉及 120 所学校，分布在市区的各个地方。这次采购的计算机的配置要求高，尤其是 120 台教师机的配置非常高，是具有极高性价比的高档多媒体计算机；学生用计算机的数量规模也是前所未有的。

学生可以通过对项目采购的产品进行分析，确定采购商在供应市场中的地位，从而为下一步确定采购商法和策略打下基础。

二、实训任务

（1）教师将学生分成每 5 人一组，每个小组运用学过的不同的分析方法进行分析。

（2）每个小组应做的分析计划如下：

① 根据项目背景确定分析目的。

② 确定需要的资料及借助的工具。

③ 根据分析的任务和项目要求，制订分析步骤并确定借助的采购模型。

④ 实训成果包括 SWOT 分析图、供应定位模型图。

# 项目 3

## 供应商选择与管理

### 工作任务描述

某电子公司的采购经理刚刚获悉,在提供给客户的设计方案中用到的一款 IC 器件在 3 个月前供应商就已经停产了。但制造部门已经根据该器件的库存进行了生产,并开始陆续交货。客户现在有新的订单进来,采购部门却无法获得之前所采用的 IC 器件,而此时这一器件的库存也已全部用完。现在需要采用新的器件重新设计方案,然后交给客户确认,这一过程至少需要一个月的时间,可是新订单要求下周就要交货。

该电子公司遇到的问题是企业没有进行有效的供应商选择和考评,由此造成的后果将直接影响企业的采购和生产。供应商选择和管理是采购部门最重要的工作,掌握选择供应商的正确方法,在采购工作中不断进行供应商管理是企业采购活动的重要保障。

### 工作任务分解

| 工作任务 | 工作要求 |
| --- | --- |
| (1) 运用供应商定位模型对企业采购的产品进行采购定位 | (1) 掌握供应定位模型理论及采购商与供应商之间可能建立的关系类型理论,为分析企业采购产品/服务的优先次序提供知识储备。<br>(2) 运用供应定位模型中对位于 4 个象限的不同产品的采购策略,为企业采购决策服务 |

续表

| 工作任务 | 工作要求 |
| --- | --- |
| （2）运用供应商感知模型对供应商积极性进行评价 | （1）掌握供应商考评基本模式及供应商感知模型理论，为企业正确感知自身在采购中的地位和选择供应商提供帮助。<br>（2）运用供应商感知模型中的4个象限确定采购双方的地位 |
| （3）进行供应商调研，设计供应商调研表格和调研内容，并撰写调研报告 | （1）掌握供应商调研的方法和步骤。<br>（2）正确设计供应商调研表格和调查内容。<br>（3）调研报告的内容要体现出调查分析的过程及得出的基本结论 |
| （4）进行供应商定量评分，并根据评分筛选供应商 | （1）掌握供应商评分的基本步骤和原则。<br>（2）按照产品的采购说明正确设定供应商能力选择标准的权重和分值。<br>（3）正确评价供应商的能力 |
| （5）进行供应商绩效考评 | （1）掌握供应商绩效考评的目的和原则。<br>（2）正确评价供应商在各方面的综合表现 |

 学习目标

| 知识目标 | 能力目标 | 学习重点和难点 |
| --- | --- | --- |
| （1）了解供应商选择和管理的重要意义和目的。<br>（2）掌握供应定位模型、采购商-供应商关系模型、供应商感知模型、供应商能力和积极性模型、供应商评级方法、供应商调查表编制等知识。<br>（3）熟悉供应商选择的步骤。<br>（4）了解供应商考评的目的和原则。<br>（5）了解供应商激励和供应商开发的相关知识 | （1）培养对产品进行优先级别划分的能力。<br>（2）掌握对供应商能力进行定量测评的方法。<br>（3）掌握对供应商积极性进行测评的方法。<br>（4）掌握供应商调查的方法。<br>（5）掌握对供应商进行绩效考评的方法要点 | （1）供应定位模型。<br>（2）供应商感知模型。<br>（3）供应商能力和积极性模型。<br>（4）供应商评级方法。<br>（5）供应商调查表编制。<br>（6）供应商绩效考评 |

 导入案例

麦当劳的供应商选择策略有以下3个方面。

1．选择行业里的专家

选择供应商时在考虑对方企业合作意识的同时，会根据两大标准进行衡量。

（1）硬件条件——必须具备麦当劳的物流系统认证、生产能力认证、产品质量体系认证、原材料体系认证、食品安全认证。

（2）软件条件——诚恳可信、理念正确、历史良好、管理出色、财政健康。

2．对供应商的管理要求——标准严密，严格执行

麦当劳根据 GMP 规范（GMP 一般用于制药厂的运作上）严格要求莱迪士食品有限公司（全球最大的快餐连锁公司在中国的唯一蔬菜供应商，提供切片生菜、切丝生菜等多种保鲜蔬菜食品），以确保整个食品制作过程在清洁卫生的环境下进行。

对莱迪士蔬菜基地的工作要求：

（1）用将近 10min 的时间按公司要求的良好操作规范更衣、洗手、风淋和消毒。

（2）工作人员要穿戴层层武装的食品专用工作服，不露一丝头发。

（3）每隔半小时工作人员就要洗手消毒一次。

（4）产品加工区和原料处理区被严格分开，谨防人员交叉，即使是员工的更衣室也都是不同的。

（5）工厂接收原料时要每批抽检，工厂内部每小时检验产品质量一次，麦当劳亚太区实验室每个季度还会对产品进行抽检评估。

对面包供应商的要求：

某面包供应商作为一家国际知名的面包生产商，负责供应上海、浙江、江苏、安徽等地的麦当劳餐厅，其引进美国先进的面包生产线及管理模式，采用国内原材料，为麦当劳提供最优质的产品。该面包供应商的发展与麦当劳的发展史紧密相连，全身心服务于麦当劳的系统及其宗旨。

麦当劳要求送至每一家餐厅的每一块面包都要有统一的标准。同时，各面粉供应商都自愿参加了美国烘焙协会的标准检查，以确保生产状况和卫生标准达到一定水平。

3. 合作重信义

麦当劳最初遴选供应商的标准是"谁可以与我们同甘共苦，谁就是我们的供应商"。这似乎已成为麦当劳最独特的文化特质。经过多年的磨合与淘汰，麦当劳与供应商之间建立了信任与默契。1983 年，麦当劳的全球供应商开始到中国投资建立工厂和农场；1988 年，麦当劳的土豆供应商首先进入内蒙古，考察当地的气候、土壤和环境，为麦当劳在中国的本土化作铺垫。

在这种"共生"关系中，麦当劳在利益分配方面会更多考虑供应商利益，以有效维系彼此间良好的合作共赢关系。

## 3.1 供应商管理概述

### 一、供应商管理的意义和目标

供应商指的是那些向买方提供产品/服务并相应收取货币作为报酬的实体，是可以为企业生产提供原材料、设备、工具及其他资源的企业。供应商可以是生产企业，也可以是流通企业。企业要维持正常生产，就必须要有一批可靠的供应商为其提供各种各样的物资，可见供应商对企业的物资供应起着非常重要的作用。采购管理就是直接和供应商打交道而从供应商那里获得各种物资的活动。因此，采购管理的一个重要的工作就是要搞好供应商管理。

所谓供应商管理，就是对供应商的了解、选择、开发、使用和控制等综合性管理工作的总称。其中，考察了解是基础，选择、开发和控制是手段，使用是目的。供应商管理的目的就是要建立起一个稳定可靠的供应商队伍，为企业生产提供可靠的物资。

企业在供应链管理环境下与供应商的关系是一种战略性合作关系，提倡一种双赢（Win-Win）机制。企业在采购过程中要想有效地实施采购策略，就必须充分发挥供应商的作用。采购策略的一个重要方面就是要搞好供应商的关系管理，逐步建立起与供应商的合作伙伴关系。

供应商管理的重要性早在 20 世纪 40 年代就引起了发达国家的重视，并随着经济环境的变化，不断出现新的内容。到现在，供应商管理已经有了很多优秀的理论和实践成果。供应商管理也是供应链管理中一个极其重要的方面。

供应商管理的具体目标可以设定为以下 5 个：

（1）获得符合企业质量和数量要求的产品/服务，尽可能提升企业的核心竞争力。
（2）以合适的成本获得产品/服务。
（3）确保供应商提供最优的服务和及时送货。
（4）根据所采购产品的特点和不同的供应商发展并维持良好的关系。
（5）开发潜在的供应商。

## 二、供应商选择前的准备工作

供应商选择的过程主要是从确定进行潜在供应商选择所使用的标准开始，随后以这些标准为基础识别和筛选符合企业要求的供应商，为实现选择目标收集相关信息。

企业在选择供应商时可以为不同采购需求评价标准设定不同的权重，并根据这些标准给不同的潜在供应商评定等级，从而得到最终的潜在供应商候选名单。评定等级工作完成后，企业还要对所选定的供应商的优势和劣势进行分析，以预测可以从这些供应商中得到哪些服务。然后，企业可以将选择结果记录在其供应商数据库内。企业应该与供应商分享已评定的结果，必要时可以决定采取何种措施帮助供应商发挥潜力、提高供应水平。供应商选择过程如图 3.1 所示。

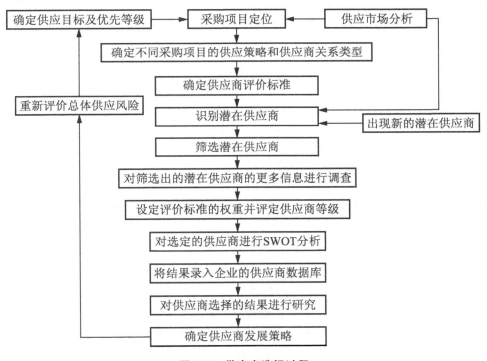

图 3.1 供应商选择过程

如图 3.1 所示，在实施供应商选择的主要步骤之前企业需要进行各种准备工作。每个阶段的基础准备工作都将对供应商选择的成功与否产生重要影响。

（1）确定供应目标及优先级别。其中主要是了解企业采购产品/服务时所需要实现的目标及其重要性。这些供应目标一般包括质量、可获得性、供应商支持和总成本等。

（2）供应市场分析。这首先有助于企业了解供应市场总体风险水平，其次可以帮助企业识别和选择最适合自己需求的供应细分市场（如国家、技术和供应渠道等）。这就为企业确定在哪些细分市场中寻找供应商奠定了基础。

（3）采购产品定位。其主要是利用供应定位模型，根据采购产品的支出水平和风险级别，确定企业将要进行采购的产品是属于常规型、杠杆型、瓶颈型还是属于关键型。这将有助于确定某一特定采购产品在供应商选择工作中的优先级别。

（4）确定不同采购产品的特定供应策略及期望与供应商建立的关系类型。采购产品的类型不同，企业应该采取的供应策略也不同。了解将要与供应商建立何种类型的关系是成功地实施供应策略和进行供应商选择的重要基础。

### 三、与供应商之间可能建立的关系类型

企业可以利用它所拥有的所有采购优势来满足其供应需要来降低供应风险，并决定与供应商建立何种关系，由此来对潜在供应商进行选择。采购商与供应商建立的关系类型是通过契约关系确定的。例如，图3.2所示为采购商-供应商关系连续图谱，它体现了一系列最典型的采购商-供应商契约关系。其中，最简单的"交易"关系——"现货采购"关系被列在最左侧。随着箭头从左向右移动，采购商与供应商之间的契约关系逐渐加强，这通常是由采购商面临的供应风险逐渐增加所形成的。

图3.2　采购商-供应商关系连续图谱

（1）现货采购。详见5.1节相关内容介绍。

（2）定期采购。详见5.1节相关内容介绍。

（3）无定额合同。无定额合同是指企业与供应商之间签署了有特定价格条款的定期协议，但并没有承诺购买数量。

（4）定额合同。定额合同是指采购商与供应商签订了定期协议，但此协议除了包含价格条款之外，还增加了承诺一定期间内的购买数量的条款。

（5）合伙关系。合伙关系是指采购商与供应商之间的关系非常密切，共同商订采购计划、交换相关信息并共同分担风险。这种关系是建立在相互之间非常信任的基础之上的。

（6）合资关系。合资关系是指两家或以上企业共同组建并拥有另一家企业。如此一来，这些企业就可以更好地控制供应关系。由于这个合作共同体一般是为了满足采购商的特殊需要而建立的，所以其他供应源根本没有任何竞争力，而且在这种情况下采购商没有必要进行供应商选择。

（7）内部供应。内部供应是指当企业认为外部采购某产品的供应风险非常大时，决定由企业内部供给。在这种情况下，不存在采购商与供应商的关系，供应商选择也没有必要进行。

### 四、供应商选择的基本模型

当企业进行供应商选择时，最起码应该考虑两个重要因素，即供应商的能力和积极性。因此，可以得到对供应商进行考评的基本公式：

$$绩效 = 能力 \times 积极性$$

上式意味着，供应商不仅要有满足企业要求的能力，而且要有完成供应任务的积极性。一个非常积极地要与企业进行合作的供应商，会比一个没有太大兴趣的供应商能够更好地完成供应任务。

一般在评价过程中，企业对供应商能力和积极性水平的要求将在很大程度上随其与供应商之间关系的不同而发生变化，即与企业的采购产品类型相关联。企业试图与供应商之间建立的合作关系越紧密，积极性因素所起的作用就越重要。因此，当企业将要与供应商之间建立伙伴关系，或者将要采购的是供应商不太感兴趣的瓶颈型产品时，积极性因素就是企业需要重点考虑的问题。

企业可以把这两个因素（能力与积极性）作为坐标轴上的两个纬度绘制出来，让供应商的潜在绩效可视化。图 3.3 所示为潜在供应商的绩效，两个坐标轴分别代表了供应商的能力和积极性。假如在象限中定位了供应商，那么企业就可以确定最佳采购商式。

图 3.3 潜在供应商的绩效

在很多情况下，企业能够很客观地对供应商的能力进行评价，而积极性因素几乎是无形的，用系统性的方法进行选择很难实施。因此，企业必须使用更简单、更主观的方法来评定供应商的积极性，其评定结果应被视为指导性而非精确性的结论。

## 3.2 供应商积极性测评模型

### 一、供应商感知模型

供应商感知模型可以帮助采购人员了解供应商有可能以怎样的视角来看待采购商的业务，又可能会以何种程度的积极性来与采购商开展业务。

## （一）模型的两个纬度

对于供应商而言，采购商提供的业务价值量是由采购商的采购额在供应商的营业额中所占的比例反映出来的。该比例越高，供应商可能被激发出的积极性就越高。

采购商的业务对供应商的总体吸引力可以通过以下几个因素反映出供应商积极性总体效果，如采购商的付款记录、供应商与采购商进行业务往来的便利性、采购商与供应商之间是否存在文化亲和力、建立私人关系的可能性及信任程度、采购商的业务发展潜力、与采购商合作会对供应商的声誉产生的影响等。

图 3.4 所示为供应商感知模型。

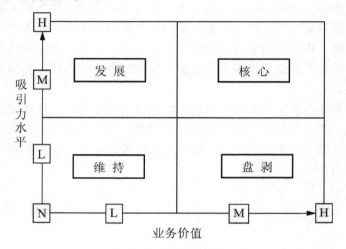

图 3.4　供应商感知模型

在图 3.4 中，数轴上面字母所代表的水平如下：
$$H＝高$$
$$M＝中高$$
$$L＝低$$
$$N＝可忽略$$

下面将介绍企业是如何按照模型中的数轴给供应商定位的。

1. 对于供应商而言采购商提供的业务价值

一个业务机会对供应商越重要，供应商从事该项业务的兴趣就越高。但是，供应商自身规模的大小决定了其对同一个特定数额的业务看法的不同。一家供应商眼中的大额业务，在另一家供应商的眼中可能根本不值一提。

通过将采购额与供应商的营业额进行对比，企业就可以确定其采购业务对特定供应商的价值。企业一般可以通过供应商自身（如年报）或从其他信息来源获得供应商营业额的信息。有了这些信息就很容易确定，在规定期间内（如 1 年）采购商的采购业务额在供应商的营业额中所占的比例，其计算方法如下：

$$企业的份额＝（企业的采购项目支出÷供应商营业额）×100\%$$

如果企业从同一家供应商处采购几种不同的产品/服务，那么在计算的时候就应该把不同采购产品的支出加在一起，计算出总支出。例如，从某供应商处采购的预计支出为每年 325 000 美元，供应商的年营业额为 5 000 000 美元，则企业的份额——该企业的采购额在供应商年营业额中所占的份额＝（325 000÷5 000 000）×100%＝6.5%。

6.5%的份额是高还是低？对供应商来讲多大的业务算是大业务？这个问题的答案是相对的，也是难以判断的。但是，该企业大致可以使用表 3-1 中所提供的数据来进行判断。表 3-1 所列为企业的采购支出在供应商营业额中所占比例的分类。

表 3-1　企业的采购支出在供应商营业额中所占比例的分类

| 类　　　别 | 比　　　例 |
| --- | --- |
| 高（H） | 高于 15% |
| 中高（M） | 5%～15% |
| 低（L） | 0.8%～5% |
| 可忽略（N） | 低于 0.8% |

根据表 3-1，上面计算出的 6.5%基本上表明该企业的业务在供应商营业额中占的份额属于中高水平。

这种简单的计算方法可以帮助采购商大概估算自己的采购额在供应商眼中的重要程度。

2．采购商采购业务对供应商的吸引力水平

除了采购额以外，由于各种原因，不同供应商对企业业务吸引力的看法也不同，供应商通常会从以下角度评价企业一项采购业务的吸引力程度。

（1）与供应商业务战略的一致性。如果采购商的业务战略与供应商的业务战略高度一致，那么供应商与采购商进行业务合作的积极性就会更高。可以考虑以下因素：

① 采购商采购的产品是否属于供应商的核心业务范围？从供应商的使命陈述或企业战略中可以了解其核心业务领域。

② 采购商打算采购的产品/服务是否属于供应商正在开发但还没有实现的产品线的一部分？

③ 采购商所处的市场是否为供应商正在试图占领的市场？

④ 采购商是否属于供应商愿意与之合作的顾客类型（如企业规模、企业性质属于制造业还是商业等）？

（2）与采购商进行业务往来的便利性。如果供应商认为与采购商的合作将是便利的、无任何问题的，那么其合作热情就会更高。可以考虑以下因素：

① 采购商所处位置是方便供应商拜访，还是需要供应商花费大量时间才可到达的？

② 两个企业的民族文化是否一致？供应商可能更愿意与自己国家或其所熟悉国家的企业进行合作，而不愿意与一个其不了解的或其认为对很多事情的处理方法都不同的国家的采购商进行合作。跨文化和使用不同语言的企业之间进行业务合作变得越来越普遍，但如果两个企业使用的语言相同，还是能够给业务联系带来许多方便的。

③ 采购商与供应商的信息技术和沟通体系是否相兼容？供应商是否可以使用电子商务设施处理与采购商的业务？

④ 采购商的决策是否基于公平可靠的原则，并以合乎职业道德的要求和职业的方式对待供应商的？

⑤ 供应商是否已经与采购商或其员工建立起任何形式的关系？

（3）采购商的财务状况和付款记录。供应商能否预期采购商会按时付款？采购商能否预付款项？新的供应商一定会试图获取企业的信用评级，以此来评价其整体财务状况。供应商还需要了解采购商在处理发票和及时付款方面的效率如何，因为企业在这方面的业绩能给供应商留下了深刻的印象。

（4）与著名客户交往所带来的商誉。采购商的整体声誉如何？供应商可能觉得在其客户名单上增加一个知名的、值得尊重的企业将会提高它的商誉。即使这个企业的规模不是很大，但拥有这样一个知名的客户，可以帮助供应商提高其产品销售或服务的说服力。

（5）业务发展潜力。供应商可能会试图寻找长期业务扩张和发展的机会。这意味着它们希望评价采购商的总体成长潜力，并评价除目前感兴趣的采购产品/服务之外的未来业务的发展前景。如果供应商了解到，采购商目前还从其他供应源采购另外一些自己也能生产或提供的产品/服务，那么它可能会非常积极地介入并对这个业务机会进行考察。在某些情况下，可能既需要从供应商处获取信息又需要从企业内部获取信息，只有这样才能合理地判断出供应商是如何把企业当作它的一个客户来进行评价的。

（6）其他能够表明供应商兴趣的迹象。即使还没有真正与供应商开始业务合作，但根据与其已经有过的接触，也能大致判断"供应商有多大兴趣与采购商进行合作""采购商对它有多大吸引力"等。判断依据如下：

① 供应商是主动与采购商接触，还是与此相反？如果供应商采取主动态度，那么能否得出印象——这是经过深思熟虑并有专人策划的，还是只是一个偶然的问询？

② 如果采购商向供应商问询，那么对方的反应如何？反应是否很迅速？

③ 供应商是否主动地提供有关自己企业背景的资料，如年报、产品目录、宣传手册等？

④ 对于采购商已经提出的要求，如希望得到有关其银行和客户证明人的资料等，供应商是否很情愿地做出响应？

⑤ 供应商在进行沟通时的语气一直是怎样的？是否表现出了与采购商进行业务合作的兴趣？

⑥ 供应商是否表现出满足企业需求的意愿？

如果一家供应商在与采购商进行最初接触时能给企业留下了深刻的印象，而且随后也表现得非常友好，并以礼貌的、亲切的方式与企业进行沟通，那么它可能会对该企业产生很大的吸引力。但是，采购商也要谨慎地对待这种第一印象。应该注意的是，仅仅一个非常热情的销售代表并不能说明其所代表的供应商就非常有兴趣与企业进行业务合作，这个销售代表可能只是简单地想从一次性销售中获得佣金收入。如果采购商想与供应商建立长期的合作关系，那么就应该尽可能多地接触供应商的员工，以对供应商有一个全面的了解。

（二）供应商在感知模型中所处位置的含义

1. 对4个象限的说明

在供应商感知模型中，一家供应商所处的象限将反映出该供应商对采购商可能持有的态度。

（1）边缘象限。如果采购商的采购额很低，而且没有其他可以吸引供应商的优势，那么供应商就可能把买方的业务视为边缘象限。

位于这个象限中的供应商将把采购商排在其供应商优先级别名单的最后，而采购商同样也不会对与供应商建立任何形式的合作关系感兴趣。因此，采购商应该避免与对买方持有这种态度的供应商进行业务往来，最多也只能与它们建立最低优先级别的现货采购关系。

（2）盘剥象限。在这个象限中，采购商的采购产品对供应商可能非常重要，但是由于其他原因，该业务对供应商没有太大吸引力。

位于这个象限中的供应商可能希望不用花什么力气就能与采购商保持业务关系。如果它们认为与买方进行的业务往来是有保障的，那么可能会尝试通过诸如提高价格等方式，从该业务中获得更多好处。因此，对于采购商而言，仅在有非常少的合作需要时，才考虑与这个象限中的供应商进行交易。但即便是这样，想要寻找可建立长期合作关系的供应商，在这个象限中根本是不太可能的。

（3）发展象限。在这个象限中，供应商认为即使采购商目前的业务量很低，但是业务的吸引力很大。

此时，吸引供应商的是采购商企业的发展潜力。因此，为了实现销售额随着时间发展逐渐上涨的目标，它们准备投入时间和精力与采购商发展长期合作关系。如果企业只想与供应商建立适度合作关系，那么与这个象限中的供应商开展业务是很合适的。但是，如果真的有充分发展业务的潜力，那么也可以与这个象限内的供应商建立合伙关系。

（4）核心象限。如果一家供应商位于这个象限，那么该供应商很可能把采购商的业务作为其核心业务的一部分，这是因为采购商目前的业务量及长期的发展潜力都很大。

位于这个象限中的供应商会投入大量精力保持与采购商的业务合作。因此，如果采购商试图与供应商建立密切的合作关系并谋求共同发展，那么在这个象限中的供应商就很合适。此外，如果供应商依赖于采购商的业务，那么在与该供应商的关系中采购商能够处于支配地位，但即使采购商能够受益于这种关系，最好不要滥用这种支配地位。

2．不同类型采购产品所需的供应商积极性

一般来说，供应商对采购商业务的看法与采购商未来能和供应商之间建立的关系类型间存在相互联系。当进行供应商选择时，企业应该了解这两者之间的联系，这可以帮采购商排除与企业所需的供应商关系完全不合适的供应商。

采购商希望建立的契约关系类型也与采购产品的类型间存在相互关系。这些不同的相互关系见表 3-2。

表 3-2　采购产品类型与供应商感知之间的关系

| 采购产品类型 | 供应商对采购商业务的不同看法 | | | |
| --- | --- | --- | --- | --- |
| | 边缘型 | 盘剥型 | 发展型 | 核心型 |
| 常规型 | 优先级别很低的现货采购 | | 长期合同 | |
| 杠杆型 | | 现货或定期合同 | | 定期合同 |
| 瓶颈型 | | | 长期合同 | |
| 关键型 | | | | 合伙关系 |

表 3-2 所列的关系是在各种情况下最可能或最适合建立的关系。例如，当采购杠杆型产品时，采购商可能会与持有"认为买方业务属于盘剥型业务"观点的供应商签署现货或定期合同（双方都需要使用"强硬"谈判策略），也可能会与持有"认为买方业务属于核心型业务"观点的供应商签署定期合同（在这种情况下，买方将占据有利地位）。

## 二、供应商的总体积极性水平

供应商的总体积性水平是将企业的业务在一个潜在供应商心目中的价值及对供应商的吸

引力水平这两方面因素与供应商感知模型结合起来，进行供应商评价的一种方法。这种方法主要用于对尚未与采购商进行过任何业务合作的潜在供应商的积极性进行评价。

假设，某企业正在评价一个潜在供应商，该企业将可能从这家供应商处采购许多不同的产品。该企业的业务额将占供应商年营业额的 6.5%，就像前面已经介绍过的，按照与该供应商进行合作的业务量，这个比例可以被定为"M"（中高）级。该企业还仔细评价了其他一些可能会吸引企业与自己开展业务的因素，结论是该企业对这家供应商的吸引力水平仅仅是"L"（低）级。

可以用图 3.5 所示的供应商感知模型——供应商定位来说明对供应商进行的这些评价。

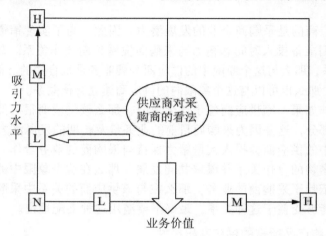

图 3.5　供应商感知模型——供应商定位

## 三、评定供应商的总体积极性等级

企业一般都希望评定供应商的总体积极性级别，以供最终进行供应商选择时使用，这个评价过程是很主观的。图 3.6 所示一个评定供应商总体积极性等级的简单、直观、具有说服力的方法。

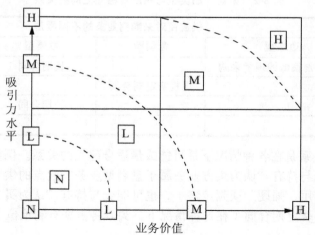

图 3.6　供应商感知模型——评定综合等级

可以在模型上增加一组弯曲的虚线，将模型粗略地划分为 4 个区域，以此来帮助企业完成最后的测评。如果企业愿意，可以增加更多的级别，但有这 4 个级别就足够了。

一旦在模型中确定了一个特定供应商对采购商的感知后，就能够确定其总体评定等级了。例如，一家供应商位于感知模型的右上角，其评定等级为"H"（高积极性）级，左下角为"N"（无积极性）级。位于这两个极限位置中间不同位置的供应商将得到"L"（低积极性）级或者"M"（中高积极性）级。

供应商的积极性不是一成不变的，可能会随着时间的推移而发生变化。作为供应策略的一部分，企业可以采取一些措施来提高供应商的积极性，使自身对供应商的吸引力不断增强。

## 3.3 供应商调查与选择

### 一、供应商选择标准

建立供应商选择标准的前提是要有供应商选择的指标体系。供应商选择的指标体系是企业对供应商进行综合评价的依据和标准，不同行业、企业、产品需求和环境下的供应商评价是不一样的，但基本都会涉及供应商的业绩、设备管理、人力资源开发、质量控制、价格、成本控制、技术开发、用户满意度、交货协议等可能影响供应链合作关系的方面。

建立选择体系，通常要确定选择的项目、选择的标准、要达到的目标。这些问题明确以后，要有一个选择小组负责项目的选择工作，针对每一类选择项目制定相应的管理办法，只有这样才能建立选择体系。进行选择的一个重要原则就是公开、公正、公平和科学。

供应商选择主要有两类，一类是现有供应商，另一类是新的潜在供应商。对于现有合格的供应商，每个月做一个调查，着重就质量、价格、交货期、进货合格率、事故、配合度、信用度等进行正常选择。如果一两年做一次现场选择，就要接纳新的供应商，选择过程则要复杂一些。在这种情况下，通常先由产品设计提出对新材料的需求，再要求潜在的目标供应商提供基本情况，内容包括企业概况、生产规模、生产能力、给哪些企业供货、ISO 9000 认证、安全认证、相关记录、样品分析等，然后就是报价。企业就要对该供应商做一个初步的现场考察，看看其所说的和实际情况是否一致。现场考察基本上是按照对新材料采购质量认证的要求进行的。最后，汇总这些材料交给采购选择小组讨论。在供应商资格认定之后，企业各相关部门，尤其是品质部门、采购部门等再进行正式的考察。如果正式考察认为没有问题，就可以进行供货期考察，进行小批量供货了。

在实施供应链合作关系的过程中，市场需求和供应都在不断变化，必须在保持供应商相对稳定的前提下，根据实际情况及时修改供应商评价标准，或重新开始新的供应商选择。合格的供应商队伍不应该是静态的，而应该是动态的，这样才能引入竞争机制。也就是说，淘汰差的，引入好的。按动态方法选择的供应商基本上是行业内出类拔萃的，也几乎都是主动找上门来的，这也体现了市场经济的特点。

在所有的选择要素中，确定关键的选择因素是非常重要的。毫无疑问，质量是最基本的前提。企业一般要求自己的产品质量能满足客户的需求，所以就要保证其上游供应商提供的产品能满足其品质要求。虽然价格因素相当重要，但只有在质量得到保证的前提下，商谈价格才有意义。

当供应商对产品的质量进行了保证，价格就成为选择的主要因素。这时要求供应商提供一个成本分析表，内容包括生产的产品由哪些原材料组成、费用是如何构成的等，看里面的价格空间还有多少，如果认为里面存在不合理的因素，就应该要求供应商进行调整。

在我国，供应商的个人情况也被列为要素之一。我国企业经营者的素质参差不齐，对企业经营者进行选择在实际操作中的确有一定的难度，只能从与经营者接触的过程中去考察。此外，企业经营者在行业中的口碑也有一定的参考价值，但很难有一个统一的标准。

## 二、供应商识别与筛选

企业在对供应商进行客观、系统的选择后，就必须考虑按照选择要求对供应商进行定位和筛选。

（一）供应商识别

1. "等待与观望"法

供应商一般与其销售代表总在四处活动，毕竟供应商之间都在相互竞争，也都在同时寻求更多的可以增加市场份额的机会。当供应商出现在企业门前或者电子邮件中时，对供应商进行考察是一个最简单也最常用的识别供应商的方法。因此，企业最好是耐心等待，而不要急于采取行动。毕竟在面对与企业接触的各供应商时，企业有充分的选择余地。

但要注意，不是只有供应商之间才存在业务竞争。采购企业本身也在参与竞争，而且还必须保持比竞争对手领先一步的优势，因为那些到企业进行拜访的供应商也会到竞争对手处拜访。

除此以外，随着经济全球化进程的日益加快，企业不可能仅限于对供应商开发采购产品的行动做出事后反应，必须在每个可能的机会出现前抢先行动，而寻找新的供应源是这个过程中非常重要的、需要持续做出努力的一部分。

主动与企业接触的供应商一般都非常渴望与企业进行业务合作。通过供应商感知模型可知，这种积极性是很重要的。但是，这些供应商却不一定是企业身边最有能力的供应商。实际上，它们当中的一些只想利用短期内的商业机会，而后有可能很快就消失了。不管怎样，采购企业绝对不能把这些供应商作为唯一的选择。采购企业也要像那些供应商一样积极地寻找新的商业机会，特别是当自身处于一个非常激烈的竞争环境中时就更应如此。

2. "吸引与观望"法

为了更好地吸引供应商，采购企业可尽量在最广泛的范围内提升知名度。但是，采购企业可能会面临的新问题是，在被吸引来的供应商中必然也有一些各方面条件都很差的供应商。因此，对吸引来的供应商进行仔细鉴别也非常有必要。

为了扩大自身的吸引力，采购企业可以通过诸如专业杂志、各种商业信息交换体系、广告形式等让供应商了解其采购需要。特别是对重要产品的采购，采购企业利用报纸广告邀请供应商进行报价是比较普遍的方法，尤其是一些大型企业经常会采取这种方法。随着互联网的发展，采购企业还可以通过自己的网站向供应商传达需求信息，而电子商务正逐渐成为一种崭新的、更有效的宣传方式。

在进行宣传时要注意，采购企业通过这些方式公布其采购需求时，应尽可能表现出自身的专业性和竞争力。采购企业如果希望吸引供应商，就一定要争取吸引到最好的供应商。采购企业的网站是企业对外展示的窗口，也是外界对采购企业的第一印象，而第一印象总是会保持很长的时间。尤其当采购企业的业务规模相对较小时，就必须通过网站及其他方法树立良好的企业形象，让外界认为这是一家管理良好的企业，有着明确的奋斗目标并知道如何实现这一目标，这样的企业将会是一个很好的客户。在公布采购企业当前和预期的需求的同时，还要公布关于企业采购供应政策和实际做法的信息，这是一个使供应商把企业当作认真的业务合作伙伴的好方法。

3．"寻找与发现"法

除了上述方法以外，采购企业必须从自身的角度出发，利用各种方法去寻找并直接接触潜在的、有价值的供应商。

采购企业可以从对供应市场进行分析开始。这种方法可以帮助采购企业识别和评价潜在的供应市场，以及存在的风险和机会。通过对供应市场进行细分，可以确定最适合企业需要的细分。企业可以只集中研究最有希望的细分市场，这样更容易找到最适合的供应商，可以节省大量的时间和精力，因为从理论上来讲，企业能够对全世界所有可利用的供应商进行调研。此外，采购企业应该把寻找供应商的努力重点放在具有最高优先级别的采购产品上，也就是重点采购产品上。可见，根据采购需求识别出一系列令企业满意的潜在供应商是很重要的。如果选出的供应商数量很少，那么就有可能错失供应商之间竞争给企业带来的好处；而如果选出的供应商数量过多，则企业可能在供应商选择过程中花费过多的时间和精力。

（二）供应商筛选

供应商选择的过程可能非常复杂和费时，尤其是选择供应风险和费用支出都很高的关键型产品的供应商时。对于这类采购产品，企业需要对潜在供应商的能力和积极性进行深入全面的测评。由于企业不可能对所有供应商都进行这样的测评，所以在着手进行全面分析之前，要尽量将所有不可能满足企业采购需要的供应商剔除。

从另一个角度来说，如果企业正在采购的是常规型产品，那么将会出现大量的潜在供应商。但是，由于这类采购产品的风险和支出很低，不值得企业花费大量的精力，所以企业只想对其中的一小部分进行选择。企业将大部分不符合要求的供应商剔除，只保留供最后挑选的供应商，这样可以快速地完成选择工作。

一般来说，供应商筛选的目的如下：

（1）快速确定供应商是否值得被选择，以避免在根本不可能被选中的供应商身上浪费时间。

（2）在适当的情况下，将可供选择的供应商数量降至便于管理的数量。

供应商筛选过程中很重要的一点是，选择那些所需相关信息一般很容易获得的筛选标准。企业必须认识到，供应商筛选不是一次性的过程，很可能首先根据一系列初步的标准和信息进行第一轮筛选，然后进行第二轮或第三轮筛选。每一轮筛选，企业都应该挖掘出一些更深层次的信息源，同时扩展筛选标准以囊括更多的因素。

下面介绍一些为进行更深入评价而筛选潜在的供应商时，企业可能会使用的标准。这只是一次粗略的介绍，在应用时企业必须根据自身的情况和需要进行调整。到底要筛选出什么样的供应商，还得根据采购产品的类型来决定，常规型产品筛选的标准肯定不同于关键型、杠杆型和瓶颈型产品的标准。

（1）供应商的产品/服务范围能否满足企业的需求？
（2）供应商的产品/服务能否满足企业的最低质量要求？
（3）供应商能否以企业所需的最小/最大数量提供产品/服务？
（4）供应商能否按照企业的要求交货？
（5）价格表所列价格是否在企业可接受的价格范围内？
（6）供应商是否属于企业愿意与之进行业务往来的类型（如制造企业、批发商或贸易商等）？
（7）供应商是否位于企业所在的国家，或是否在企业所在的国家设立了区域代表处或分销商？
（8）供应商是否有出口经验？是否在企业所在国或邻近国家进行过商业活动？
（9）供应商的营业年限是否满足企业的要求？
（10）企业所接触到的有关供应商的信息中，是否反映出供应商存在的某些问题（如财务问题、劳资关系等）？
（11）供应商是否与企业的竞争者之间存在合伙关系？
（12）对企业来讲，供应商的规模是否过大或过小（如从营业额、员工数量或资产额等方面）？
（13）供应商是否拥有以互联网为基础的电子商务设施？
（14）供应商是否与企业使用同种语言？

在完成一个或几个阶段的筛选工作后，企业就可以获取一个有限数量的供应商名单，这些供应商将是企业进一步进行全面供应商选择的对象。

### 三、供应商调研

#### （一）获取供应商信息

以下类型的信息源可以帮助企业获取供应商信息：

（1）贸易与工业目录及采购指南，包括综合的（按国家划分的）和专业的（按行业部门划分的）。
（2）区域性贸易和行业期刊，包括有关企业的新闻报道和供应商的广告。
（3）企业经常参加的专业行业交易会和展览会，以及这些活动参与者的名单目录。大多时候，这类展览会都会同时组织供求双方的见面会。
（4）通过供应市场调查目标所在地的商会、贸易和行业协会及出口贸易促进会。它们会非常热情地促进其所在地区企业的销售。
（5）供应市场调查目标所在地的采购协会。该协会的会员正在采购的项目可能与企业从当地供应商处采购的项目一样。
（6）其他国家设置在企业所在国的官方贸易代表。
（7）互联网上的信息，包括提供以上所有信息源使用权的网站。很多网站都包括企业名录、贸易机会、商务新闻及一些供应商自己的网站等信息。

（8）企业的商务伙伴，包括相关产品/服务的其他采购商和供应商。企业自己的销售人员可能也会从商务联系与接触中获得一些有关供应商的信息。

这些不同的信息渠道会给企业提供有关供应商的不同类型的信息。这些信息的可靠性和时效性会有很大的不同。一些信息渠道的内容可能只包括供应商的名称和地址（有些还包括网址）、商业领域（是生产商还是贸易商等）及提供的产品/服务的范围。而一些网站可以提供一些更为专业的信息，包括详细分类的供应产品/服务目录，企业设立时间，董事及管理者名单，法律地位，所有权（子企业和母企业），资本额，营业额，股票交易所内交易股票的价格走势，员工数量，总企业、分支机构及工厂等的所在地等。

企业通过商业周刊和互联网搜索有关供应商信息，不仅可以对一个完全陌生的供应商进行了解，而且可以很容易地获取感兴趣的相关新闻（如新的投资、兼并和收购、财务状况等）。企业还希望通过与供应商直接接触（如电话、传真或电子邮件等）对从其他途径得到的信息进行补充，从而获得一定范围内的补充信息，如供应商是否在企业所在国家设立代表处或分销商等。企业还可以访问供应商的网站，获得更多的有关供应商主要活动、所有者、任务陈述、重点发展的市场区域、政策及给顾客提供的服务等方面的信息。企业还可以了解供应商是否从事电子商务及其运作方式。供应商的网站设计可以对企业登录访问的第一印象产生影响，如是否严肃认真、试图建立何种企业形象等。

通过上述各种信息源并与不同的供应商进行接触，可获得各种信息，在此基础上，企业可以初步编制出范围广泛的潜在供应商名单，这些潜在的供应商将是企业进行进一步研究的对象。

（二）测评供应商能力和积极性的信息

对供应商进行正式选择前的最后一个步骤是，搜索企业所需的测评供应商能力和积极性的信息。但是，由于将要进行采购的产品类型不同、企业希望与供应商建立的关系类型不同，所以企业希望获得的信息类型的变化非常大。

企业可以通过多种渠道获取这些信息。这些信息可以归纳为已公开的信息、供应商调查问卷、对供应商的拜访或考察、供应商的原有客户这几类。

1. 已公开的信息

企业可以通过众多的出版物获取有关供应商的信息，其中一些出版物是书面形式的，但现在很多是通过互联网途径获取信息源。

使用已公开的企业信息需要花费的精力最少，但是也存在一些问题。例如，获取的信息量有限；信息不会被经常更新；针对每家供应商可获取的信息不同，很难在供应商之间进行比较；所获取的大部分信息都是有关供应商的能力方面的，几乎没有关于供应商积极性方面的，而积极性在供应商选择中是非常重要的。

对于常规型产品所进行的最基本的供应商选择来说，这些公开的信息已经足够了。如果公开的信息不足以满足企业按照标准进行供应商选择的需要，那么企业就要通过其他途径获取所需的信息。

2. 供应商调查问卷

准备一份调查问卷交给被选择的供应商去完成，是企业可以选择的获取信息的一种方法。问卷中问题的设计原则是，要确保供应商的回答能够使企业按照已经确定的标准进行选择。

从理论上讲,调查问卷对于企业可以获取什么样的信息并不存在限制,相对于公开信息,这种方法更灵活、更具体。但是,准备一份供应商调查问卷是非常费时的。而针对特定的供应商选择准备一份或几份几乎不需要修改的调查问卷,可以减少企业所需花费的时间。例如,企业可以为常规型产品、杠杆型产品、瓶颈型产品和关键型产品各准备一份问卷,还可以为原材料或标准产品的供应商、定制的设备或服务的供应商分别准备一份问卷,但到底使用哪种方法,取决于企业的特定需要。

调查问卷这种方法的实施成功与否,取决于供应商所提供信息的质量和全面性。当企业采用这种方法来收集信息时,面临的一个主要问题是,除非面对的是令它们非常感兴趣的潜在顾客的调查问卷,否则供应商不太情愿填写问卷。因此,除非企业能够提供大量的商机,否则经常会遇到调查问卷不能返回的情况。

供应商可能会快速地填好问卷,但是问卷中并没有提供企业所需要的所有信息。一份没有认真填写的问卷也说明供应商对企业的业务根本不感兴趣,甚至某些缺乏商业道德的供应商可能为了改善企业对它的看法而未如实回答问卷中的问题。在这种情况下,如果需要的话,企业可以要求供应商提交能够支持其问卷答案的证据。

从总体上来说,使用调查问卷是一个有效的方法,但前提条件是供应商在填写问卷时提供的信息要至少能够满足企业对所需信息的最低要求。

> **知识链接**

**供应商调查表示例**

| 1 | 企业名称: |
|---|---|
| 2 | 负责人或联系人姓名: |
| 3 | 地址: |
| 4 | 电话: |
| 5 | 生产特点:成批生产□   流水线大量生产□   单台生产□ |
| 6 | 主要生产设备:齐全、良好□   基本齐全、尚可□   不齐全□ |
| 7 | 使用或依据的质量标准:<br>(1)国际标准名称/编号:<br>(2)国家标准名称/编号:<br>(3)行业标准名称/编号:<br>(4)企业标准名称/编号:<br>(5)其他: |
| 8 | 工艺文件:齐备□   有一部分□   没有□ |
| 9 | 新产品开发能力:能自行设计开发新产品□   只能开发简单产品□   没有自行开发能力□ |
| 10 | 职工培训情况:经常、正规地进行□   不经常开展培训□ |
| 11 | 是否经过产品或体系认证:是(指出具体内容)□   否□ |
| 12 | 供方企业负责人签名: |

3. 对供应商的拜访或考察

除了发放供应商调查问卷之外，企业的还可以选择直接拜访供应商。如果能够做到有计划地进行供应商拜访，再辅以合适的手段，那么这将是一个全面的供应商考察方法。虽然这是一个既费时又需要资金投入的选择，但是却能产生很好的效果。如果企业希望与供应商之间建立合作伙伴关系，就最应该使用这种方法。但从另一个角度来讲，如果企业正在进行的是常规型产品的采购或者杠杆型产品的现货采购，那么就完全没有必要使用这种方法了。只有当供应商对企业的业务非常感兴趣的时候，才能使用这种方法。

对供应商进行拜访或考察的优势如下：

（1）可以获得与评价标准有关的业绩的第一手资料，而不是依靠调查问卷中的二手资料（可能会产生误导作用）。

（2）对于一些"软"标准，如供应商员工的士气、企业文化等，拜访供应商是唯一可以得到可靠评价的方法。

（3）可以对"供应商的业务运转情况如何""业务运转过程是否是高效的"等问题进行直接的判断。

（4）在拜访供应商的过程中，企业可能发现一些与选择有关的其他问题，而这些问题是在调查问卷中没有想到的，包括供应商可能不想透露的问题。

如果希望提高对供应商的拜访或考察的有效性，企业就需要做好准备工作；如果在拜访之前没有进行充分的准备，企业在现场拜访后还需要再去寻找补充资料。以下是进行供应商拜访前应做准备工作的一些建议：

（1）至少在拜访供应商的一周前准备好一份议事日程，并强调说明在拜访过程中要涉及的问题及希望获取的信息。可以采取在拜访前发送问题清单或调查问卷的形式，这有助于供应商做好准备工作。然而，未做任何预先通知的意外拜访能够让企业看到，在不做任何准备的情况下供应商是怎样运作的。特别是当企业对供应商是否坦诚产生怀疑，或者企业感到供应商可能试图只展示对其有利的一面而隐瞒不利的一面时，可以做出这种选择。

（2）准备一份全面的调查问卷表，以便团队中的成员可以使用它记录在拜访供应商的过程中所获取的信息。

（3）确保拜访供应商时，企业希望会见的人员能够全部到场。

（4）确保参加供应商拜访的团队成员包含了进行评价所需的各类专家。例如，要想了解供应商的生产效率，就需要有精通生产过程组织技术的人员在场；还可能需要设计、质量控制、财务等方面的专家。

（5）必须明确说明团队中每个成员的职位和责任，还要指定一个负责人。

（6）团队成员必须详细了解考察要实现的目标。

（7）进行一些出其不意的行动。例如，要求拜访没有事先安排的部门（如采购和供应部门），不仅要花时间向供应商的管理者发问，而且也要对供应商的普通员工发问。

（8）在拜访完成后，要立即将了解到的情况以文件的形式记录下来。

在进行供应商考察时，应注意避免发生以下问题：

（1）不要在察看生产区（往往是企业最感兴趣的部分）的时候花费过多时间，从而占用其他部分的时间。

（2）如果不是，就不要装作技术专家。

（3）禁止团队中的任何成员透露商业信息（如供应商的竞争者是否以不同的方式处理问题等）。

（4）不要让供应商控制整个拜访过程，这样对方会只向企业展示其想让企业了解的部分。

（5）将花费在餐饮和其他活动方面的时间降至最少，供应商可能利用这些活动来转移考察者的注意力并占用考察时间。

由于选择内容和目的的不同，企业对供应商考察的要点也不同。对于某些供应商存在的疑点应展开较为仔细的调查，供应商拜访或考察中所使用的调查问卷表应根据对象的不同而有所变化。

### 4. 供应商的原有客户

企业可以通过供应商的原有客户获取对有关供应商业绩的某些特定问题有价值的、独立的看法，如供应商能否对客户的质疑做出很好的反应、能否按照约定日期交付货物等。当供应商确信没有其他方法可以证明这些方面的业绩的时候，这些原有客户会非常重要。

企业一般都是在可能向供应商采购时（如在寻找供应源阶段）询问原有客户，同样在供应商评价阶段也可以去询问原有客户。有时候企业很难找到有价值的原有客户。很多原有客户都不愿意谈及对其不利的问题。因此，这时候通过如电话等途径与原有客户之间进行的非正式谈话会更有效。

在有些情况下，企业去拜访一个或几家供应商的客户也是很有效的方法。例如，企业如计划让一个承包商承建一座厂房，那么就应该去参观一座该承包商以前建造的厂房，这样才能对该承包商的施工质量有一个真实的了解。通过与这些客户的管理者和员工进行交谈，企业可以更多地了解供应商在哪些方面具备优势、在哪些方面处于劣势。

供应商一般都会给企业介绍那些能够提供对其有利证明的客户，并尽量避免让企业接触到有可能提供不利证明的客户。因此，企业应该尽量随机地从供应商的客户名单中进行选择，这样才能确保供应商提供给这些客户的产品/服务与企业要采购的产品/服务之间具有可比性。

除了原有客户之外，企业还可以要求供应商提供与其有业务往来的其他证明人，如供应商的银行、货运代理企业、商检企业、保险企业、上游供应商等。例如，作为证明人的银行，能够证明供应商的财务状况是否良好。

## 四、供应商评级方法

在对供应商进行识别、筛选，获取了有关供应商的信息后，接下来就需要将已知结果汇总到一起，根据可以测量的标准选择供应商。

### （一）设定供应商能力选择标准的权重

企业在进行供应商评级之前，必须考虑如何将选择标准转变为可用于测量的标准。标准的可测量性是企业客观地评价供应商的前提。

1. 供应目标是设定选择标准权重的基础

如何设定选择标准的权重与企业采购产品的供应目标有关。供应目标的优先级别取决于采购产品的性质及该采购项目对企业的影响。例如，一些采购项目享有最高优先权的供应目标可能是获得合适的设计和质量，而成本只是第二位考虑的因素。这是因为该采购项目的设计和质量会对企业的竞争力、盈利能力产生重要影响。而有的时候，成本可能成为最重要的因素。例如，在采购需要支付大量资金的标准化产品时，需要着重考虑成本因素。

可见，企业应该在明确采购要求和供应计划的最初阶段就制定出供应目标。将供应目标和供应市场条件的评价结合起来，企业就可以制定出有效的供应策略，包括确定与采购产品的一个或几家供应商之间应建立何种关系等。至此，企业就可以利用这些结果和有限级别设定评估标准的权重了。

2. 确定权重

确定权重是指企业按照自己设定的重要性顺序排列采购产品，并且量化这个顺序。

### 案例阅读

某公司正在采购的是一套非常灵敏的测量设备，这套设备由 8 个部件组成。这套设备对该公司检测其产品的质量非常重要，虽然比较昂贵，但所需花费的资金量并不是很多。采购这套设备的关键点在于，它能否精确地运作。在使用时，这套设备需要技术娴熟的工人经常对其校准才能确保其精确地运行，但是该公司内部缺乏这样的员工。但由于这套设备的停工检修会导致该公司整条生产线的停顿，所以这套设备必须具备非常低的检修停工率。该公司需要这套设备能够连续工作 6 个月，而且需要确保这套设备的预期有效使用年限为 10~15 年。

下面结合上述案例来阐述。对于这样一个采购产品，首先需要进行供应定位，可以将它定位为瓶颈型产品，该公司可以确定这些评价标准：一致性规格、产品可靠性、交货提前期、备件的持续可获得性、技术支持、产品生命周期成本。这每一个标准都能够被分解成一系列组成部分。例如，产品可靠性测评标准可以分解为平均无故障时间、检修停工率、耐用性。

其次，用一个数值范围（如 1~10）为每一个测评标准确定权重。数值范围的设置主要看是否符合实际需要。例如，用"1"代表"最低要求标准"，用"10"代表"绝对需要并对合同签订成功起关键作用的标准"。任何标准都可以被赋予在这两个极限数值之间的一个权重。每个标准对该公司的重要性决定了该标准的权重。该权重的设定同时也取决于该公司已为采购产品确定的供应目标、该供应目标对该公司的重要性、实现该目标的难易程度。

然后，必须将每个标准的总权重分配给它的各个组成部分。例如，可以对可靠性标准进行如下分配：

测评标准：可靠性（10）
⇒ 低平均故障间隔期（3）
⇒ 低检修停工率（3）
⇒ 设备耐用性（4）

表 3-3 说明了本例中对每个标准及其组成部分进行权重值划分时所采取的方法。该表还显示了受各标准影响的主要供应目标，如质量（Q）、供应的可获得性（A）、供应商响应（R）

或成本（C）等。在表 3-3 的最下面一行可以看到分配给这些标准的权重总和。

表 3-3　某测量设备测评标准

| 案例：测量设备　采购品项类型：瓶颈型 | | |
| --- | --- | --- |
| 测评标准<br>（以及被设定不同权重的各组成要素） | 总权重<br>（1~10） | 供应目标 |
| （1）技术性能<br>　　测量精确度（10） | 10 | Q |
| （2）产品可靠性<br>　　① 低平均故障间隔期（3）<br>　　② 低检修停工率（3）<br>　　③ 设备耐用性（4） | 10 | Q |
| （3）交货提前期<br>　　主要设备的交付（9） | 9 | A |
| （4）零部件的持续可获得性<br>　　① 提供供应持续性（1）<br>　　② 财务稳定性（3）<br>　　③ 供应商的核心产品（3）<br>　　④ 可维持的市场地位（3） | 10 | A |
| （5）技术支持<br>　　① 设备安装与调试（2）<br>　　② 准备进行现场员工培训（3）<br>　　③ 对问询的响应时间（2）<br>　　④ 对保养与修理要求的响应时间（3） | 10 | R |
| （6）产品生命周期成本<br>　　① 产品定价（1）<br>　　② 折扣（1）<br>　　③ 零部件成本（2）<br>　　④ 员工培训成本（1）<br>　　⑤ 技术维护成本（2） | 7 | C |
| 总　　值 | 56 | |

（二）评定潜在供应商能力的等级

在对每个测评标准设定了权重后，下面的问题是如何参照每个测评标准来衡量企业所调查的潜在供应商。

1. 确定选择类别的值域和分值

企业在实际评定供应商的等级时，必须首先确定与每个测评标准的各组成要素相关的供应商的绩效的可能范围。例如，以采购测量设备时考虑的组成要素之一——平均故障间隔期为例，假设对于这个组成部分，企业可接受的最低水平或底线是：在两次故障之间该设备可以连续运行 120~129 天。再如，企业在采购计算机耗材时可接受的底线是：一般情况下，供应商的交货提前期为 1 个工作日。

企业掌握了这些极限值，就可以根据位于每个底线上和底线下的供应商绩效形成一系列可能的绩效类别。一些供应商的绩效可能超过了底线，而另一些供应商的绩效可能比底线低。必须要给每一个绩效类别确定一个分值。

再对上述采购测量设备的案例进行研究，见表 3-4。

表 3-4 测量设备的供应商绩效类别表

| 供应商绩效类别——测量设备<br>选择标准的组成要素：平均故障间隔期 | | | | |
|---|---|---|---|---|
| 不能接受的——不符合任何适当标准的要求 | 可能无法被接受——仅仅符合最低要求 | 可接受的（底线） | 可接受的——符合所有要求且超过了部分标准的要求 | 可接受的——超过了所有标准的要求 |
| 0 | 1 | 2 | 3 | 4 |
| 故障间的平均间隔期低于 100 天 | 故障间的平均间隔期为 100~119 天 | 故障间的平均间隔期为 120~129 天 | 故障间的平均间隔期为 130~149 天 | 故障间的平均间隔期等于或高于 150 天 |

在表 3-4 中，设定的 5 个绩效类别的分值均在 0~4。企业的需要不同，希望赋予各绩效类别的分值体系也就不同。

2．利用测评标准和分值来评定供应商的能力等级

一旦确定了与每一个测评标准的组成要素相对应的供应商绩效类别的值域及每个类型的分值体系后，企业就可以进入完成评定潜在供应商能力等级的阶段了。在这个阶段，企业所要做的事情就是，按照已经确定的类别评价每家供应商的绩效，并赋予相应的分值。

假设企业已对希望采购的测量设备的 3 家潜在供应商进行了选择，对测评标准组成要素中的平均故障间隔期评价的结果见表 3-5。

表 3-5 供应商绩效打分表

| 给供应商绩效打分——测量设备<br>选择标准的组成要素：平均故障间隔期 | | | | |
|---|---|---|---|---|
| 不能接受的——不符合任何适当标准的要求 | 可能无法被接受——仅仅符合最低要求 | 可接受的（底线） | 可接受的——符合所有要求且超过了部分标准的要求 | 可接受的——超过了所有标准的要求 |
| 0 | 1 | 2 | 3 | 4 |
| 故障间的平均间隔期低于 100 天 | 故障间的平均间隔期为 100~119 天 | 故障间的平均间隔期为 120~129 天 | 故障间的平均间隔期为 130~149 天 | 故障间的平均间隔期等于或高于 150 天 |
| 供应商 A | | | × | |
| 供应商 B | | × | | |
| 供应商 C | | | × | |

根据这个特定测评标准的组成要素对3家供应商进行评价的结果是：供应商A和C各得3分，供应商B得2分。

根据每一个测评标准的组成要素进行评价后，企业就可以得到每一家供应商的一组分值。但要注意，每一个测评标准的组成要素都被设定了不同的权重。因此，企业必须将每家供应商的单个得分乘以赋予相应测评标准组成要素的权重。

由于赋予测评标准组成要素"平均故障间隔期"的权重是"3"，上面3家供应商的加权得分就分别为：供应商A和C为3×3分=9分，供应商B为3×2分=6分。

通过继续对采购测量设备的所有标准的组成要素进行同样的计算，企业得到的3家供应商的得分情况见表3-6。

表3-6 供应商能力评价表

| 供应商能力评价——测量设备 | | | | | | |
|---|---|---|---|---|---|---|
| 选择标准<br>（以及被设定了不同权重的各组成要素） | 供应商A | | 供应商B | | 供应商C | |
| | 得 分 | 加权得分 | 得 分 | 加权得分 | 得 分 | 加权得分 |
| （1）技术性能<br>　测量精确度（10） | 4 | 40 | 1 | 10 | 2 | 20 |
| （2）可靠性<br>　① 平均故障间隔期（3）<br>　② 检修停工率（3）<br>　③ 设备耐用性（4） | 3<br>3<br>4 | 9<br>9<br>16 | 2<br>2<br>2 | 6<br>6<br>8 | 3<br>2<br>3 | 9<br>6<br>12 |
| （3）交货提前期<br>　主要设备的交付（9） | 2 | 18 | 4 | 36 | 3 | 27 |
| （4）供应范围——零部件的持续可获得性<br>　① 提供供应持续性（1）<br>　② 财务稳定性（3）<br>　③ 供应商的核心产品（3）<br>　④ 可维持的市场地位（3） | 3<br>3<br>4<br>4 | 3<br>9<br>12<br>12 | 3<br>3<br>2<br>2 | 3<br>9<br>6<br>6 | 4<br>1<br>3<br>0 | 4<br>3<br>9<br>0 |
| （5）技术支持<br>　① 安装与调试的技术支持（2）<br>　② 准备进行现场员工培训（3）<br>　③ 对问询的响应时间（2）<br>　④ 对保养与修理要求的响应时间（3） | 2<br>2<br>3<br>3 | 4<br>6<br>6<br>9 | 3<br>4<br>3<br>4 | 6<br>12<br>6<br>12 | 3<br>3<br>2<br>2 | 6<br>9<br>4<br>6 |
| （6）产品生命周期成本<br>　① 产品定价（1）<br>　② 折扣（1）<br>　③ 零部件成本（2）<br>　④ 员工培训成本（1）<br>　⑤ 技术维护成本（2） | 1<br>2<br>1<br>1<br>1 | 1<br>2<br>2<br>1<br>2 | 3<br>2<br>3<br>4<br>3 | 3<br>2<br>6<br>4<br>6 | 4<br>3<br>1<br>2<br>1 | 4<br>3<br>2<br>2<br>2 |
| 满分=224，加权得分总计 | | 161 | | 147 | | 128 |

表 3-6 中任何一家供应商的满分都是 224 分，计算方法如下：

所有测评标准组成要素的权重总和×组成要素的满分＝56×4 分＝224 分

针对每一个选择标准的组成要素，将供应商的得分乘以该组成要素的权重就计算出了供应商该项的加权得分。将所有加权得分相加就得到了表 3-6 所列的各供应商的总分。

供应商能力的总分显示在表 3-6 的最后一行。用每家供应商的总分除以满分，就可以得到供应商的综合能力等级，分别如下：

供应商 A　161÷224≈72%
供应商 B　147÷224≈66%
供应商 C　128÷224≈57%

由此可知，供应商 A 的等级最高，供应商 C 的等级最低，供应商 B 的等级位于二者之间。

在使用以上方法评级时，企业还需要考虑以下几个问题：

（1）对供应商的评议。当针对每一个测评标准的组成要素给供应商打分时，可以增加一段注释来说明打分的依据。这可以帮助企业了解和记住某供应商在相应领域的特殊优点或缺点。

（2）得分或不得分。在这个体系中，每一个测评标准都有一系列的可能分值（在上例中是 0~4 分）。但在某些情况下，可能只存在两种选择：供应商能够满足标准的要求或者不能。两者之间不存在任何实值值域。在这种情况下，只能根据具体情况简单地给供应商打 4 分或 0 分。

（3）排除标准——可接受的最低绩效标准。如果供应商的绩效没有达到某测评标准的可接受水平或底线，那么该测评标准对于企业来说就是一个决定"发展还是中断"与潜在供应商合作关系的标准。例如，在采购测量设备的例子中，企业可以把供应商能否达到"测量精确度"的底线当作一个不可或缺的标准。也就是说，任何此项得分低于 2 分的供应商都会被自动排除在可以被进一步考察的供应商范围之外。在上例中，供应商 B 就将被淘汰出局，因为其此项得分只有 1 分。这些标准被称为"排除标准"。企业可以根据特定的采购要求决定排除标准的数量。

（4）可接受的最低额定值。还有一个将供应商排除在进一步考虑范围之外的方法是设定一个应达到的最低额定值。例如，企业可以设定满分的 50%（如加权得分总计为 112 分）为可"通过"的测量设备供应商的最低额定得分值，那么在上例中，所有供应商的得分都超过了这个下限。

（三）将能力等级与积极性等级综合在一起

企业对潜在供应商的最终评价要同时考虑供应商的能力和积极性两个方面。

假设企业不仅对测量设备的 3 家潜在供应商的能力进行了评价，而且还用前面介绍过的模型对供应商的积极性水平进行了认真评价。A、B、C 这 3 家供应商的评价结果如下：

供应商 A　M（中高积极性）
供应商 B　H（高积极性）
供应商 C　L（低积极性）

现在可以将能力和积极性这两个因素合并在一个图中，3 个被评价的供应商的评价结果如图 3.7 所示。

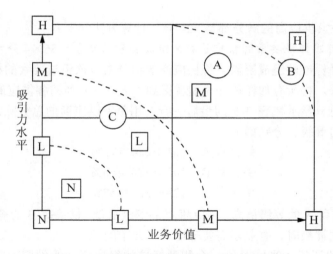

图 3.7　评定供应商的等级——能力与积极性

就像在其他类似的图（如供应商定位模型和供应商感知模型）中做过的一样，用弯曲的虚线将图 3.7 划分为 H、M、L 和 N 这 4 个区域。这 4 个区域可以帮助采购企业在综合考虑能力和积极性的基础上，得出 3 家供应商的最终等级。最终评价结果如下：

$$H=高$$
$$M=中高$$
$$L=低$$
$$N=可忽略$$

由于供应商 B 横跨了 M（中高）区域和 H（高）区域，所以得到的级别最高。供应商 A 正好位于 M（中高）区域，而供应商 C 位于 L（低）区域。最后一家供应商可能会被采购企业排除在进行进一步考察的范围之外。

## 五、候选供应商分析

候选供应商分析是在供应商量化测评后进行的，主要是对已经候选的供应商进行 SWOT 分析。

SWOT 分析是对刚进行的严格的、系统性的供应商选择的非常有益的补充，可以让企业对供应商的主要特点有一个更全面的看法，而且还有助于企业了解这些特点对其真正意义。SWOT 中 4 个字母分别代表的是优势（Strengths）、劣势（Weaknesses）、机会（Opportunities）和威胁（Threats）。

供应商的优势是其最有能力给企业带来好处的方面；供应商的劣势是其最让企业担心的因素，因为这些因素可能会导致企业采购业务的失败。通过将一家供应商的优势和劣势与其自身的优势和劣势相对比，企业可以了解双方有哪些优势和劣势可以相互弥补。如果一家供应商的优势只能使其在与企业合作时处于强有力的地位，并因此削弱了企业的谈判地位，那么这些优势则只能让企业产生忧虑，当企业处于弱势的时候更是如此。

企业通过对各自的优势和劣势及其之间的相互关系进行分析，就可以对与供应商之间的关系可能给企业带来什么样的市场机会或产生什么样的威胁进行一个总体的评价。

通过供应商选择和 SWOT 分析可以将所选择的供应商进行归类，以方便进行定性管理。可供参考的分类方式有以下几种。

### （一）合格的供应商

合格的（或有预备资格的）供应商是指已经达到采购商的筛选、评价和选择过程要求的供应商。

### （二）可信任的供应商

可信任的供应商是指那些已经令采购企业满意地完成了订单交货，从而比"被认可的供应商"更让企业信任的供应商。换句话说，就是已经在实践中证明了其能力和积极性的供应商。

### （三）优选的供应商

优选的供应商一般是指比"合格的"和"可信任"的供应商更能让企业满意的供应商。根据以往绩效，这类供应商已经显示出了始终如一地按照企业在质量、交货、价格和服务等方面的要求提供供应服务的能力。它们不仅积极地对企业的意外要求（如数量、规格方面的变化等）做出响应，而且在处理服务问题时的效率也很高。它们主动地提出更好的解决方案，寻找更好地满足企业需要的方法，并对将要出现的、可能会影响产品供应的问题事先提供有关信息。

### （四）认证的供应商

认证的供应商是指为了建立一个更全面的多企业质量管理体系，其整个企业的质量控制体系已经与采购企业的质量管理体系（在采购企业标准的基础上）合为一体的供应商。这种方式通过消除重复劳动，并确保使用标准质量控制程序和信息源，以帮助企业降低与质量相关的成本。

### （五）丧失资格的供应商

丧失资格的供应商（或"黑名单"）是指无法满足采购企业在供应商选择过程中制定标准的供应商，或者没有履行以往合约的供应商。使一家供应商丧失资格仅仅是在该供应商进行了最大努力却不能改正相关问题时，企业能够使用的最后手段。

取消供应商资格的主要标准在于，供应商缺乏能力或者缺乏按照企业要求执行供应任务的意愿。当企业发现供应商有违法或违反职业道德的行为，或者违反了企业制定的政策（如有关社会、环境等问题）的时候，会将这些供应商列入黑名单。

## 六、供应商选择结果反馈

企业选择供应商后应该与其分享评价结果。这样做不仅可以帮助供应商改进工作，而且从长远来看，这对企业也有好处。当然，那些已作为候选人的供应商对企业来说最为重要，但那些仍有缺点需要克服的供应商也很重要。应该让这些有缺点的供应商了解自身劣势，并认识到如果能够克服这些缺点就会得到提高，就可以促使自己未来成长为企业需要的供应商。

在向供应商通报评价结果时，企业只能给供应商提供有关自身的信息，而不能向其泄露任何其获得的有关竞争者的信息。这对企业来说是非常重要的，这也是商业道德的基本准则。

由于反馈是一个双向过程，所以企业也应该在这个时候努力获取有关供应商作为企业的潜在客户对企业做出的看法。这样，双方都可以采取措施规避劣势，并努力增加建立真正的业务合作关系的机会。

## 3.4 供应商管理

**一、供应商绩效考评与管理卡**

供应商的日常管理主要是建立供应商绩效考评体系，也就是建立一套行之有效的供应商管理制度。

（一）建立供应商管理制度——供应商绩效考评

供应商绩效考评是指对现有供应商的日常表现进行定期监控和考核。在以往情况下，企业虽然一直都在进行供应商的考核工作，但一般只对重要供应商的来货质量进行定期检查，而没有一整套的规范和程序。随着采购管理的作用越来越重要，供应商的管理水平在不断地上升，以往的考核方法已无法满足现代企业管理的需要。

1. 供应商绩效考评的目的

供应商绩效考评的主要目的是确保供应商的供应质量，同时在供应商之间进行比较，以便继续同优秀的供应商进行合作，从而淘汰绩效差的供应商。进行供应商绩效考评的同时可以了解供应过程存在的不足之处，将其反馈给供应商，促进供应商改善业绩，为其日后更好地完成供应活动打下良好的基础。

2. 供应商绩效考评的基本原则

（1）供应商绩效考评必须持续进行，要定期地检查目标达成的程度。当供应商知道会被定期选择时，自然就会致力于改善自身的绩效，从而提高供应质量。

（2）要从供应商和企业自身的整体运作角度来进行选择，以确立整体的目标。

（3）供应商的绩效总会受到各种外来因素的影响，因此对供应商的绩效进行考评时，要考虑外在因素带来的影响，不能仅仅衡量绩效。

3. 供应商绩效考评的范围

由于针对供应商表现的考评要求不同，所以相应的考评指标也不一样。最简单的做法有：仅仅衡量供应商的交货质量；成熟一些供应商的除考评交货质量外，也跟踪供应商的交货表现；较先进的考评系统则进一步扩展到供应商的支持与服务、供应商参与企业产品开发等表现，也就是由考评订单履行过程延伸到产品开发过程。

4. 供应商绩效考评的准备工作

要实施供应商考评，就必须制定考评办法或工作程序，作为有关部门或人员实施考评的依据。在实施过程中，要对供应商的表现（如质量、交货、服务等）进行监测记录，为考评提供量化依据。在考评前，还要选定被考评的供应商，将考评方法、标准和要求同相应的供应商进行充分沟通，并在企业内和参与考评的部门或人员进行沟通协调。供应商考评工作常由采购人员牵头组织，品质、企划等人员共同参与。

(二)建立管理卡

建立供应商管理卡主要是为日常供应商考评提供连续和真实的资料。表 3-7 为××供应商评价表示例。

表 3-7 ××供应商评价表

编　号：
日　期：　　年　月　日

| 合同编号 | 供应商名称 | 供应产品名称/编号 |
|---|---|---|
|  |  |  |

供应商简介：

经办人：

评价内容：

进货物资质量控制方式［在（　）内打"√"］：
进货检验（　）；进货外观验证（　）；本公司到供方现场验证（　）；顾客到供方现场验证（　）；顾客到本公司现场验证（　）。

质量得分（占 60%）：（合格批次/到货总批次）×60

评价者：

| 到货批次 |  | 合格批次 |  | 质量得分 |  |
|---|---|---|---|---|---|

按期交货得分（占 20%）：（按时到货批次/到货总批次）×20

评价者：

| 到货总批次 |  | 按时到货批次 |  | 按时交货率 |  |
|---|---|---|---|---|---|

其他情况（占 20%，包括产品价格、包装质量、售后服务、配合度、开发能力、产品认证水平等）：

评价者：

总评分及处理建议：

评价者：

会　签：

| 评价部门 | 评价意见 | 签　名 | 日　期 |
|---|---|---|---|
| 供应科 |  |  |  |
| 质检科 |  |  |  |
| 技术科 |  |  |  |
| 生产科 |  |  |  |

企业领导审批意见：

## 二、供应商日常管理要点

在供应商日常管理中，为了科学、客观地反映供应商供应活动的运作情况，应该建立与之相适应的供应商绩效考评指标体系。在制定考核指标体系时，应该突出重点，对关键指标进行重点分析，尽可能地采用实时分析与考评的方法，将绩效度量范围扩大到能反映供应活动的信息上去，因为这要比做事后分析有价值得多。选择供应商绩效的指标主要有以下几个方面。

### （一）质量指标

质量指标是供应商考评的最基本指标，包括来料批次合格率、来料抽检缺陷率、来料在线报废率、供应商来料免检率等。其中，来料批次合格率是最为常用的质量考核指标之一。这些指标的计算方法如下：

$$来料批次合格率 =（合格来料批次 \div 来料总批次）\times 100\%$$

$$来料抽检缺陷率 =（抽检缺陷总数 \div 抽检样品总数）\times 100\%$$

$$来料在线报废率 =（来料总报废数 \div 来料总数）\times 100\%$$

$$来料免检率 =（来料免检的种类数 \div 供应商供应的产品总种类数）\times 100\%$$

其中，来料总报废数包括在线生产时发现的废品。

此外，有的企业将供应商体系、质量信息等也纳入考评，如供应商是否通过了 ISO 9000 认证，或者供应商的质量体系审核是否达到一定的水平；还有些企业要求供应商在提供产品的同时，要提供相应的质量文件，如过程质量检验报告、出货质量检验报告、产品成分性能测试报告等。

### （二）供应指标

供应指标又称为企业指标，是同供应商的交货表现及供应商企划管理水平相关的考核因素。其中，最主要的是准时交货率、交货周期、订单变化接受率等。

$$准时交货率 =（按时按量交货的实际批次 \div 订单确认的交货总批次）\times 100\%$$

交货周期是指自订单开出之日到收货之时的时间长度，常以"天"为单位。

订单变化接受率是衡量供应商对订单变化灵活性反应的一个指标，是指在双方确认的交货周期中可接受的订单增加或减少的比率。

$$订单变化接受率 =（订单增加或减少的交货数量 \div 订单原定的交货数量）\times 100\%$$

值得一提的是，供应商能够接受的订单增加接受率与订单减少接受率往往不同：前者主要取决于供应商生产能力的弹性、生产计划安排与反应快慢及库存大小与状态（原材料、半成品或成品）；后者主要取决于供应商的反应、库存（包括原材料与在制品）大小及对订单减少可能造成的损失的承受力。

### （三）经济指标

供应商考评的经济指标总是与采购价格、成本相关联的。质量与供应考评通常每月进行一次；经济指标则相对稳定，多数企业是每季度考评一次，而且往往是定性的，难以进行量化。经济指标的具体考评要点如下：

（1）价格水平。往往将企业所掌握的市场行情与供应价格进行比较，或者根据供应商的实际成本结构和利润率进行判断。

（2）报价是否及时，报价单是否客观、具体、透明（分解成原材料费用、加工费用、包装费用、运输费用、税金、利润等，说明相对应的交货与付款条件）。

（3）降低成本的态度及行动。是否真诚地配合企业或主动地开展降低成本活动，是否制订改进计划、实施改进行动，是否定期与企业检讨价格。

（4）分享降价成果。是否将降低成本的好处也让利给企业。

（5）付款。是否积极配合响应企业提出的付款条件、要求和办法，开出的发票是否准确、及时及符合有关财税要求。

有些企业还将供应商的财务管理水平与手段、财务状况及对整体成本的认识也纳入考评。

（四）支持、配合与服务指标

同经济指标一样，考评供应商在支持、配合与服务方面的表现通常也是定性的，每季度一次。其相关的指标如下：

（1）响应表现。对订单、交货、质量投诉等响应是否及时、迅速，答复是否完整，对退货、挑选等是否及时处理。

（2）沟通手段。是否有合适的人员与企业沟通，沟通手段是否符合企业的要求（电话、传真、电子邮件及文字处理所用软件与企业的匹配程度等）。

（3）合作态度。是否将企业看成重要客户，供应商高层领导或关键人物是否重视企业的要求，供应商内部沟通协作（如市场、生产、计划、工程、质量等部门）是否能整体理解并满足企业的要求。

（4）共同改进。是否积极参与或主动参与企业相关的质量、供应、成本等改进项目或活动，或者推行新的管理做法等，是否积极组织参与企业共同召开的供应商改进会议、配合企业开展的质量体系审核等。

（5）售后服务。是否主动征询企业的意见、主动访问企业、主动解决或预防问题。

（6）参与开发。是否参与企业的各种相关开发项目，如何参与企业的产品或业务开发过程。

（7）其他支持。是否积极接纳企业提出的有关参观、访问事宜，是否积极提供企业要求的新产品报价与送样，是否妥善保存与企业相关的文件等不致泄露，是否保证不与影响到企业切身利益的相关企业进行合作等。

## 三、供应商能力开发与积极性培养

企业获得正确的反馈信息后就可以采取进一步行动了，尤其是当企业发现候选供应商中没有一个在能力和积极性方面完全满足企业的要求时。

（一）供应商的能力开发

如果候选供应商存在的是能力方面的问题，如供应商在规模、资源或经验方面存在不足，则不足以影响其完全按照企业的要求交货。在这种情况下，企业必须采取一些措施以提高供应商的能力。这些措施包括以下几项：

（1）为供应商提供与产品/服务和操作程序有关的专家技术建议和援助。其所涉及的范围可能包括设计、生产计划和生产过程控制、质量管理、生产投入的供应管理、配送与交货及其他供应商存在缺陷的方面。企业可以通过派遣员工（如管理者、工程师和技术员）为供应商提供现场建议，或者对供应商的员工进行在职培训以实现这一目的。企业一般只有在希望与供应商建立合伙关系时，才会采取这种措施。

（2）提供生产资金。例如，通过提前支付设备的采购款，或者预先支付供应商需要的采购原材料或零部件的费用等，帮助供应商提供生产资金。

（3）帮助供应商整合 IT 系统。例如，帮供应商整合 IT 系统，以使企业的系统更具兼容性，以方便二者之间的沟通，使得联合制订计划成为可能。

（二）供应商的积极性培养

如果供应商存在的是积极性方面的问题，那么企业可以采取以下两项措施：

（1）增加采购量，企业可以考察供应商目前可以提供的所有产品/服务（可以包括供应商未来可以提供的产品/服务），同时考察企业未来的需求，以确定是否存在进一步扩展业务合作的可能性。

（2）通过证明企业是供应商的一个优质的客户来提高企业业务对供应商的吸引力。尤其是企业采购的是瓶颈型产品时，这一点更为重要。可以通过采取以下 7 项措施向供应商说明，虽然企业的业务量相对较少，但仍是一个优质且值得合作的客户。

① 证明企业一贯准时付款。

② 企业处理商业交易的过程是有效和高效率的。

③ 展示企业的能力是很强的，不需要供应商经常费时地进行配合（不会成为令供应商烦恼的客户）。

④ 为供应商指派一位"客户经理"以方便供应商处理企业的业务。

⑤ 对供应商的问询快速做出反应。

⑥ 主动提出处理所有外部管理事务（如银行的要求、检查、客户需办理的正式手续及文件等），以减少供应商处理这些事务的麻烦。

⑦ 以职业的符合商业道德的方式处理各项工作。

吸引和说服潜在供应商与企业进行业务合作的尝试经常被称为"反向营销"。这意味着采购企业主动进行采购并吸引供应商，这与销售经理吸引采购者的一般做法是相对应的。

## 四、建立供应链战略合作伙伴关系

在全球化竞争中，先进制造技术的发展要求企业将自身业务与合作伙伴业务集成在一起，缩短相互之间的距离，并站在整个供应链的角度去考虑增值，所以许多成功的企业都开始与合作伙伴建立联盟的战略合作伙伴关系。

供应链合作伙伴关系可以定义为供应商与制造商之间一定时期内的共享信息、共担风险、共同获利的协议关系。这种关系的形成主要是为了降低供应链总成本、降低库存水平、增强信息共享、改善相互之间的交流、保持战略伙伴之间操作的一贯性、产生更大的竞争优势，以实现供应链节点企业的财务状况、质量、产量、交货期、用户满意度和业绩的改善和提高。

这必然要求战略合作伙伴关系强调合作和信任。

供应链合作伙伴关系发展的主要特征就是从以产品/物流为核心转向以集成/合作为核心。在这种思想的指导下，供应商和制造商把相互的需求和技术集成在一起，以实现为制造商提供最有用产品的共同目标。因此，供应商与制造商的交换不仅是物质上的交换，而且包括一系列可见和不可见的服务（如设计、信息、物流等）。

供应商要具备良好的创新和设计能力，以保证交货的可靠性和时间的准确性。制造商要提供的活动和服务包括控制供应市场、管理和控制供应网络、提供培训和技术支持、为供应商提供财务服务等。

要建立供应链合作伙伴关系，供应商和制造商之间必须注意以下几个问题。

（一）相互信任

信任通常意味着合作，而低水平的信任则意味着只顾为自身利益进行的明争暗斗。供应链合作伙伴关系的建立可以避免供应链管理中的冲突，降低合作伙伴之间的交易成本。在供应链节点的各个企业的组织结构、文化背景等方面都存在较大差异的情况下，信任关系的建立可以极大地降低伙伴之间的协调工作量，从而有利于形成稳定的供应链合作关系，使供应链管理总成本最小。为了实现相互信任，供应商和制造商之间要经常沟通、相互了解、求同存异。

（二）信息共享

在合作过程中，如果伙伴之间始终保持信息共享，那么相互之间的信任程度也会提高，合作效果将更加明显。为此，供应链合作伙伴之间必须借助 Internet/EDI（Electronic Data Interchange，电子数据交换）技术，构建供应链管理信息系统，使各伙伴之间能共享信息。制造商必须让供应商了解制造企业的生产程序和生产能力，使供应商能够清楚地知道企业需要产品或原材料的期限、质量和数量；制造商还应向供应商提供自己的经营计划、经营策略及相应的措施，使供应商明确其希望，以使自己能随时达到制造商的要求；各合作伙伴之间必须相互沟通所获取的最新的市场信息，了解顾客的需求变化，以调整各自的生产和经营计划，达到双赢或多赢的效果。

（三）权责明确

供应链伙伴之间不能为了自身利益而不负责任去牺牲他人的利益。企业在合作过程中，不要希望将所有利益都收归自己所有，并且将责任、风险、成本等转嫁给合作企业。各合作伙伴应该明确各自的责任，并对其余各方负责。

（四）方法和态度

在竞争激烈的市场环境中，供应链的运转不可能一帆风顺。因此，企业应高度重视供应链管理，保持灵活、务实、忍耐、宽容的态度，及时协调、解决可能发生的各种问题，以促进供应链整体目标的实现。

### 五、供应商激励与控制

#### （一）供应商激励

根据组织行为学的基本观点，一个人的工作成绩可以用公式"工作成绩=f(能力×动机)"来表示，即一个人工作成绩的好坏，既取决于人的能力，又取决于人的动机。如果一个人的积极性被调动起来，即动机被激发，那么他所取得的成绩就可能较大。

所谓激励，就是委托人拥有一个价值标准或社会福利目标，这个标准或目标可以是最小个人成本或社会成本约束下的最大预期效用，也可以是某种意义上的最优资源配置或个人的理性配置集合。如果委托人希望能够达到这些目标，那么他应该制定什么样的规则，使其他市场参与者（代理人）都能够使利己行为的最后结果与委托人给出的标准一致呢？进一步来说，激励就是委托人如何使代理人在选择或不选择委托人标准或目标时，从自身利益效用最大化出发，自愿或不得不选择与委托人标准或目标一致的行动。

因此，现代企业管理在对供应商的管理中运用激励机制调动供应商配合企业的采购工作是非常重要的举措。激励机制运用得当，不仅仅可以激发供应商对企业工作的支持，更重要的是将为建立供应链合作伙伴关系打下良好基础。下面介绍几种常用的激励方式。

1. 价格激励

在现代供应链环境下，各个企业在战略上是相互合作的关系，但各自的利益不能被忽视。供应链上各个企业间的利益分配主要体现在价格上。价格包含供应链利润在所有企业间的分配、供应链优化而产生的额外收益或损失在所有企业间的均衡。供应链优化所产生的额外收益或损失大多数时候是由相应企业承担的，但许多时候并不能辨别相应对象或者相应对象错位，因而必须对额外收益或损失进行均衡，这个均衡就是通过价格来反映的。价格对企业的激励作用是显而易见的，高的价格能增强企业的积极性，而不合理的低价会挫伤企业的积极性。供应链利润的合理分配有利于供应链企业间合作的稳定和运行的顺畅。但是，价格激励本身也隐含一定的风险，这就是逆向选择问题，即制造商在挑选供应商时，因过分强调低价格的谈判而往往会选中报价较低的企业，并将一些整体水平较高的企业排除在外，其结果可能会影响产品的质量、交货期等。

看重眼前的利益是导致这一现象的一个不可忽视的因素，但出现这种差评供应商排挤优良供应商的最根本的原因在于，在签约前对供应商不甚了解，没有意识到报价越低意味着违约的风险越高。因此，使用价格激励机制时要谨慎从事，不可一味地强调低价策略。

2. 订单激励

对供应商来说，获得更多的订单是一种极大的激励，供应链内的企业也需要更多的订单激励。一般来说，一家制造商拥有多家供应商，多家供应商共同竞争来自制造商的订单，多的订单对供应商来说是一种激励。

3. 商誉激励

商誉是一家企业的无形资产，对于企业来说极其重要。商誉来自供应链内其他企业的评价和在公众中的声誉，反映企业的社会地位（包括经济地位、政治地位和文化地位）。委托-代理理论认为，在激烈的竞争市场上，代理人的代理量（决定其收入）决定于其过去的代理质量与合作水平。从长期来看，代理人必须对自己的行为负完全责任。即使没有显性激励合同，代理人也要积极努力地工作，因为这样做可以改进自己在代理人市场上的声誉，从而提高未来收入。因此，在一定场合给予供应商一定范围的商誉宣传，将影响供应商参与供应的积极性。

4. 信息激励

在信息时代，信息对企业意味着生存。企业获取更多的信息意味着拥有更多的机会、更多的资源，从而会获得激励。信息对供应链的激励实质上属于一种间接的激励模式，但它的激励作用不可低估。如果能够快捷地获取合作企业的需求信息，企业便能够主动采取措施提供优质服务，必然使合作方的满意度大为提高。因此，企业在新的信息不断产生的前提下，应始终保持着了解信息的欲望，更加关注合作双方的运行状况，不断探求解决新问题的方法，这样就可以达到对供应商企业进行激励的目的。

信息激励机制的提出，也在某种程度上克服了因信息不对称而使供应链中的企业相互猜忌的弊端，消除了由此带来的风险。

5. 淘汰激励

淘汰激励是负激励的一种。优胜劣汰是世间万物生存的自然法则，供应商管理也不例外。为了使供应链的整体竞争力保持在一个较高的水平上，企业必须建立对供应商的淘汰机制。淘汰弱者是市场规律之一，保持淘汰对企业或整个供应链来说都是一种激励。对于优秀企业或供应链来说，淘汰弱者会使其获得更优秀的业绩；对于业绩较差者，为避免淘汰其更需要上进。淘汰激励是在供应链系统内形成的一种危机激励机制，让所有合作企业都有一种危机感。这样一来，企业为了能在供应链管理体系获得群体优势的同时自己也获得发展，就必须承担一定的责任和义务，对自己所承担的供货任务从成本、质量、交货期等方面负起全方位的责任。这一点对防止短期行为和"一锤子买卖"给供应链群体带来的风险也起到了一定的作用。

6. 新产品/新技术的共同开发

开发和共同投资也是一种激励机制，它可以让供应商全面掌握新产品的开发信息，有利于新技术在供应链中企业的推广和供应商市场的开拓。在传统的管理模式下，制造商独立进行产品的研究与开发，只将零部件的最后设计结果交由供应商制造，供应商没有机会参与产品的研究与开发过程，只是被动地接收来自制造商的信息。这种合作方式最理想的结果也就是供应商按期、按量、按质交货，不可能使供应商积极主动地关心供应链管理。因此，供应链管理实施得好的企业，都将供应商、经销商甚至用户融入到产品的研究与开发工作中来，按照团队的工作方式展开全面合作。在这种环境下，合作企业也成为整个产品开发中的一分子，其成败不仅影响制造商，而且也影响供应商和经销商。因此，每个人都会关心产品的开发工作，这就形成了一种激励机制，起到了对供应链中企业的激励作用。

7. 组织激励

在一个良好的供应环境下，企业之间能合作愉快，供应链便运作通畅且少有争执。也就是说，一个良好的供应链对供应链及供应链中的企业都是一种激励。减少供应商的数量，并与主要的供应商和经销商保持长期稳定的合作关系是制造商采取组织激励的主要措施。但有些企业对待供应商和经销商的态度忽冷忽热，产品供不应求时对经销商态度傲慢，产品供过于求时往往企图将损失转嫁给经销商，因而得不到供应商和经销商的信任与合作。产生这种现象的根本原因在于，企业管理者的头脑中没有建立与供应商和经销商进行长期战略合作的意识，企业管理者追求短期业绩的心理较重。如果不能从组织上保证供应链管理系统的运行环境，那么供应链的绩效也会受到影响。

（二）供应商控制

供应商控制主要是防止供应商独家供应。

1. 独家供应的产生

随着供应商伙伴关系的发展和供应商体系的优化，许多企业的某些零部件出现了独家供应的局面。独家供应的主要优点是采购成本低、效率高；缺点是全部依赖于一家供应商。

独家供应常发生在以下几种客观条件下：

（1）按客户要求专门制造的高科技、小批量产品，由于产品的技术含量高且系专门小批量配套，所以不可能要求两家以上的供应商同时供应。

（2）某些企业的产品及其零部件对工艺技术要求高，且因保密的原因而不愿意让更多的供应商知晓。

（3）因制造工艺性需要采购的外协件，如电镀、表面处理等，也因企业周围工业基础等条件所限，而有可能只固定由一家供应。

（4）产品的开发周期很短，必须依赖伙伴型供应商的全力、密切配合。

独家供应除了受客观条件影响以外，在主观方面具有优势，主要体现在以下几个方面：

（1）节省时间和精力，有助于企业与供应商之间加强交流、发展伙伴关系。

（2）更容易实施双方在产品开发、质量控制、计划交货、降低成本等方面的改进并取得积极成效。

独家供应会造成供需双方的相互依赖，进而导致以下风险：

（1）供应商有了可靠顾客，会失去竞争的动力及应变、革新的积极性。

（2）供应商可能会疏远市场，以致不能完全掌握市场的真正需求。

（3）企业本身不容易更换供应商。

2. 防止供应商控制的方法

许多企业对某些重要材料过于依赖同一家供应商，这种情况导致供应商常常能左右采购价格，对采购商产生极大的消极影响。这时采购商已落入供应商垄断供货的控制之中，企业只有唯一的一家供应商；或者一家供应商受到强有力的专利保护，任何其他供应商都不能生产同类产品；或者采购商已被"套住"，处在进退两难的境地，因为更换供应商的成本太高。在这种情况下，采购商仍可以找到一些行之有效的反垄断措施，具体如下：

（1）全球采购。全球采购能提供了更加广阔的选择范围，往往可以打破供应商的垄断行为。

（2）再找一家供应商。独家供应有两种情况：一种为 Single Source，即供应商不止一家，但仅向其中一家采购；另一种为 Sole Source，即仅此一家别无其他。通常 Single Source 多半是买方造成的，如将原来许多家供应商削减到只剩下最佳的一家；Sole Source 则是卖方造成的，如独占性产品的供应者或独家代理商等。在 Single Source 的情况下，只要"化整为零"，变成多家供应（Multiple Sources），造成卖方的竞争，供应商自然不会任意抬高价格。例如，西门子公司的一项重要的采购政策就是，除非技术上不可能，每个产品会由两个或更多供应商供货，以规避供应风险，保持供应商之间的良性竞争。在 Sole Source 的情况下，破解之道在于开发新来源，包括新的供应商或替代品。当然这不能一蹴而就，必须假以时日。

（3）增强相互依赖性。多给供应商一点业务，这样就提高了供应商对采购商的依赖性，提高了采购商的主动性。

（4）更好地掌握信息。要清楚地了解供应商对采购商的依赖程度。例如，有家公司所需的产品只有一家货源，但它发现自己在供应商仅有的 3 家客户中是采购量最大的一家，供应商也离不开这家公司，结果在其要求降价时该供应商做出了相当大的让步。

（5）利用供应商的垄断形象。一些供应商为自己所处的垄断地位而惴惴不安，在受到指责时，它们都会极力辩白，即使一点不利宣传的暗示也会让它们坐立不安。

（6）注意业务经营的总成本。供应商知道采购商没有其他货源，可能会咬定一个价，但采购商可以说服供应商在其他非价格条件上做出让步。采购商应注意交易中的每个环节，全加以利用。总成本中的每个因素都可能使采购商节约成本，而且结果往往令采购商大吃一惊。以下是一些潜在的节约成本的机会：一是送货。洽谈适合采购商的送货数量和次数，可以降低仓储和货运成本。二是延长保修期。保修期不要从发货日期开始计算，要从首次使用产品的时间算起。采购商可以始终保持这种观点，既然产品质量不错，那么从真正使用产品的时间起计保修期又有何不可？三是付款条件。只要放宽正常的付款条件都会带来节约。立即付款则给予折扣，也是一种可行的方式。

（7）让最终客户参与。如果采购商能与最终用户合作并给予它们信息，摆脱垄断供应商的机会也会随之而来。例如，工程师往往只认准一个商标，因为他们不了解其他选择，向他们解释只有一家货源的难处，他们往往就可以同意采购商采购其他的代替品。

（8）一次性采购。如果采购商预计所采购产品的价格可能要上涨，这种做法方便可行。具体做法是，根据相关的支出和库存成本，权衡一下将来价格上涨的幅度，与营销部门紧密合作，获得准确的需求数量，进行一次性采购。

（9）协商长期合同。长期需要某种产品时，可以考虑订立长期合同。一定要保证持续供应和对价格的控制，采取措施预先确定产品的最大需求量及需求增加的时机。

（10）与其他用户联手。与其他具有同样产品需求的企业联合采购可以惠及各方。

（11）未雨绸缪，化解垄断。如果采购商的供应商在市场上享有垄断地位、仗势压人，而采购商又不具备有效的手段与其讨价还价时，最终结果势必是采购商无奈俯首称臣，轻则接受对方苛刻的价格和信用条款，重则自己的竞争策略倍受掣肘、错失商机。其实，明智的企业主管完全可以未雨绸缪，化解供应商的垄断力量，具体做法如下：

① 虚实相间的采购策略。可以考虑通过一些策略性的举措，向垄断的供应商传递信息，使它意识到采购商可以从别的渠道获取商品。例如，采购商可以和海外厂商联系，扶植弱小的供应商使其能与垄断的供应商一争高低，或促成外商在垄断厂商的领域投资。注意，要使垄断厂商注意到采购商的举措，从而使垄断厂商在实施垄断行为时有所顾忌。

② 多层接触，培养代言人。必须和供应商决策链的各个层次加强接触，包括它的高层主管及生产、质量管理、财务等职能部门，这样可以掌握供应商更为全面的信息。同时，由于采购商享有直达其最高层的沟通渠道，所以供应商的直接决策人以势压人的态势多少会有所收敛。需要注意的是，垄断供应商由于其独特的垄断地位，轻而易举就能在市场上呼风唤雨，所以一般在内部沟通上不会尽力，而一旦采购商握有供应商较为完备的信息，在谈判和催货时便能游刃有余。另外，通过人际关系和企业形象的渗透，可以在供应商内部培养对采购商

深怀好感的"代言人",无意中为采购商的利益游说。

③ 营建一流的专业采购队伍。要想不为供应商的垄断力量所伤,还必须任用富有才干的专业人士担当采购重任。

 **案例分析**

某公司设计出了一种新型的电动机,比市场上同类型的电动机的性能要好,估计投产后年销售额可达 600 万元人民币。但是,这种电动机需要两个独特的零件。为了保持这种电动机设计方案的优势,每台电动机需要的两个独特零件的制造公差必须很小,这对该公司来说是一道加工技术难题。该公司最终确定了 3 个可能的供应商,并且向它们发送了零件图。

供应商 A 位于 1 200km 以外,是一家技术实力雄厚的加工企业。该公司去年向供应商 A 采购过另一种产品的零件,但供应商 A 不能按协商的进度交货。而且,供应商 A 经长途电话多次许下承诺,但直到该公司采购经理前去催货之后,零件也是晚了 2 个月才到货。由于零件交货延误,该公司产品的其他零件不得不搁置一旁,导致该公司向顾客赔偿了违约金,造成很大的损失。

供应商 A 的报价如下:

| 数 量 | 单 价 |
| --- | --- |
| 5 000 件 | 1.60 元 |
| 10 000 件 | 1.30 元 |
| 20 000 件 | 1.10 元 |

模具成本 8 000 元人民币,交货期约为 10 周,具体时间取决于作业排序。

以上报价不包括每件为 0.52 元的运输成本,也不包括该公司对独特零件的每件约为 0.85 元的机加工成本。

供应商 B 距该公司 300km,相对来说,是一家零件加工的新公司。这家公司的经理来公司时间不长,但曾在一家老公司积累了丰富的经验。该公司过去与供应商 B 合作得很愉快。

供应商 B 的报价如下:

| 数 量 | 单 价 |
| --- | --- |
| 5 000 件 | 3.00 元 |
| 10 000 件 | 0.94 元 |
| 20 000 件 | 0.90 元 |

模具成本为 6 500 元人民币,交货期为 10~12 周。

另外,每件还需运费 0.35 元。该报价包含对零件图的相应修改,也就是供应商 B 负责对零件的机加工,加工成本已包含在报价中。至此,报价全部收到,机器其他零件的制造也都有了保证,最终装配安排在 12 周之后。

至于供应商 C,该公司以前没有同它有过业务往来,但这次也希望它就独特零件进行报价。供应商 C 是一家大型汽车公司的附属公司,在技术上有很好的声誉。

供应商 C 的报价如下:

| 数 量 | 单 价 |
| --- | --- |
| 5 000 件 | 9.00 元 |
| 10 000 件 | 1.70 元 |
| 20 000 件 | 1.50 元 |

模具成本 4 000 元人民币，交货期为 10 周。

供应商 C 距该公司 900km，每件需运费 0.5 元。而且，在供应商 C 的报价方案中，所交零件的两个表面有一处凸起，需要该公司进行机加工才能保证零件性能。尽管在这种情况下需要专业加工技术，但是该公司估计每批超过 5 000 件的时候，每件再花 0.4 元就能去掉这个凸起。

**分析**：请采用合适的方法帮该公司对供应商做出选择。如果你是该公司的采购部经理，你愿意将订单交给哪家供应商？你在采购时应考虑哪些主要因素？

## 思考题

一、单项选择题

（1）在供应定位模型中，具有"高风险/低支出水平"特点的应该属于（　　）采购项目。
  A. 日常型　　　　B. 杠杆型　　　　C. 瓶颈型　　　　D. 关键型
（2）供应商提供服务的细分市场是评价供应商（　　）能力时要考虑的要素。
  A. 成本　　　　　B. 可获得性　　　C. 服务与响应　　D. 质量
（3）对于日常型产品，买方更应该关注（　　）。
  A. 如何在最大限度上降低采购所需的时间和精力
  B. 如何尽可能地降低采购价格和成本
  C. 如何尽可能地降低供应风险
  D. 如何尽可能地在降低供应风险的同时降低成本

二、多项选择题

（1）供应商筛选的目的在于（　　）。
  A. 与潜在供应商确定合作伙伴关系
  B. 快速确定供应商是否值得被全面评价
  C. 将被评价的供应商数量降到便于管理的数量
  D. 节约评价时间与精力
  E. 考察供应商的规模和利润水平
（2）如果候选供应商存在能力不足问题，企业可以在（　　）方面采取措施以帮助其提高能力。
  A. 开展反向市场营销
  B. 提供产品/服务和操作程序有关的专家技术援助
  C. 增加从该供应商处的采购量以证明企业是供应商的一个优质的客户
  D. 帮助供应商整合 IT 系统
  E. 提供生产资金

三、判断题

（1）邀请供应商的数量越多意味着更激烈的竞争，就会获得较低的报价，因此邀请供应商的数量越多越好。（　　）
（2）一家供应商对解决产品出现问题的平均快慢程度反映出其供应保障能力。（　　）
（3）如果一家供应商表现出愿意提供灵活的提前期，那么将会积极地给企业提供产品/服务。（　　）
（4）在供应商感知模型中，一家供应商所处的象限将反映出该供应商对企业可能持有的态度。（　　）
（5）主动与企业接触的供应商可能非常渴望与企业进行业务合作，但这些供应商可能并不是企业可以接触到的最低成本的供应商。（　　）

## 四、简答题

简要说明供应商的选择标准。

## 五、分析题

某供应商针对同一种产品为不同的采购企业提供了不同的价格，具体为：30 美元卖给 A 客户；20 美元卖给 B 客户；15 美元卖给 C 客户；12 美元卖给 D 客户。

其中，该供应商生产这种产品的固定成本是 10 美元，变动成本是 3 美元。利用供应商感知模型分析该供应商是怎样评价 A、B、C、D 这 4 家客户的。

## 项目 1

一、实训内容

熟练应用供应定位模型。由教师给出一家企业的采购目录和采购数量、价格，请学生对所有采购产品进行供应定位，并说出理由。

二、实训要求

可以将学生分为若干小组进行讨论，并陈述理由。

## 项目 2

一、实训内容

撰写供应商调查报告。

二、实训要求

（1）首先写出供应商调查的计划（包括设计供应商调查问卷表、供应商问询的问题等），计划内容要详细周密、切实可行。

（2）实地调查，掌握一手资料。

（3）撰写调查报告。报告内容要体现出调查分析的过程及得出的基本结论。

（4）做成幻灯片演示文稿，分组汇报。教师和学生共同评价各小组的完成情况。

（5）各小组根据评价结果修正报告并装订成册。

# 项目 4

# 采购成本管理

### 工作任务描述

当前的企业都面临着激烈的竞争,如果想要取得竞争优势,就必须不断地降低成本。然而,采购通常是企业中成本产生最大的领域之一。例如,在制造业中,采购成本一般占到企业总成本的50%~70%。采购成本管理和控制是降低企业成本、提高企业利润的非常重要的一项工作,因此,掌握正确的采购成本管理方法是企业采购人员必需的技能。

### 工作任务分解

| 工作任务 | 工作要求 |
| --- | --- |
| (1)进行采购成本的构成分析 | (1)正确认识采购成本的构成要素,对具体企业的采购成本进行分析,为进行成本控制打下基础。<br>(2)能运用学习曲线来分析采购成本 |
| (2)正确选择控制采购成本的途径 | (1)掌握企业采购成本控制的范围。<br>(2)能抓住降低采购成本的机会,增强企业采购成本的控制能力 |

续表

| 工作任务 | 工作要求 |
| --- | --- |
| （3）用适当的方法来降低采购成本 | （1）正确认识采购成本在企业经营中的作用。<br>（2）选择适当降低采购成本的方法。<br>（3）能运用经济订货批量的基本模型来降低采购成本。<br>（4）能运用有数量折扣的经济订货批量的方法来降低采购成本。<br>（5）能运用供应商成本分析法来降低采购成本 |

 学习目标

| 知识目标 | 能力目标 | 学习重点和难点 |
| --- | --- | --- |
| （1）熟悉采购成本的构成要素。<br>（2）了解采购成本在企业经营中的作用。<br>（3）理解学习曲线对采购成本的影响。<br>（4）掌握经济订货批量基本模型的方法。<br>（5）掌握有数量折扣的经济订货批量的方法。<br>（6）掌握供应商成本分析法 | （1）能对具体企业采购成本的构成进行分析。<br>（2）能运用学习曲线来分析采购成本。<br>（3）能提出降低企业采购成本的具体方法 | （1）采购成本的构成。<br>（2）学习曲线及其应用。<br>（3）运用有数量折扣的经济订货批量的方法来分析采购成本 |

 导入案例

宜家从瑞典一家小村庄的门店发展成如今在全球拥有 300 多家门店的家具连锁巨头，"提供种类繁多、美观实用、老百姓买得起的家居用品"是其实施经营战略时一直不变的目标。

那么，宜家是如何实施物美价廉的战略呢？拿一个沙发产品来举例：原材料节省 5%，生产环节节省 2%，物流环节减少 10%，一个沙发产品的全球最低价就这样硬挤出来了。

在这个过程中，成本管控是最关键的要素。

1. 从设计上管控成本——先确定成本再设计产品

（1）羽绒涨价，羽绒枕头怎么才能不涨价呢？

从设计开始，设计一种"口袋枕头"。枕头的周边是含绒量高的羽绒，枕头的内部用含绒量较低的羽绒和毛片替代，这样舒适性不会改变，成本还会降低。

（2）为什么这么便宜？

一套衣橱、衣柜、床头柜、床、茶几在宜家可以仅售 2 800 元人民币。为什么这么便宜？

在于设计！一块木料一点都不浪费。例如，衣柜的模板锯开后剩下的小板可以制作抽屉。

（3）空间也是成本——平板包装策略降低成本。

宜家做了一个测算，如果能够节省 1% 的物流仓储空间，便能够节省 600 万欧元。

例如，宜家通过与多家供应商合作，开发出一个能够把 4 个桌腿放到桌子里面的包装方式，使得最后的包装体积比原来减少了一半，也就是说，一辆货车一次能够运载原来双倍的货物。同时，随着中国采购量的提升，这个产品从原来由波兰进口变成在中国本土生产。

通过这些改动，不但使货物的零售价在一年间下降了 43%，同时每年可以为宜家节省 28 万欧元的成本。

2. 对合作伙伴有要求

在宜家产品的 5 个生产环节中，只有制造的环节不由宜家全权控制，需要通过外部采购完成。在中国的采购量占宜家总体采购的 23% 左右。

宜家对于合作伙伴执行其家居用品采购商式标准，这是宜家关于产品、材料和服务的采购准则，以及对于供应商的行为规范。此标准总共 14 个章节，75 个问题，其中包括不能雇用童工或者不能拖欠工人工资，以及相关的环境保护条例。

## 4.1 采购成本概述

### 一、采购成本的概念

采购成本是指企业采购过程中在购买、包装、运输、装卸、存储等环节上支出的费用的总和，包括购买价款、相关税费、运输费、装卸费、保险费及其他可归属于存货采购成本的费用。

### 二、采购成本的构成

采购成本不仅包括购买价款，而且包括相关税费、订购成本及其他可归属于采购成本的费用。

（一）购买价款

购买价款是指企业购入的材料或商品的发票账单上列明的价款，但不包括按规定可以抵扣的增值税额。

（二）相关税费

相关税费是指企业购买、自制或委托加工存货发生的进口关税、消费税、资源税和不能抵扣的增值税进项税额等应计入采购成本的税费。

（三）订购成本

订购成本是指从向供应商发出采购订单到收到存货的整个过程的成本费用。具体来说，订购成本包括企业为了实现一次采购而进行的各种活动的费用，如办公费、差旅费、邮资、通信等支出。订购成本中有一部分与订购次数无关（如常设采购机构的基本开支等），称为订购的固定成本；另一部分与订购的次数有关（如差旅费、邮资等），称为订购的变动成本。

（四）其他可归属于采购成本的费用

其他可归属于采购成本的费用是指采购成本中除上述 3 项以外的可归属于采购成本的费用，如在采购过程中发生的仓储费、包装费、运输途中的合理损耗、入库前的挑选整理费用等。这些费用能分清负担对象的，应直接计入采购成本；不能分清负担对象的，应选择合理的分配方法，分摊计入有关采购成本，可按所购的数量或采购价格比例进行分配。

对于采购过程中发生的物资毁损、短缺等，除合理的途耗被当作其他可归属于采购成本的费用计入采购成本以外，应根据不同情况进行会计处理：

（1）从供货单位、外部运输机构等收回的物资短缺赔款或其他赔款，应冲减所购物资的采购成本。

（2）因遭受意外灾害发生的损失和尚待查明原因的途中损耗，暂作为待处理财产损溢进行核算，查明原因后再作处理。

商品流通企业在采购商品过程中发生的运输费、装卸费、保险费及其他可归属于采购成本的费用等进货费用，应计入所购商品成本。在实务中，企业也可以将发生的运输费、装卸费、保险费及其他可归属于采购成本的费用等进货费用先进行归集，期末时，按照所购商品的具体情况进行费用分摊。对于已销售商品的进货费用，计入主营业务成本；对于未售商品的进货费用，计入期末存货成本。商品流通企业采购商品的进货费用金额较小的，可以在发生时直接计入当期销售费用。

表 4-1 列出了某企业采购的电视机玻壳采购成本分析。

**表 4-1　某企业采购的电视机玻壳采购成本分析表**

| 项　　目 | 单价或单位费用/美元 | 该项目占总采购成本之比 |
| --- | --- | --- |
| 玻壳采购价（发票价格） | 37.20 | 54.31% |
| 运输费 | 5.97 | 8.72% |
| 保险费 | 1.96 | 2.86% |
| 运输代理 | 0.03 | 0.04% |
| 进口关税 | 2.05 | 2.99% |
| 流通过程费用 | 0.41 | 0.60% |
| 库存利息 | 0.97 | 1.42% |
| 仓储费用 | 0.92 | 1.34% |
| 退货包装等摊销 | 0.09 | 0.13% |
| 不合格品内部处理费用 | 0.43 | 0.63% |
| 不合格品退货费用 | 0.14 | 0.20% |
| 付款利息损失 | 0.53 | 0.77% |
| 玻壳开发成本摊销 | 6.20 | 9.05% |
| 提供给供应商的专用模具摊销 | 5.60 | 8.18% |
| 包装投资摊销 | 6.00 | 8.76% |
| 其他费用 | 0.00 | 0 |
| 总计 | 68.50 | 100% |

## 三、采购成本在企业经营中的作用

据相关资料显示，在制造企业中，原材料、零配件、机器设备的采购金额平均占到企业销售收入的 40%～70%。这就意味着采购支出吞噬了企业极高的毛收益。由此可见，采购成本在企业经营中具有重要的地位。

例如，某企业目前的经营状况如表 4-2 前两列所示，如果该企业希望把当前的 5 万元人民币利润增长到 10 万元人民币，则应如何选择途径？

表 4-2　某企业改变经营状况的途径选择

单位：万元

| 指标项目 | 当前值 | 将利润增长 1 倍的途径 | | | | |
|---|---|---|---|---|---|---|
| | | 销售额<br>+100% | 价　格<br>+5% | 劳务费和工资<br>−50% | 一般管理费<br>−20% | 采购成本<br>−8% |
| 销售额 | 100 | 200 | 105 | 100 | 100 | 100 |
| 采购物品和劳务的金额 | 60 | 120 | 60 | 60 | 60 | 55 |
| 劳务费和工资 | 10 | 20 | 10 | 5 | 10 | 10 |
| 一般管理费 | 25 | 50 | 25 | 25 | 20 | 25 |
| 利润 | 5 | 10 | 10 | 10 | 10 | 10 |

从表 4-2 中的数据分析可知，将销售额增加 100%，即从当前的 100 万元人民币增加到 200 万元人民币，那么相应的劳务费和工资、一般管理费、采购成本都随之增长 1 倍，利润也由 5 万元人民币增加到 10 万元人民币。

其他途径如提升 5% 的价格（假设销量不减少，那么销售额将随之增加 5%）、降低 50% 的劳务费和工资、降低 20% 的一般管理费或者是降低 8% 的采购成本，都能达到利润增长 1 倍的目标。

比较各种途径，相对来说，降低 8% 的采购成本对于大部分企业来说更为可行。

案例阅读

没有哪个投资者不关心利润率，而利润率对于企业高管来说，如同悬在其头上的达摩克利斯之剑。在全球经济形势不容乐观的背景下，各大公司财报纷纷爆出利润率大幅下降的坏消息，即便是利润率比较高的 IT 行业（如惠普）的利润率也仅仅保持在 5% 左右。

那么究竟该如何提高利润率呢？中国制造业曾陷入"三低怪象"：低品质、低价格和低利润。众所周知，中国制造业的发展方向应该是高品质、低成本、合理利润。例如，格兰仕成功地做到了在保证产品品质的同时，不断降低成本（尤其是采购成本，每年降低 10%～15%），持续赚取合理利润，占有全球微波炉市场 50% 的份额。

无论是松下、通用等老牌企业，还是后来的戴尔、惠普等新兴企业，都打造了强大的采购部门和完善精密的采购制度，使得采购不仅仅是一个完成原材料购入的工作过程，更是新的利润产生点。

从"收入−成本＝利润"可以看出：在收入不变的情况下，降低成本就意味着增加利润，所以完全有理由认为采购也可以成为一个利润中心。

不过直到现在，中外企业在采购认知上仍存在巨大差异，主要表现在：第一，在理念上，中国采购经理只供应物资，而在国外，采购被赋予战略意义，对利润起到了重大的杠杆作用；第二，在组织上，采购经理在中国被称为供应部长，地位远远低于销售总监，而在跨国公司中，采购经理多为资深副总裁，其对采购人员的要求远高于销售经理；第三，中国企业把供应商看作花费己方钱物的敌人，把客户看成上帝，而在外资企业，无论是供应商还是客户，与企业都是伙伴关系。

## 4.2 采购成本控制

### 一、控制采购成本的途径

控制采购成本对一个企业的经营业绩至关重要。采购成本下降不仅体现在企业现金流出的减少，而且直接体现在产品成本的下降、利润的增加，以及企业竞争力的增强。

企业采购成本控制的范围包括采购申请、计划、询价、谈判、合同签订、采购订单、物资入库、货款结算等采购作业的全过程。控制采购成本的主要途径包括以下几个方面。

#### （一）改善采购环境

改善采购环境的控制方法是把企业自身、企业所处的环境及其相互关系作为采购成本控制的重要因素。采购环境是采购工作者组织采购活动的存在条件，包括企业内部环境和企业外部环境。企业内部环境的改善可以促使采购部门同其他部门进行有效沟通、增强业务的透明度、优化采购决策过程、产生更好的激励效果，从而降低运营成本和材料的采购价格、减少废品数量、产生更优的决策。企业外部采购环境即采购和供应市场，尤其是日益动荡的全球供应市场越发凸显出对采购市场进行研究的重要性。通过采购市场研究，可以提前掌握采购商方面的关键信息，规避供应市场风险所引发的采购成本增加的不利因素，并能抓住降低采购成本的机会，增强企业采购成本的控制能力，实现企业的采购目标。

#### （二）建立严格的采购制度

建立严格的采购制度，不仅能规范企业的采购活动、提高效率、杜绝部门之间的推诿和纠纷，而且能预防采购人员的不良行为。采购制度应细化规定物料采购的申请、授权人的批准权限、物料采购的流程、相关部门（特别是财务部门）的责任和关系、各种材料采购的规定和方式、报价和价格审批等，明确对不合理或违规采购活动的惩戒处置程序和方式。

#### （三）加强采购价格管理

采购价格管理的控制方法主要有 7 种，即目标价格法、成本价格法、谈判价格法、招标采购价格法、集中采购价格法、价值分析价格法和期货采购价格法。企业采购部门应综合运用一种或几种价格策略，为企业争取到一个公平的采购价格，提高企业控制采购成本的能力。

价格会经常随着季节、市场供求情况而变动，采购人员应注意价格变动的规律，把握好采购时机。

#### （四）确定合适的采购批量

采购部应该及时了解物资库存信息、已订购未到达物资信息，在制订采购计划时，应在充分分析现有存货量、货源情况、订货所需时间、物资需求量、货物运输到达时间等因素的基础上，结合各种货物的安全存货量等，确定最合适的订货量及订货时点。当企业参照经济订货批量来订货时，可实现订货费用、储存费用等费用之和的最小化。

### （五）估算供应商的产品/服务成本

全面控制采购成本不仅要靠企业内部挖掘潜力，而且还应延伸到对供应商的成本进行分析，如通过参观供应商的设施、要求供应商提供有关资料、估算供应商的成本、与供应商一起寻求降低大宗材料成本的途径等。只有这样，才能与供应商构建双赢的局面，达到控制采购成本的目的。

采购部在实施物资采购时，要严格执行财务部核定的物资采购最高限价。当出现以下情形时，应该对供应商成本价格进行分析：

（1）新材料无采购经验时。
（2）底价难以确认时。
（3）无法确认供应商报价的合理性时。
（4）供应商单一时。
（5）采购金额巨大时。
（6）为了提高议价效率。

## 二、控制采购成本的方法

控制采购成本的方法很多，如确定合适的采购批量法、供应商成本分析法、价值分析法、ABC 分析法等。下面主要介绍确定合适的采购批量法和供应商成本分析法这两种控制采购成本的方法。

### （一）确定合适的采购批量法

#### 1. 采用经济订货批量的基本模型确定采购数量

经济订货批量的基本模型（EOQ）是指在一定的假设条件下，库存总费用为最小时的订货批量。

库存总费用包括储存费、订货费、缺货费、补货费、进货费和购买费。一定的假设条件包括不允许缺货、当库存量下降到零时可以立即得到补充、需求是连续且均匀的、每次进货量不变且订货费不变、单位储存费不变等。

由于不允许缺货，缺货费和补货费为零，所以库存总费用由下式确定：

$$C = \frac{Q}{2} \times C_1 + \frac{D}{Q} \times C_2 + PD$$

式中：$C$——库存总费用；

$Q$——订货批量；

$C_1$——单件储存费用；

$D$——年总需求量；

$C_2$——每批次订购费用；

$P$——购买价格（含运杂费和保险费）。

要使库存总费用最小，需用库存总费用函数式对订货批量 $Q$ 求导数，并令一阶导数为零，得到经济订货批量的计算公式：

$$Q^* = \sqrt{\frac{2DC_2}{C_1}}$$

当按批量进行采购时,不仅能控制采购的订货成本,而且能控制所采购物资的储存成本。

2. 有数量折扣的经济订货批量

供应商为了吸引企业一次购买更多的物资,往往规定对于购买数量达到或超过某一数量标准时给予企业价格上的优惠,这个事先规定的数量标准称为折扣点。由于折扣是按购买数量确定的,所以又称数量折扣。在有数量折扣的条件下,由于折扣前的单位购买价格与折扣后的单位购买价格不同,所以必须对经济订货批量公式进行必要的修正。

在有数量折扣的情况下,由于每次的订货量大,订货次数减少,所以年订货费会降低。但是,订货量大会使库存增加,从而使库存保管费增加。在供应商采取数量折扣的情况下,企业应进行计算和比较,以确定是否需要增加订货量而获得折扣。其判断准则是:若接受折扣所产生的年总成本小于经济订货批量所产生的年总成本,则应接受价格折扣;反之,应按不考虑数量折扣计算的经济订货批量购买。

(1)一个折扣点。

如图 4.1 所示,设原来的价格为 $P_1$,企业在这种价格水平下按经济订货批量订货。若供应商规定当订货批量大于或等于 $Q_1$ 时,价格取折扣 $\beta$,即价格为 $(1-\beta)P_1$,这时企业就需要确定,是接受折扣按 $Q_1$ 订货,还是不接受折扣仍按原来的经济订货批量订货。

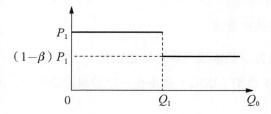

图 4.1 一次性数量折扣图

通过成本比较法可以做出选择,即比较折扣前后的年总成本,如果接受折扣后年总成本低就按折扣点数量订货,否则仍按原经济订货批量订货,计算方法如下:

折扣前

$$C(Q^*) = \frac{Q^*}{2} \times C_1 + \frac{D}{Q^*} \times C_2 + P_1 D$$

折扣后

$$C(Q_1) = \frac{Q_1}{2} \times C_1 + \frac{D}{Q_1} \times C_2 + D \times (1-\beta) P_1$$

若 $C(Q^*) > C(Q_1)$,则接受折扣,按折扣点数量 $Q_1$ 订货;若 $C(Q^*) < C(Q_1)$,则不接受折扣,仍按经济订货批量 $Q^*$ 订货。

(2)多个折扣点。

如表 4-3 所示,在多个折扣点的情况下,采用成本比较法计算最合适订货批量的步骤如下所述。

表 4-3　折扣价格表

| 折扣点 | $Q_0=0$ | $Q_1$ | ... | $Q_t$ | ... | $Q_n$ |
|---|---|---|---|---|---|---|
| 折扣价格 | $P_0$ | $P_1$ | ... | $P_t$ | ... | $P_n$ |
| 折扣区间 | $[Q_0, Q_1)$ | $[Q_1, Q_2)$ | | $[Q_t, Q_{t+1})$ | | $[Q_n, Q_\infty)$ |
| 折扣区间经济批量 | $Q_1^*$ | $Q_2^*$ | | $Q_t^*$ | | $Q_n^*$ |

第一步，计算订货批量分别取各个折扣点时的年总成本。

$$C(Q_i) = \frac{Q_i}{2} \times C_1 + \frac{D}{Q_i} \times C_2 + P_i D$$

第二步，计算各个折扣区间的经济订货批量 $Q_i^*$ 和每个有效的经济订货批量对应的年总成本 $C(Q_i^*)$。所谓有效，就是求出的折扣区间的经济订货批量 $Q_i^*$ 落在折扣区间内，即 $Q_{i-1} \leq Q_i^* < Q_i$。

$$Q_i^* = \sqrt{\frac{2DC_2}{C_1}}$$

第三步，取第一步和第二步中成本最小的一个对应的订货批量作为最合适订货批量。

**【例】** 某企业计划每年采购开关 4 000 个，每次订货成本是 18 元，年保管费率为 18%。供应商为了促销，采取了数量折扣：购货量在 1~499 时，单价为 0.90 元；购货量在 500~999 时，单价为 0.85 元；购货量超过 1 000 时，单价为 0.82 元。求在这种条件下该企业的最合适订货批量。

**解：** 计算订货批量分别取两个折扣点时的年总成本。

订货批量 $Q_1=499$ 时，$C(Q_1)=0.9 \times 4\,000+0.9 \times 0.18 \times (499 \div 2)+4\,000 \times (18 \div 499)=3\,784.71$（元）

订货批量 $Q_2=999$ 时，$C(Q_2)=0.85 \times 4\,000+0.85 \times 0.18 \times (999 \div 2)+4\,000 \times (18 \div 999)=3\,548.49$（元）

计算 3 个折扣区间的经济订货批量如下所列。

$$Q_1^* = \sqrt{\frac{2 \times 4\,000 \times 18}{0.9 \times 0.18}} = 942.81 \text{（个）}$$

$$Q_2^* = \sqrt{\frac{2 \times 4\,000 \times 18}{0.85 \times 0.18}} = 970.14 \text{（个）}$$

$$Q_3^* = \sqrt{\frac{2 \times 4\,000 \times 18}{0.82 \times 0.18}} = 987.72 \text{（个）}$$

由于 $Q_1^*=942.81$ 和 $Q_3^*=987.72$ 分别不在折扣区间 $[1, 499]$ 和 $[1\,000, \infty)$ 内，所以计算的经济订货批量无效。

而由于 $Q_2^*=970.14$ 在折扣区间 $[500, 999]$ 内，所以计算其对应的年总成本，并与大于 970.14 数量折扣点的年总成本进行比较。

$C(Q_2^*)=0.85 \times 4\,000+0.85 \times 0.18 \times (970.14 \div 2)+18 \times (4\,000 \div 970.14)=3\,548.44$（元）

$C(1\,000)=0.82 \times 4\,000+0.82 \times 0.18 \times (1\,000 \div 2)+4\,000 \times (18 \div 1\,000)=3\,425.8$（元）

由以上计算结果可知，$C(1\,000) < C(Q_2^*) < C(Q_1)$，因此，最合适订货批量为 1 000 个开关。

## （二）供应商成本分析法

供应商成本分析法主要是利用学习曲线分析采购成本，利用成本加成法估算供应商底价，为价格谈判提供依据，从而控制采购价格，降低采购成本。

1. 利用学习曲线分析采购成本

学习曲线是分析采购成本、实施采购成本降价的一个重要手段。

（1）学习曲线的含义。

学习曲线是从经验而来的一个概念，起源于第二次世界大战期间波音公司的管理。波音公司意识到每增加一单位的产量，生产同一型号飞机所需的劳动时间会减少，也就是说，当重复生产许多产品时，这些产品的单位成本会随着数量的增加规律性递减。后来的研究表明，在许多行业和情况下都存在这种现象。

这种学习效益是指某产品在投产的初期由于经验不足，产品质量保证、生产维护等需要较多的精力投入而带来较高的成本，但随着累计产量的增加，所需的人力、财力、物力逐渐减少，工人越来越熟练，质量越来越稳定，前期生产期间的各种改进逐见成效，所以成本不断降低。其主要表现在以下几个方面：

① 随着生产的进行和产量的增加，工人工作越来越熟练，生产效率不断提高。
② 生产过程中的产品报废率、返工率逐渐减小，产品的缺陷不断减少。
③ 随着产量的不断增加，原材料的采购成本不断降低。
④ 经过前期阶段的学习，设备的效率及利用率显著提高。
⑤ 随着过程控制的改进，设备故障减少，突发事件的发生率降低。
⑥ 生产批次不断优化，设备的设定、模具的更换时间不断缩短。
⑦ 随着工人生产的熟练程度的日益提高，所需的培训及生产维护费用不断减少。

采购为什么要关注学习曲线呢？如果卖方在履行采购合同时，取得了学习进步而买方并未将其进步考虑在内，则卖方就会获取因学习进步而得到的全部收益；如果买方也考虑了学习曲线，则可以和卖方讨价还价，从而获取这部分收益。

通过分析学习曲线，也可以解释买方从少数卖方处购买大量产品的原因。精明的买方都知道，如果卖方产量增加，由于学习曲线的存在，他们可以获得相对较低的购买价格。

（2）学习曲线的学习效益。

学习曲线反映累计产量的变化对单位成本的影响。累计产量的变化率与单位产品劳动小时数或成本的变化率之间保持一定的比例关系。

【例】一个曲率为90%的学习曲线意味着如果生产的产品的累积量翻倍，则生产一个单位的产品所需的时间只占原始时间的90%，如图4.2和表4-4所示。

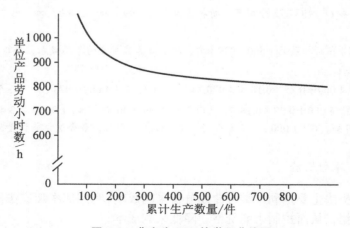

图 4.2　曲率为 90% 的学习曲线图

表 4-4　某产品学习曲线效益（曲率为 90% 的学习曲线）

| 累计生产数量/h | 单位产品劳动小时数/h |
|---|---|
| 100 | 1 000 |
| 200 | 900 |
| 400 | 810 |
| 800 | 729 |

（3）学习曲线的表达式。

计算总直接人工小时 $L$ 的公式如下：

$$L = y(x) = ax^{1-b}$$

式中：$L$——总直接人工小时；

　　　$x$——累计产量；

　　　$a$，$b$——常系数。

总直接人工小时（或总成本）随累计产量的增加以递减的比率下降。

（4）学习曲线的应用条件。

若想成功地应用学习曲线，需要知道什么时候及该如何运用这种技巧。如果不正确地应用学习曲线，会导致低估实际生产成本。

学习曲线的应用是有条件的，它首先应满足两个基本假设：一是生产过程中确实存在"学习曲线"现象；二是学习曲线的可预测性，即学习曲线是有规律的。除此之外，学习曲线能否应用还要考虑以下几个因素：

① 它只适用于大批量生产企业的长期战略决策，而对短期战略决策作用不明显。

② 它要求企业经营者充分了解企业内外的情况，敢于坚持降低成本的各项有效措施，重视经济利益。

③ 学习曲线和产品更新方面既有联系又有矛盾，应处理好二者的关系。不能片面地认为只要产量持续增长，成本就一定会下降，销售额和利润额就一定会增加。如果企业忽略了资源市场、顾客爱好等方面的情况，避免不了会出现产品滞销、积压甚至停产的局面。

④ 劳动力保持相对稳定，否则工人可能不会出现预期的学习率。

⑤ 学习曲线适用于企业的规模经济阶段，当企业规模过大或出现规模不经济时，学习曲线的规律不再存在。

对于学习曲线的曲率，无论是 95%、90%、85%、80% 还是其他的数字，都不是精确的，认识到这一点十分重要。一般来说，对于相当简单的任务，如把零件装进一个箱子，倾向于采用接近 95% 的学习曲线；中等复杂程度的任务经常采用 80%～90% 的学习曲线；而对于高复杂程度的任务来说，则倾向于使用 70%～80% 的学习曲线。

案例阅读

1. 利用学习曲线预测作业时间

某企业生产某产品 1 000 件，累计平均工时为每件 50h，学习速率为 80%，现准备再生产 2 500 件，需要多少工时才能完成？

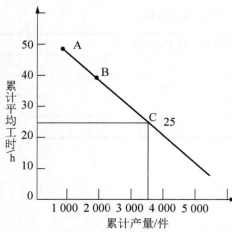

25 小时/件×3 500 件＝87 500h

50 小时/件×1 000 件＝50 000h

因此，再追加生产 2 500 件的总工时为 87 500h 减去 50 000h 等于 37 500h。

2. 利用学习曲线预估销售价格

设甲方向乙方订购以焊接为主的装配件 1 000 台，每台销售价格 20 000 元。现需要再增加订货 1 500 台，则增加的 1 500 台价格应为多少？需满足以下条件：

（1）乙方准备了 1 000 000 元的设备费用，在最初的 1 000 台订货时已全部折旧。

（2）材料在第一次订购时，每台为 6 000 元，但现在已经涨价为 7 000 元。

（3）电镀费用每台 400 元，此项费用不随产量增加而降低，是定量。

（4）乙方在第一次销售时未获取利益，决定在这次追加订货时获得 15%利润。

（5）学习速率为 90%。

确定追加订货的价格，必须分析第一次订货时的产品单价，因此，要把第一次销售产品的单价分为影响学习曲线和不影响学习曲线两类。

（1）第一次销售的 1 000 台单价为 20 000 元。

（2）其中不影响学习曲线的有：

设备费用＝1 000 000÷1 000＝1 000 元

材料费用 6 000 元

电镀费用 400 元

合计为 7 400 元

（3）影响学习曲线＝20 000－7 400＝12 600 元。

此金额为第一次订购的 1 000 台除去不影响学习曲线的费用后的累计平均价格。

（4）追订 1 500 台的总金额：

10 710×2 500－12 600×1 000＝14 175 000 元

这笔费用即为追订 1 500 台除去不影响学习曲线的费用后的总金额。

（5）计算追加的 1 500 台的单价：

折旧费用在 1 000 台中全部转换完，则追加 1 500 台的折旧费用为 0 元

原材料上涨为 7 000 元，电镀费用不变

其累计平均单价为 14 175 000÷1 500＝9 450 元

考虑追加时有 15%利润为（9 450＋7 000＋400）×（1＋15%）＝19 377.5 元

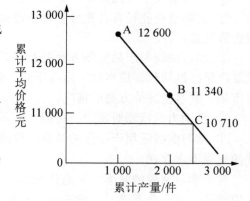

2. 供应商定价方法

（1）成本加成定价法。

这是供应商最常用的定价方法，它以成本为依据在产品单位成本的基础上加上一定比例的利润。这种方法的特点是成本与价格直接挂钩，但它忽视了市场竞争的影响，也不考虑采

购商（或客户）的需要。由于其既简单、直接，又能保证供应商获得一定比例的利润，所以许多供应商倾向于使用这种定价方法。实际上，由于市场竞争日趋激烈，这种方法只有在卖方市场或供不应求的情况下才真正行得通。

单位产品出厂价格可按下列公式计算：

单位产品出厂价格＝（单位产品制造成本＋单位产品销售利润）÷
（1－期间费用率－销售税率）
＝［单位产品制造成本×（1＋成本利润率）］÷
（1－期间费用率－销售税率）

（2）目标利润定价法。

这是一种以利润为依据制定卖价的方法，基本思路是，供应商依据固定成本、可变成本及预计的卖价，通过盈亏平衡分析算出保本产量或销售量，根据目标利润算出保本销售量以外的销售量，然后分析在预计的卖价下销售量能否达到；否则，调整价格重新计算，直到在制定的价格下可实现的销售量能满足利润目标。

（3）采购商理解价值定价法。

这是一种以市场的承受力及采购商对产品价值的理解程度作为定价的基本依据的方法，常用于消费品尤其是名牌产品，有时也适用于工业产品，如设备的备件等。

（4）竞争定价法。

这种方法常用于寡头垄断市场、具有明显规模经济性的行业，如较成熟的市场经济国家的钢铁、铝、水泥、石油化工及汽车、家用电器等。其中，少数占有很大市场份额的企业是市场价格的主导，而其余的小企业只能跟随市场价格。寡头垄断企业之间存在很强的相互依存性及激烈的竞争，企业产品价格的制定必须考虑到竞争对手的反应。

（5）投标定价法。

这种公开招标竞争定价的方法常用于拍卖行、政府采购，也用于工业企业，如建筑包工、大型设备制造，以及非生产用原材料（如办公用品、家具、服务等）的大宗采购，一般是由采购商公开招标，参与投标的企业事先根据招标公告的内容密封报价、参与竞争。密封报价是由各供应商根据竞争对手可能提出的价格及自身所期望的利润而定的，通常中标者是报价最低的供应商。

餐饮企业在当前竞争激烈的市场环境下，要想保持长久的发展壮大，就需要做到开源节流。餐饮企业间的竞争已逐渐变为全方位、多层次的竞争，除了菜品美味、环境舒适、服务周到以外，就是企业自身如何加强采购管理、控制采购成本，因为采购节约的费用将直接计入创造的"利润"，采购成为最后一个尚未开发的"利润源泉"。

1. 采购外包

90%以上的采购外包产品是酒水饮料。其他项目如生鲜、副食、半成品等，虽也有份额，但由于其采购的复杂性和使用的不确定性，所占份额很小。

对于餐饮企业而言，如能有效控制采购外包的腐败，则其供货买断费用相当于无偿为企业提供了一笔自由支配的流动现金，可提高企业的资金周转效率。

2. 统一采购与区域分散采购结合

餐饮企业对价值高、标准化、关键性物资实行统一采购、统一管理，进而获得规模效益，降低采购成本，有效控制库存。各区域则对批量小、价值低的物资进行分散采购。

3. 实现电子采购

餐饮企业加大了对电子商务的投入，逐步实现电子销售和电子采购一体化的在线管理，在最大限度上缩减销售物流和采购物流之间的中转环节，按需求定供应，以信息调库存；同时，再造销售和采购模式，实现在线实时电子采购，并不断提高其份额。

## 思考题

一、单项选择题

（1）采购成本不包括（　　）。
  A. 购买价款                  B. 保险费
  C. 可抵扣的增值税进项税额    D. 采购运输途中的合理损耗

（2）关于学习曲线说法错误的是（　　）。
  A. 学习曲线适用于产品的单位成本随着数量的增多规律性递减的情况
  B. 不同的企业中学习曲线可能存在不同的曲率
  C. 任何生产过程中都会存在"学习曲线"现象
  D. 如果企业的劳动力流动过大，可能不会出现预期的学习率

（3）成本加成定价法是在产品的（　　）的基础上加上一定比例的利润来确定价格的方法。
  A. 单位成本                  B. 制造费用
  C. 人工费用                  D. 利润

（4）确定需要增加订货量去获得折扣的判断准则是（　　）。
  A. 订货量大于经济订货批量
  B. 订货量小于经济订货批量
  C. 接受折扣所产生的年总成本小于经济订货批量所产生的年总成本
  D. 接受折扣所产生的年总成本大于经济订货批量所产生的年总成本

二、简答题

（1）什么是采购成本？采购成本的构成是怎样的？
（2）简述采购成本在企业经营中的作用。
（3）简述学习曲线的应用条件。
（4）控制采购成本的主要途径包括哪几个方面？

三、计算题

（1）某材料的年订货总量为 21 600t，单价为 80 元/吨，每次采购费用为 60 元，仓库年保管费率为 4%。请计算该材料的最合适的采购经济批量。

（2）某公司每年要购入 1 200 台设备，每次订货费为 8 元，单位产品的年库存费用为单价的 12%。供应商的条件是：若订货量大于或等于 75 台时，单价为 32.5 元；若订货量小于 75 台时，单价为 35 元。请为该公司确定最合适的订货批量。

## 实训项目

**一、实训目标**

学生能使用学习曲线进行供应商成本构成分析,利用通过调查获得的信息对供应商提供的产品成本构成资料进行核算,并使用成本加成法计算产品出厂价,为价格谈判提供依据。

**二、实训要求**

实训资料、教材、有关单据、笔、纸张和计算机等。

**三、实训内容**

某制造公司(买方)准备购买一种新电机调速开关,已知学习曲线为 80%。买方下了 200 件的订单,收到的报价是 228 元。卖方计算的单位成本为:

| | |
|---|---|
| 物料 | 90 元 |
| 人工 | 50 元(单位产品平均每小时 10 元,共 5h) |
| 制造费用 | 50 元(假设是人工成本的 100%) |
| 总成本 | 190 元 |
| 利润 | 38 元(以总成本的 20% 计) |
| 单位价格 | 228 元 |

该公司采购员小王通过调查了解到,当地行业工资标准为每小时 8 元,单位产品所耗用的物料为 200g,该物料市场批发价为 400 元/千克。

如果买方再追加 200 单位的订单,给定学习曲线的期望收益,则单位产品的价格是多少?当期间费用率为 10%,成本利润率为 20%,销售税率为 10% 时,请利用成本加成法计算出厂价。

**四、实训流程**

供应商成本及价格分析工作流程如下图所示。

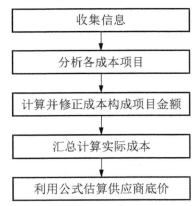

**五、实训步骤**

(1)利用学习曲线分析工时变动。
(2)利用所收集的信息,进行工资率及单位产品的物料消耗定额修正。
(3)计算变动成本及费用。
(4)计算供应商成本。
(5)使用公式计算供应商底价。

六、实训报告

(1) 报告内容包括以下几个方面:
① 实训目的与要求。本项目要求在掌握供应商成本构成要素的基础上,能够分析供应商成本构成。
② 实训简介。利用给定资料结合有关要求,完成供应商成本的分析任务。
③ 实训准备。具体包括实训前的团队组建及实训中的团队活动,对实训规则的熟悉;团队成员之间讨论分析资料和数据;列举相关知识点;实训场所的布置。
④ 实训过程及内容。
⑤ 实训心得与体会。

(2) "指导教师批阅意见"(教师对实训报告批阅后的评价意见)。

(3) "成绩评定"是对实训报告完成质量和水平的评定,按 A(优秀)、B(良好)、C(中等)、D(及格)、E(不及格)这 5 个级别评定。

(4) 报告以打印稿形式提交。

附相关单据(表 4-5):

### 表 4-5 产品生产成本核算表

生产工单:　　　　　　　　　　　　　　　　　完工日期:
产品名称:　　　　　　　规　格:　　　　　　　单　位:
出厂数量:　　　　　　　　　　　　　　　　　　缴库单编号:

| 耗用原料（直接原料） | 原料名称 | 规格 | 领料单号码 | 单位 | 数量 | 单价 | 金额 | 耗用材料（直接材料） | 材料名称 | 规格 | 领料单号码 | 单位 | 数量 | 单价 | 金额 |
|---|---|---|---|---|---|---|---|---|---|---|---|---|---|---|---|
| | | | | | | | | | | | | | | | |
| | | | | | | | | | | | | | | | |
| | | | | | | | | | | | | | | | |
| 合计 | | | | | | | | 合计 | | | | | | | |

| 直接人工 | | | | | 已分配制造费用 | | | 成本合计 | | 单位成本 | |
|---|---|---|---|---|---|---|---|---|---|---|---|
| 制造单位 | 日期 | 工时数 | 工资率 | 金额 | 工时数 | 分摊率 | 金额 | 项目 | 金额 | 金额 | 备注 |
| | | | | | | | | 直接原料 | | | |
| | | | | | | | | 直接材料 | | | |
| | | | | | | | | 直接人工 | | | |
| | | | | | | | | 已分配制造费用 | | | |
| 合计 | | | | | | | | 合计 | | | |

| 缴库记录 | | | 出货记录 | | | | 备注 |
|---|---|---|---|---|---|---|---|
| 缴库日期 | 缴库单号 | 缴库数量 | 日期 | 厂商 | 发票号码 | 数量 | |
| | | | | | | | |
| | | | | | | | |

经　理:　　　　　　　　会　计:　　　　　　　　制　表:

# 项目 5

# 采购合同管理与采购谈判

### 工作任务描述

非洲某国对其政府部门大批成套设备进行选择性招标采购,金额达几千万美元,投标方涉及英国、德国、南非及中国的十几个大公司。而各大公司各有优势,如该国曾是英国的殖民地,因此英国公司的历史渊源更深;德国公司以技术过硬、态度严谨、产品质量高而著称;南非公司与当地印巴人关系较好,而印巴人在政府中有一定的势力……在这种情况下,我国 M 公司准备参与竞争投标。

在正式谈判前,M 公司首先仔细分析了该国的历史背景、社会环境及谈判对手的特点。非洲国家历史上多为英属或法属殖民地,法律程序较为完善,尤其是英属殖民地国家,法律属英美法系,条款细致而成熟,政府工作程序延续英国的管理条例,部门分工很细,相互牵制且配置了一系列监察部门。但是,该国又有自己的一些特点,当地有威望的部族与上层社会、政府部门有着千丝万缕的关系,并熟悉当地法律、法规、习惯做法与禁忌,影响着政府部门各利益集团的决策。如果 M 公司能有效地利用当地有威望的部族为其工作提供支持,便可"四两拨千斤",有效地达到目的。另外,该国存在不同的民族、信仰不同的宗教,M 公司在谈判前一定要搞清这些宗教派系,避讳相关的禁忌话题。

在分析谈判对手方后,M 公司决定,一方面组织国内人员按正常程序准备投标文件、联系工厂并报价,另一方面派出团组到当地进行商务谈判。派出的团组人员配置为:公司总经理(副董事长)1 人、主谈 1 人、翻译 1 人、当地公司负责联络代表 1 人。

由此可见,采购谈判是一项科学性与艺术性并重的工作。

**工作任务分解**

| 工作任务 | 工作要求 |
| --- | --- |
| （1）学会准备采购合同 | （1）掌握合同的主要内容，学会草拟采购合同。<br>（2）了解现货合同、定期采购合同、无定额合同、定额合同的主要条款 |
| （2）对采购合同进行有效管理 | （1）建立合同管理团队，能够描述出合同经理工作的主要职责，明确领导一个合同管理团队所必须具备的基本技能和综合素质。<br>（2）制订合同管理计划，确定应用于合同管理计划的政策和程序，并制订合同进度表 |
| （3）开展采购谈判 | （1）明确采购谈判的基本程序。<br>（2）掌握采购谈判的策略与技巧 |

 **学习目标**

| 知识目标 | 能力目标 | 学习重点和难点 |
| --- | --- | --- |
| （1）掌握采购合同的主要条款。<br>（2）了解现货合同与定期采购合同的主要条款。<br>（3）了解无定额合同和定额合同的主要条款 | （1）能够准备采购合同。<br>（2）通过建立合同管理团队、制订合同管理计划，对采购合同进行有效管理。<br>（3）具备采购谈判的能力和素质 | （1）采购合同的主要条款。<br>（2）采购合同管理的内容和方法。<br>（3）采购谈判的基本程序及各阶段注意事项。<br>（4）采购谈判的策略与技巧 |

 **导入案例**

　　东北某林区木材厂是一个中型木器制造厂，依靠原材料有保证的优势就地制造成本比较低的传统木器，获得了可观的经济效益。但是，该厂的设备落后，产品工艺比较陈旧，限制了工厂的发展。因此，该厂决定投入巨资引进设备和技术，进一步提高生产效率，开拓更广阔的市场。他们通过某国际经济技术合作公司代理与外国某木工机械集团签订了引进设备合同，合同总价值110万美元。

　　外方按照合同规定，将设备到岸进厂，派遣人员来厂进行调试安装。中方在验收中发现，该设备部分零件磨损痕迹严重，开机率不足70%，根本不能投入生产。中方向外方指出所购产品存在严重质量问题，没有达到合同保证的机械性能指标，并向外方征询解决办法。外方表示将派强有力的技术人员赴厂研究改进。2个月后，外方派来的工作组到厂，更换了不符合标准的部分零件，再次对机器进行了调试，但经过验收仍不符合合同规定的技术标准。调试研究后外方应允回去研究，但一去3个月无下文。后来厂方经过代理公司协调，外方人员再一次来厂进行调试，但验收仍未能通过。中方由于安装、调试引进的设备，已基本停产，半年没有效益。为了尽快投入生产，中方认为不能再这样周旋下去，准备通过谈判，做出一些让步，只要保证整体符合生产要求即可。这正中外方下怀，中方提出这个建议后，外方马上答应，签署了设备验收备忘录，进行第三次调试。但调试后只有一项达到标准，中方认为不能通过验收，而外方认为已经达到规定标准，双方遂起纠纷。

　　本来，外方产品质量存在严重问题，中方完全有理由态度强硬，据理力争，但双方纠纷发生后，外方却显得理直气壮，反而搞得中方苦不堪言。其症结到底何在呢？原来，双方签署的备忘录中，经中方同意，去掉了部分保证指标，并对一些原规定指标放宽了标准。在该备忘录中竟然拟订了这样的条款标准：某些零部件的磨损程度"以手摸光滑为准"；某部件"不得出现明显损伤"……这种空泛的、无可量化的、无可依据的条款让外方钻了空子。根据这样的模糊规定，外方坚持认为达到了标准，所以双方争执不下。

中方之所以如此被动，主要原因在于签订采购合同时没有仔细确定合同的细节，在谈判时过分相信对方。其实，采购谈判能否取得成功，不仅取决于谈判桌上的唇枪舌剑，而且取决于谈判前充分的准备工作。采购合同规定了采购商与供应商的权利与义务，对采购工作的顺利执行起着重要的保障作用。

## 5.1 准备合同

### 一、合同的主要内容

#### （一）采购合同的构成

采购合同是采购商与供应方经过谈判协商一致同意而签订的调整"供需关系"的协议。采购合同是双方解决纠纷的依据，也是法律上双方权利和义务的证据，双方当事人都应遵守和履行采购合同。

采购合同一般由约首、正文和约尾构成，具体内容见表 5-1。

表 5-1 采购合同的构成

| 合同构成 | 主要内容 |
| --- | --- |
| 约首 | 合同名称、合同编号、采供双方企业名称、签订地点、签订时间 |
| 正文 | 合同标的物名称和规格，数量、质量、包装条款，价格条款，运输方式，支付条款，交货地点，检验条款，保险，违约责任，仲裁，不可抗力条款等 |
| 约尾 | 合同份数、生效日期、签订人签名、采供双方企业公章 |

#### （二）采购合同的条款

采购合同的条款其实就是采购合同正文的内容。

1. 数量条款

数量条款的主要内容有交货数量、金额单位、计量单位。在制订数量条款的过程中，必要时应清楚说明误差范围。

2. 价格条款

价格条款的主要内容有单价、总价。国际采购中还涉及贸易术语、计价货币和结算货币的选用。

3. 质量条款

质量条款的主要内容有技术规范、质量标准、规格、品牌等。

在采购作业中，必须以最明确的方式去界定可接受的采购品的质量标准，一般有以下两种方式：

（1）用文字或图示来表示。其中包括规格、等级、品牌、技术文件或图纸、产地等。

（2）用样品来表示。当用文字或图示难以表达采购品的质量标准时，可以用样品来表示。

4．支付条款

支付条款主要包括以下几条：

（1）支付工具。可以是货币或票据，票据包括汇票、本票和支票。

（2）支付方式。主要包括直接汇款（付款）、托收和信用证等。

（3）支付时间。具体包括预付款、即期付款、延期付款。

（4）支付地点。

5．检验条款

在一般的买卖交易过程中，检验是按照合同条件对交货进行检查和验收，涉及采购品的质量、数量、包装等项目。检验条款主要包括检验时间、检验机构、检验工具、检验标准及方法等。

6．包装条款

包装条款的主要内容有包装材料、包装方式、包装费用和运输标志等。

7．装运条款

装运条款的主要内容有运输方式、装运时间、装运地和目的地、装运方式、装运通知等。

8．保险条款

保险条款的主要内容有确定保险金额及险别，并指明投保人及保险适用的条款。

9．仲裁条款

仲裁条款以仲裁协议为具体体现，是指买卖双方自愿将其争议事项提交第三方进行裁决。仲裁协议的主要内容有仲裁机构、适用的仲裁程序、适用地点、裁决效力等。

10．不可抗力条款

不可抗力是指在合同执行过程中发生不可预见的、人力难以控制的意外事故，如战争、洪水、台风、地震等。不可抗力致使合同执行过程被迫中断。遭遇不可抗力的一方可因此免除合同责任。不可抗力条款的主要内容有不可抗力的含义、适用范围、法律后果、双方的权利和义务等。

## 二、现货采购合同与定期采购合同

采购商与供应商建立的关系需要通过契约或合同来确定。

（一）现货采购与定期采购的含义

（1）现货采购是指供应市场的风险很低、竞争激烈且很容易更换供应商，企业主要采用的是一次交易性的采购行为。现货采购体现的是采购商与供应商最简单的交易关系。

（2）定期采购是指虽然每次采购都是独立的，但企业可通过多次采购行为与供应商建立起紧密的关系。如果企业只与某家供应商进行定期交易，那么这家供应商就是企业的"优选供应商"。但是，企业仍然保留在任意时间更换供应商的权利。

（二）现货采购合同与定期采购合同的内容

现货采购合同和定期采购合同通常包括以下主要内容：

（1）确定当事人。确定同意签订合约的当事人（个人组织）。

（2）商品、服务或资本投资的说明。对所供应的商品、服务或资本投资的说明。

（3）合同价格。确定买方支付货款的数量或货款的计算方式、币种、汇率、付款期、税前价还是税后价。

（4）交付。明确卖方应在何时何地以何种方式交货，买方应在何时何地收货，以及确定买方是否履行其义务。

（5）买方的商品检验。使买方能够检验商品、服务的结果或资本投资是否满足合同的要求，使卖方知晓怎样履行其义务来提交商品给买方检验。

（6）所有权的保留。决定谁拥有商品、服务或资本投资的所有权，并决定所有权的期限。

（7）支付条件。解除合同项下之买方如何支付采购商品、服务、资本投资的价款（信用方式）。

（8）文件。明确卖方应提供哪些文件以便其完成合同义务，如发票、装箱单、保险单、货物原产地证明、检验合格证书、形式发票等。

（9）延期交货、到期未交及补救措施。明确交货中出现问题的处理方法（违约金）。

（10）交货不符的责任范围。为使合同公平合理，当事人希望在法律允许的范围内，事先约定当交货不符合同约定时的后果。买方从接到卖方提供的货物开始有15日的检验期，以确定货物是否符合合同约定。另一个特别的、复杂的责任是产品责任。

（11）产品责任索赔或其他要求。在买方因该商品而提出索赔要求时，在当事人之间产生一种合同性协助义务。

（12）不可抗力。建立一个机制以解决当那些双方当事人不能预见、不能避免并不能克服的情形出现时而产生的问题。

（13）法律适用。帮助当事人理解他们的合同义务，帮助法官或仲裁员确定合同义务。

（14）争议解决。确定解决争议的程序。

（15）合同的语言。规定当事人在交易过程中所使用的语言。

（16）合同生效的条件。如果合同仅在获得有关部门的批准或者获得资金的条件下才能生效的，则明确合同生效的难点。

（17）界定术语。在合同正文中，确定当事人对某些术语的特定解释（如商业术语、技术术语等）。

（18）通知和联系方法。确定当事人之间如何以有效的方式不断保持联系。

（19）把标题含义排除在责任之外。避免通过参考每一条款的标题来理解合同所产生的误解。

（20）合并。明确这份合同就是当事人之间完整的合同（如所有先前的协商，无论是口头的还是书面的，凡是与合同相抵触的都是无效的）。

（21）合同的变更。清楚地说明合同变更的方式。应明确协商一致，签署书面文件后方可生效。

（22）当事人的改变。明确合同履行期间，当卖方的所有权、管理部门等发生实质性变化时，买方所享有的权利。

（23）转让。卖方把合同转让给第三方时，如何确保买方的权益。

（24）终止原因。详述买方在哪些条件下有权利终止合同。

（25）保险。确定由谁负担保险费，如果有必要的话，确定保险费的支付方式。

（26）保修要求。如有保修要求，则指定保修责任。

（27）合同全部或部分无效。与当地法律抵触的条款无效。

（28）知识产权和工业产权。确定卖方的知识产权或工业产权对销售的影响。

（29）税。解释当事人所应缴纳的税种。

（30）履约保证金、预付款以及完成保证金。确保预付款的安全，确保合同的履行。

## 三、无定额合同与定额合同

（一）无定额合同与定额合同的含义

无定额合同是指企业与供应商之间签署了有特定价格条款的定期协议，但并没有承诺购买数量。

定额合同是指采购商与供应商签订了定期协议，此协议除了包含价格条款外，还增加了承诺一定期间内的购买数量的条款。

（二）无定额合同与定额合同的主要条款

（1）确定当事人。确定同意签订合约的当事人（个人组织）。

（2）商品的说明。说明采购的商品。

（3）期限。明确合同的有效期，以及当合同需要续订时，该如何续订。

（4）数量。在合同规定的期限内提出预期采购商品的数量。

（5）合同价格。确定买方应支付的价款，或者价款的计算方法。

（6）合同价格的调整。在无定额合同或定额合同的有效期间，提供一个价格调整/决定的机制。

（7）交付。明确卖方应在何时何地以何种方式交货，买方应在何时何地收货，以及确定买方是否履行其义务。

（8）买方的商品检验。同现货采购和定期采购相对应条款。

（9）所有权保留。同现货采购和定期采购相对应条款。

（10）支付条件。同现货采购和定期采购相对应条款。

（11）文件。同现货采购和定期采购相对应条款。

（12）延期交货、到期未交和补救措施。同现货采购和定期采购相对应条款。

(13）交货不符的责任范围。同现货采购和定期采购相对应条款。

(14）产品责任索赔或其他要求。同现货采购和定期采购相对应条款。

(15）不可抗力。同现货采购和定期采购相对应条款。

(16）法律适用。同现货采购和定期采购相对应条款。

(17）争议解决。同现货采购和定期采购相对应条款。

(18）合同的语言。同现货采购和定期采购相对应条款。

(19）合同生效的条件。同现货采购和定期采购相对应条款。

(20）界定术语。同现货采购和定期采购相对应条款。

(21）通知和联系方式。同现货采购和定期采购相对应条款。

(22）把标题含义排除在责任之外。同现货采购和定期采购相对应条款。

(23）合并。同现货采购和定期采购相对应条款。

(24）合同的变更。同现货采购和定期采购相对应条款。

(25）当事人的改变。同现货采购和定期采购相对应条款。

(26）转让。同现货采购和定期采购相对应条款。

(27）原因终止。同现货采购和定期采购相对应条款。

(28）保险。同现货采购和定期采购相对应条款。

(29）保修要求。同现货采购和定期采购相对应条款。

(30）合同全部或部分无效。同现货采购和定期采购相对应条款。

(31）知识产权或工业产权。同现货采购和定期采购相对应条款。

(32）税。同现货采购和定期采购相对应条款。

(33）履约保证金、预付款及完成保证金。同现货采购和定期采购相对应条款。

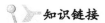
知识链接

**合伙关系与合资关系**

合伙关系是指采购商与供应商之间的关系非常密切,共同商订采购计划、交换相关信息并共同分担风险。这种关系是建立在相互之间非常信任的基础之上的。

合资关系是指两个或多个企业共同组建并拥有另一个企业。这样,这些企业就可以更好地控制供应关系。由于这个合作共同体一般是为了满足采购商的特殊需要而建立的,所以其他供应源根本没有任何竞争力。在这种情况下,买方企业没有必要进行供应商评估。

 5.2 合同管理

一、建立合同管理团队

（一）建立合同管理团队的必要性

在较为复杂的采购情况下（如工程项目类的采购）,有些人员要参与到合同管理的工作中。此时,买卖双方都将建立合同管理团队。但是,合同管理团队的人数以不超过 8 人为宜，因为团队越大效率越低，甚至连找一个适合于全体人员开会的时间都很困难。在合同特别重要的情形下，要想使团队中人员数量保持在易于管理的水平，就需要分别建立核心团队和外围团队。

1. 核心团队

除了合同经理之外，核心团队可由对合同影响最大的那些职能部门的高级管理人员组成。这些代表在做决策时应该能够考虑到那些没有被直接代表的部门的利益。核心团队成员应该出席所有的合同内容审查会议并直接协助合同经理进行决策。

2. 外围团队

外围团队可由那些对完成合同有重大影响的个人组成。他们定期地以非正式的形式向核心团队提供咨询建议，不一定非要参加正式的合同内容审查会议。

对于运营型和不太复杂的采购，项目经理将依据其他人员提供的有关信息单独负责合同的管理。

（二）合同经理

对于项目型合同的管理，需要任命一名合同经理来领导团队。根据合同的重要程度，合同经理将直接向相应的管理层汇报工作。对于特别重要的合同，合同经理将直接向总裁汇报工作。

由于签署合同和管理合同所需要的技术能力、综合素质和经验是大不相同的，所以合同经理与签署合同的不一定是同一个人。然而，为了保证平稳交接和确保合同经理进入理想的管理状态，合同经理应该以某种方式参与合同签订之前的工作。

与供应商关系的性质将决定合同经理个人风格类型的选择。如果与供应商的关系是"市场交易型"的，那么合同经理应该是一名擅长运用法律条款的人；如果与供应商的关系是建立在相互信任基础上的合作性关系，那么合同经理的特点将完全不同。

表 5-2 给出了在合作性关系中合同经理的工作职责及其应具备的品质。

表 5-2 合作性关系中合同经理的工作职责和品质要求

| 工作职责 | 技术能力、综合素质、经验 |
| --- | --- |
| （1）确定团队的工作职责并保证每个团队成员都知道自己的责任。<br>（2）保持对团队的激励。<br>（3）确保团队成员相互之间的沟通。<br>（4）负责制订并完成合同管理计划。<br>（5）建立合同管理报告体系。<br>（6）保证恰当的合同管理。<br>（7）识别及管理风险。<br>（8）确定优先级。<br>（9）管理买卖双方的关系。<br>（10）处理争议。<br>（11）批准或拒绝合同的变更。<br>（12）将了解到的对方的观点反馈给企业 | （1）优秀的沟通者。<br>（2）擅长人际交往。<br>（3）处理问题时能够做到对事不对人。<br>（4）有相关的技术方面的知识，但不必达到专家级水平。<br>（5）受人尊敬、有影响力并且讲究策略。<br>（6）具备风险管理技术方面的知识。<br>（7）具备合同法方面的知识。<br>（8）能够看出问题对整个合同的影响并能分清主次。<br>（9）熟悉项目管理技术。<br>（10）老练的谈判者 |

合同经理对合同的完成负有全部责任，但不能由他自己来从事所有的合同管理工作。为此，合同经理将授权合同管理团队成员来履行不同的合同管理职能。这种做法被称为"责任分担"。

（三）合同管理团队

1. 采购商的团队

合同一旦签订，合同经理及相关职能部门的经理就应该组建合同管理团队。对此，合同经理必须有一套完整的思路，用以确定合同管理团队应该具有怎样的功能，以及所需要的技术和综合能力。

如果可行的话，合同管理团队也应该囊括那些合同项下所提供的产品/服务的最终用户的代表。此举是为了确保最终用户的期望值得到满足，同时保证对合同进行更为恰当的管理。除此之外，最终用户也能对供应商绩效评价提出有价值的反馈信息，还能对合同的改进提供有益的建议。

团队中不同成员的职能将在合同管理计划中进行规定。但是，当制订详细计划或出现未预料到的情况时，团队成员需要做一些调整。当需要补充新的团队成员或者对原有团队成员进行培训和能力提升时，应当着眼于弥补团队在技术和综合能力方面的缺陷。

随着合同的执行，不确定性的程度会不断降低，合同管理所需的努力也会逐步减少，合同管理团队中的人员数量和工作量也会相应地减少。

2. 供应商的团队

供应商也可能会任命一名合同经理并组建合同管理团队。此时，对于买方的合同管理团队来说，了解供应商团队中每个成员充当的角色及其所负的责任是很重要的。反过来说，对供应商的团队也是一样。当供应商确定了参与合同管理的人选时，购买方应该确保这些人按照规定参与管理。人选任命上的任何变动都应该首先征得购买方的同意。

买卖双方的团队尽早接触是一个很好的理念，这将有助于加快个人关系的建立，以提高两个组织之间的沟通效率。尤其是涉及重要的采购项目时，这一点更为重要，组织之间的互动程度需要进一步加强。

## 二、制订合同管理计划

（一）合同管理计划的主要内容

合同管理计划主要适用于项目型合同的管理。在计划中，需要对合同背景及合同中的要点进行必要的描述；确定谁将参与合同管理工作，他们的职责是什么，以及必须遵循什么政策和程序；提供合同绩效管理评价依据；着重明确合同的主要风险及相应的风险管理策略。因此，制订合同管理计划时要充分考虑借鉴那些从正在进行的和已经完成的相似的合同中取得的经验。从采购商的角度具体来说，合同管理计划应该包括以下主要内容。

1. 定义

一些术语必须明确加以解释。例如，对于一份建筑合同，"完成日期"可能有多种含义：建筑物可以使用；维修期结束；最终决算被批准或者所有的财务问题都得到解决；等等。这类条件可能已经在合同中予以明确规定，尽管如此，但在合同管理过程中对其加以注意仍有必要。

2．背景信息和供应战略

背景信息部分主要介绍合同签署的背景及简要解释公司所要达到的目标，以供那些参与合同管理但没有参与合同签署工作的人员参考。供应方的供应战略也应做必要的描述。

3．合同管理团队

应该提供合同管理团队（或核心团队）的所有成员的细节情况，包括姓名、联系资料及合同管理的职责，见表5-3。

表5-3　××合同管理团队职责表

| 管理职责 \ 团队成员 | 甲 | 乙 | 丙 | 丁 | 戊 |
|---|---|---|---|---|---|
| 准备最终设计图纸 | M | F | T | A |  |
| 执行检查 | M | F | T | A |  |
| …… | T | F | M |  | A |

注：A＝行政支持，T＝技术支持，F＝财务支持，M＝管理。

4．供应商详细资料

应该给出供应商的名称及其合同中货物交付的地址，还要明确关键人员的姓名和联系方式（如电话、传真、电子邮件）。这里的关键人员可能包括合同经理、技术经理、质量经理等，还应确定遇到哪些问题要找哪些人。

5．合作伙伴相关信息

如果买卖双方有意在伙伴关系的基础上开展工作，则在计划中应该包括一份伙伴关系合同的副本，以便合同管理团队能够熟悉其内容并在其指导下开展工作。

6．合同管理的范围

计划中应该概述一下合同的范围。此外，还应包括一个"内部工作范围"。内部范围应该包括为促使合同成功履行，企业必须进行的所有工作，可能包括以下工作：

（1）同供应商一起召开检查会议的日程表。

（2）材料和设备的采购。

（3）检查和批准供应商呈送的文件。

（4）与现场检测或进行检查、审计有关的事务。

（5）与合同相关的行政管理工作。

7．合同关键条款

在某些情况下，合同的全部文本可达到几十页甚至几百页。合同管理团队的大多数成员虽然不需要知道全部的细节，但是他们应该了解合同的关键条款。当他们在确定需要采取哪些合同管理措施及应该如何来做时，应该考虑到这些关键条款。

值得重视的关键条款包括以下几项：
（1）供需双方的责任和义务。
（2）支付条件。如果涉及分阶段支付，还要明确每个支付阶段供应商必须完成的工作。
（3）出现问题时双方的权利和义务。
（4）争议解决程序。
（5）合同终止的条件。
（6）合同有效期和延期的条件。
（7）定价的标准及合同价格表。
（8）履约保证或者服务水平协议。

（二）确定合同政策和程序

合同实施中的相关政策和程序也应该在合同管理计划中加以规定。其具体包括以下几个方面。

1. 责任分担与授权

合同经理对合同的执行要负全责，但是其本人不能也不应该承担合同管理的全部活动。某些工作职能必须由不同的人员执行，以确保不道德行为得逞的机会最小化。表 5-4 列举说明了责任分担是如何在合同管理中运用的。

表 5-4　××合同责任分担

| 工　　作 | 通常的执行部门 |
| --- | --- |
| 向供应商提出变更合同 | 采购部门 |
| 预算外费用的批准/应急资金的使用 | 合同管理部门 |
| 证明供应的产品或提供的服务符合要求 | 技术部门 |
| 向供应商付款 | 财务部门 |

合同经理也必须将某些功能授权给其他人来执行，可以根据职务进行授权。表 5-5 列举了可以应用于企业额外开支授权的情况。

表 5-5　××合同支出授权

| 职　　务 | 权　　限 |
| --- | --- |
| 采购员 | 50 000 元 |
| 高级采购员 | 100 000 元 |
| 采购供应经理 | 500 000 元 |
| 商务总监 | 1 000 000 元 |

2. 沟通政策

不恰当的沟通可能影响合同的成功履行。为此，应该制定沟通政策，即确定不同类型的关系应该采取什么样的途径进行沟通。例如，在市场交易型的关系中，与供应商的信息沟通不慎可能会导致对购买方不利，这时应要求所有的沟通都通过合同经理来进行，以保证商业利益不遭受损害；在伙伴型的关系中，不当的沟通所导致的危害要小些，这时可以由团队成员及企业其他员工与供应商的员工直接接触。

3. 检查和汇报方面的要求

为了达到风险最小化和实现预期目标，经常而准确的沟通是至关重要的。但是，花费在汇报和沟通上的时间太多可能会占用实施合同本身所需要的宝贵时间，所以必须找到一个恰当的平衡点。为此，合同管理计划应该确定以下内容：

（1）哪些报告是必需的。
（2）报告应包括哪些内容。
（3）提交报告的格式。
（4）谁负责起草报告。
（5）报告的频率。
（6）报告将分发给谁。

除此之外，对合同内容审查会议的频率和标准议程也应该予以规定。最好将这些会议的日期也提前确定下来，以确保绝大多数人能到会。

4. 其他政策和程序

企业有许多与合同管理有关的其他政策和程序。下面列举了一些常用的相关政策和程序以供参考：

（1）健康和安全政策。
（2）合同安全检查的程序。
（3）对危害健康物质的控制。
（4）环境政策。
（5）进行风险评估的程序。
（6）危险作业的检查程序。
（7）对供应商的履约保证金、抵押和担保的管理程序。
（8）文件控制的程序。
（9）对供应商工作的视察和考核程序。
（10）合同审计程序。
（11）损失控制的报告和调查程序。
（12）合同检查程序。

（三）制订合同进度表

制订合同进度表本身就是合同管理的必要内容之一。合同进度表主要显示那些关键活动和检查点。当准时完工非常重要时，在合同进度表中还要写明这些活动和检查点的完成日期。合同进度表将使购买方能及时发现各种偏差并采取纠正措施。

由于对某些特定的合同，任何一方都不能独自对合同的过程做到完全把握和控制，所以签订合同的各方要把各自的能力汇集在一起来应对这种局面。这样不仅可以避免在对某些复杂问题的看法上产生分歧，而且能够在加深了解的基础上，调整各方的期望值以达成共识。采购商与供应商一起来制订和开发合同进度表是一种不错的做法，尤其是在供应商的作业活动对采购商有很强依赖性的情况下，这种做法将有助于缩小双方对最终结果的期望值在理解上的差异。

### 三、采购合同管理

#### （一）采购合同管理的内容

企业与供应商签订了采购合同，并不就万事大吉了，而应加强采购合同的管理。采购合同的管理主要包括采购合同的监控、修改、取消及终止等。

1. 采购合同的监控

采购合同的监控是采购部门的重要工作之一，其目的主要有 3 个方面，即促进合同的正常执行、满足企业的采购品需求、保证合理的库存水平。

（1）在合同监控过程中，要注意供应商的产品质量和交货期的变化情况。需要对合同条款进行修改的，要及时提醒相关人员办理，以利于采购合同的执行。

（2）注意把采购合同、各种经验数据的分类保存工作做好。有条件的可以用计算机管理系统进行管理，将采购合同进展状况录入计算机，借助计算机自动处理和跟踪合同。

（3）供应商的历史表现数据对采购合同的下达及跟踪有重要的参考价值。采购人员应善于利用供应商的相关信息。掌握供应商表现数据的多寡是衡量采购人员经验水平的指标之一。

2. 采购合同的修改

采购合同的修改必须由企业或供应商任一方提出并经双方同意。

（1）国内采购合同的修改。国内采购合同的修改最常用的有交货日期的修改及价格的修改两种。通常见于以下几种情况：

① 在合同签订后，供应商因受不可抗力影响，无法按期交货，经企业同意延期交货，此文件视为合同附件之一。

② 生产企业在生产过程中，基于事实需要，供应商的物料组成部分应增加或减少时，其供应仍由原供应商负责，此项追加或修改物料的约定也视为合同附件之一，可协调修改合同价格。

③ 由于工资及原材料价格上涨，按采购合同约定的价格，供应商无法履行交货义务，而解约重购对双方均不利，可协调修改合同价格。

（2）国外采购合同的修改。国外采购合同的修改有 3 种常见形式，见表 5-6 所列。

表 5-6 国外采购合同的修改形式及原因

| 常见修改形式 | 原因 |
| --- | --- |
| 装运期的修改 | 通常由供应商提出。由于原料短缺、延误生产或其他原因，供应商无法于约定日期内装运货品，来函要求企业修改装运日期 |
| 船运改空运 | 供应商延迟交货的特殊急需货品（如某机器的重要零件、医疗用品）、季节性销售货品等涉及时效性的货品，必须改用空运 |
| 一次装运改为分批装运 | 由于生产日程或船只舱位问题，供应商无法一次将货品装运完成，要求企业允许分批装运 |

3. 采购合同的取消

采购合同的取消有 3 种情形，见表 5-7 所列。

表 5-7　采购合同的取消形式及原因

| 取消形式 | 原因 |
| --- | --- |
| 因违约而取消合同 | 供应商违约，如所交采购品不符合规格或不能按规定日期交货而取消合同；企业违约，如不依约开出信用证而取消合同。上述原因均属于不正常的合同取消 |
| 因需求变更由企业取消合同 | 因市场不景气，企业临时决定取消部分采购品的采购而取消合同，但供应商因而遭受的损失应由企业负责赔偿。<br>在国际采购中，若以信用证方式付款并要求供应商收到信用证若干日起为交货时间，企业因需变更发生在信用证开出之前，要求终止合同，不需要负赔偿责任 |
| 供需双方同意取消合同 | 多半由于天灾人祸或不可抗力因素，经调查确实无能力履约，经双方同意取消合同，均不负赔偿责任 |

4．采购合同的终止

为维护采购双方的利益，合同中应说明终止的措施。一般有以下两种情形：

（1）合同因期间届满而终止，但按规定在有效期间者，不另外记载合同终止日期，如国内制造工程合同，合同到期则合同自动消失，但承包商（卖方）对该工程的保修责任，不因合同的终止而消失。

（2）合同因解除条件的具备、法定解除权的行使或约定解除权的行使而终止。

（二）采购合同管理的环节

采购合同管理由采购管理专职人员操作，主要有以下几个环节：

（1）计划审查。审查采购计划是否在规定的时间内转化成订单合同。

（2）合同审批。审查合同号、数量、单位、单价、币种、发运地、目的地、供应商、到货日期等。

（3）合同跟踪。检查采购合同的执行情况，对未按期到货的合同研究对策、加强监督。

（4）短缺预测。与计划人员一起操作，根据采购品需求情况，推测可能产生短缺的供应合同，研究对策并实施。

（5）合同变更。根据实际采购情况，妥善处理合同变更、合同提前终止、合同纠纷等。合同纠纷的解决办法有以下几种：

① 买卖双方协商解决。
② 第三方调解解决。
③ 仲裁机构仲裁解决。
④ 诉讼解决。

（三）争议与索赔的处理

在采购过程中，买卖双方往往会因彼此的责任和权利问题引起争议，并由此引发索赔与理赔。为了减少争议的产生，并在争议发生后能获得妥善的处理和解决，买卖双方通常都在签订合同时对违约后的索赔、免责事项等内容事先做出明确规定，这些内容反映在合同中就是违约责任条款。

1. 违反合同的责任区分

在采购合同履行过程中，采购品未能按合同要求送达买方时，首先应分清是供方责任还是运输方责任，认清索赔对象。

（1）违反采购合同的责任。违反采购合同时，供需双方的主要责任见表5-8。

表5-8　供需双方违反采购合同需承担的责任

| 责任方 | 承担责任的内容 |
| --- | --- |
| 供方 | （1）商品的品种、规格、数量、质量和包装等不符合合同的规定，或未按合同规定日期交货，应偿付违约金、赔偿金。<br>（2）商品错发到货地点或接货单位（人），除按合同规定负责运到规定的到货地点或接货单位（人）外，还需承担因此而多支付的运杂费；如果造成逾期交货，应偿付逾期交货违约金 |
| 需方 | （1）中途退货应偿付违约金、赔偿金。<br>（2）未按合同规定日期付款或提货，应偿付违约金。<br>（3）错填或临时变更到货地点，承担由此多支出的费用 |

（2）违反货物运输合同的责任。当商品需要从供方所在地托运到需方收货地点时，如果未能按采购合同要求到货，应分清责任在货物承运方还是托运方，具体见表5-9。

表5-9　违反货物运输合同需承担的责任

| 责任方 | 承担责任的内容 |
| --- | --- |
| 承运方 | （1）不按运输合同规定的时间和要求发运的，偿付托运方违约金。<br>（2）商品错运到货地点或接货单位（人），应无偿运到合同规定的到货地点或接货人；如果货物运到时已逾期，偿付逾期交货的违约金。<br>（3）运输过程中商品的灭失、短少、变质、污染，按其实际损失（包括包装费、运杂费）赔偿。<br>（4）联运的商品发生灭失、短少、变质、污染，应由承运方承担赔偿责任的，由终点阶段的承运方按照规定赔偿，再由终点阶段的承运方向负有责任的其他承运方追偿。<br>（5）在符合法律和合同对等条件下的运输，由于下列原因造成商品灭失、短少、变质、污染、损坏的，承运方不承担违约责任：不可抗力如地震、洪水、风暴等自然灾害；商品本身的自然性质；商品的合理损耗；托运方或收货方本身的过错 |
| 托运方 | （1）未按运输合同规定的时间和要求提供运输，偿付承运方违约金。<br>（2）由于在普通商品中夹带、匿报危险商品，错报笨重货物重量等导致商品摔损、爆炸、腐蚀等事故，承担赔偿责任。<br>（3）罐车发运的商品，因未随车附带规格质量证明或化验报告，造成收货方无法卸货时，托运方需要偿付承运方卸车等费用及违约金 |

（3）已投财产保险时，保险方的责任。对于保险事故造成的损失和费用，保险方在保险金额的范围内承担赔偿责任。被保险方为了避免或减少保险责任范围内的损失而进行的施救、保护、整理等所支出的合理费用，保险方依据保险合同规定进行偿付。

## 2. 索赔和理赔的注意事项

发生合同争议后，首先分清责任属供方、需方还是运输方。如需方在采购活动中因供方或运输方责任蒙受了经济损失，就可以通过与其协商交涉，进行索赔。

索赔和理赔既是一项维护当事人权益和信誉的重要工作，又是一项涉及面广和技术性较强的细致工作。因此，提出索赔和处理理赔时，必须注意下列问题：

（1）索赔的期限。索赔的期限是指争取索赔的当事人向违约一方提出索赔要求的期限。关于索赔期限，《中华人民共和国合同法》有规定的必须依法执行，没有规定的应根据不同商品的具体情况做出不同的规定。如果逾期提出索赔，对方可以不予理赔。一般来说，农产品、食品等的索赔期限短一些，一般商品的索赔期限长一些，而机器设备的索赔期限则更长一些。

（2）索赔的依据。提出索赔时，必须出具因对方违约而造成需方损失的证据（保险索赔另外规定），当争议条款为商品的质量条款或数量条款时，该证明要与合同中检验条款相一致，同时出示检验的出证机构。如果索赔时证据不全、不足或不清，以及出证机构不符合规定，都可能遭到对方拒赔。

（3）索赔额及赔偿办法。关于处理索赔的办法和索赔的金额，除了个别情况外，通常在合同中一般只做笼统的规定，而不做具体规定。因为违约的情况较为复杂，当事人在订立合同时往往难以预计。当事人双方应根据合同规定和违约事实，本着平等互利和实事求是的精神，合理确定损害赔偿的金额或其他处理的办法，如退货、换货、补货、整修、延期付款、延期交货等。

当商品因质量与合同规定不符造成采购商蒙受经济损失时，如果违约金能够补偿损失，则不再另行支付赔偿金；如违约金不足以抵补损失，还应根据蒙受经济损失的情况，支付赔偿金以补偿其差额部分。

国际贸易中发生索赔时，根据《联合国国际货物销售合同公约》规定：一方当事人违反合同应付的损害赔偿额，应与另一方当事人因其违反合同而遭受的包括利润在内的损失额相等；如果合同被宣告无效，而在宣告无效后一段合理时间内，买方已以合理方式购买替代货物，或者卖方已以合理方式把货物转卖，则要求损害赔偿的一方可以取得合同价格和替代货物交易价格之间的差额。

 **5.3 采购谈判**

### 一、采购谈判的含义及重要性

（一）采购谈判的含义

采购商想以自己希望的价格、商品质量和供应商服务条件来获取供应商的产品，而供应商则想以自己希望的价格和服务条件向购买方提供自己的商品。当两者不完全统一时，就需要通过谈判来解决，这就是采购谈判。另外在采购过程中，由于业务操作失误产生货损、货差、货物数量等问题，以及在赔偿问题上产生争议时进行谈判，也属于采购谈判。因此，采购谈判是指企业在采购时与供应商所进行的贸易谈判。

采购谈判具有以下特点:

(1) 采购谈判以经济利益为中心。采购谈判是商务谈判的一种类型,在采购谈判中双方主要以各自的经济利益作为谈判中心。作为供应商,希望以较高的价格销售,使自己获得更多的利润;作为采购商,则希望以较低的价格购买,使自己降低成本。因此,价格作为调节和分配经济利益的主要杠杆就成为谈判的焦点。

(2) 采购谈判具有合作性与冲突性。由于采购谈判建立在双方利益既有共同点又有分歧点的基础之上,所以具有合作性和冲突性。合作性表明双方的利益有共同的一面,冲突性表明双方利益又有分歧的一面。作为谈判人员,要尽可能地加强双方的合作性,减少双方的冲突性。但是,合作性和冲突性是可以相互转化的,如果合作性的比例加大,冲突性的比例将会减少,那么谈判成功的可能性就大;反之,如果冲突的一面通过洽谈没能得到解决或减少,那么谈判就有可能失败。采购人员可以在事前将双方意见的共同点和分歧点分别列出,并按照其在谈判中的重要性分别赋予不同的权重和分数,根据共同点方面的得分和分歧点方面的得分比较来预测谈判成功的概率,并决定如何消除彼此的分歧。

(3) 采购谈判具有原则性与可调整性。原则性是指谈判双方在谈判中最后退让的界限,即谈判的底线。通常谈判双方在弥合分歧方面都会做出一些让步,但让步不是无休止和任意的,而是有原则的,超过了原则性所要求的基本条件,让步就会给企业带来难以承受的损失。可调整性是指谈判双方在坚持彼此基本原则的基础上可以向对方做出一定让步和妥协。作为采购谈判,如果双方在所有的谈判条件上都坚持彼此的立场,不肯做出任何让步,那么谈判是难以成功的。因此,在采购谈判中,原则性和可调整性是并存的。作为谈判人员,要从谈判中分析双方原则性的差距大小,并分析是否可以调整双方的这种差距,使谈判成功。

(4) 采购谈判既是一门科学,又是一门艺术。谈判既涉及价格学、心理学、公共关系学、市场营销学、社会学、逻辑学、会计学、广告学、行为科学、语言学、统计学等方面的知识,又需要谈判人员掌握谈判语言技巧和一些常用谈判策略。只有这样,谈判者才能有效驾驭谈判的全过程,为己方赢得更大的利益。

(二) 采购谈判的重要性

在企业的采购管理中,采购谈判是一项长期的工作。企业在开发供应商时,需要就质量、价格、交货和服务等内容与供应商进行协商并签订合同;在合格供应商持续交货的过程中,也需要定期进行洽谈,提出变更有些交易条款,如要求供应商降低销售价格、缩短交货周期或提高质量等级等,并最终达成协议。

(1) 采购谈判使企业和供应商之间明确了采购品的质量要求,并得到了双方的认同,从而保障了企业将获得质量稳定且可靠的物品以供生产或经营所需,也为企业给客户提供合格产品打下了坚实的基础。质量条款中每批交货允许的次品率和目标次品率等指标的设立,将极大地促进供应商改进其材料质量,这为企业产品质量的持续提高铺设了前进道路。

(2) 采购谈判使企业和供应商就交货达成协议,一方面,使本企业更清楚地了解供应商的物流操作;另一方面,保障了企业将获得持续稳定的物品供应,为企业持续地满足客户的要求提供了先决条件。包括在物流条款中的供应商安全库存量、允许的订单数量的变动幅度等内容充分保证了企业生产经营的灵活性,以及在最大程度上降低库存的可能性。

(3) 采购谈判使企业和供应商就采购品价格等直接影响成本高低的内容取得了一致,使企业获得了满意的支付价格,从而保证了企业产品成本结构的合理性。采购谈判是采购管理中影响企业利润的重要因素，在企业和客户共享采购谈判所带来的成本降低的情况下，企业产品在市场上的价格竞争力将得到大幅度的提高。

## 二、采购谈判前的准备工作

谈判科学之父贾拉德·尼伦伯格说过"事先有准备的谈判者，最有成功的把握"，我国古代先哲们早就提出"凡事预则立，不预则废"。谈判能否取得成功，不仅取决于谈判桌上的讨价还价，而且还有赖于谈判前充分细致的准备工作。可以说，任何一项成功的谈判都是建立在良好的准备工作的基础之上的。

### （一）组建谈判队伍

#### 1. 谈判队伍的规模

组建谈判队伍首先碰到的问题就是规模，即谈判队伍的规模多大才是最为合适的。根据谈判的规模，可将其分为一对一的个体谈判和多人参加的集体谈判。

个体谈判即参加谈判的双方各派出一名谈判人员完成的谈判。个体谈判的好处在于：在授权的范围内，谈判者可以随时根据谈判桌上的风云变幻做出自己的判断，不失时机地做出决策；同时，一个人参加谈判独担责任，无所依赖和推诿，必会全力以赴，因此谈判效率较高。但是，个体谈判也有缺点，它只适用于谈判内容比较简单的情况；个体谈判往往涉及多方面的知识，要收集的资料也非常多，这项工作绝非个人的精力、知识、能力所能胜任，更何况"智者千虑，必有一失"。

在通常情况下，谈判队伍的人数都在一人以上。由多人组成的谈判队伍，谈判人员在知识结构、经验、能力上互补，有利于发挥整体优势。另外，谈判人员分工合作、集思广益、群策群力，形成集体的进取与抵抗的力量。但是，多人组成的谈判队伍有时意见不易统一。

谈判队伍人数的多少没有统一的标准，谈判的具体内容、性质、规模及谈判人员的知识、经验、能力不同，谈判队伍的规模也不同。如果谈判涉及的内容较广泛、较复杂，需要由各方面的专家参加，可以把谈判人员分为两部分：一部分主要从事背景材料的准备，人数可适当多一些；另一部分直接上谈判桌，人数以与对方相当为宜。

#### 2. 谈判人员的配备

由于谈判涉及商业、金融、技术、法律、保险等多方面的内容，谈判所处的环境也错综复杂，面对谈判对手的挑战，不是个人的精力、知识和能力所能胜任的，所以大多数情况下都采用小组谈判。在采购谈判中，谈判小组成员所需的知识大体可以概括为以下几个方面：

（1）有关技术方面的知识。

（2）有关价格、交货、支付条件等商务方面的知识。

（3）有关合同、法律方面的知识。

另外，如果是国际采购，还需要语言翻译方面的知识。

根据谈判对知识的要求，谈判队伍应配备相应的人员，包括业务熟练的经济人员、技术精湛的专业人员、精通经济法的法律人员、熟悉业务的翻译人员等。

#### 3. 谈判人员的基本素质要求

谈判人员的素质是筹备和策划谈判策略的决定性因素，它直接影响整个谈判过程的发展、谈判的成功与否，并最终影响谈判双方的利益分割。作为谈判人员，应该具备以下基本素质：

（1）思想道德素质。思想道德素质是谈判人员必须具备的素质。它首先表现在，作为谈判人员，必须遵纪守法，廉洁奉公，忠于国家、组织和职守；其次，必须具有强烈的事业心、进取心和责任感。谈判人员在谈判中不应考虑个人的荣誉得失，应以国家、企业的利益为重。

（2）知识素质。谈判是人与人之间利益关系的协调磋商过程。在这个过程中，合理的知识结构是讨价还价、赢得谈判的重要条件。合理的知识结构是指谈判人员必须具备丰富的知识，不仅要有广博的知识面，而且要有较深的专业学问，两者构成一个"T"形的知识结构。一名优秀的谈判人员，在具备贸易、金融、营销等一些必备的专业知识的同时，还需要对心理学、经济学、管理学、财务学等学科的知识有所涉猎。

（3）心理素质。谈判的过程很复杂，特别是讨价还价的阶段，是一个非常艰难的过程。有时谈判会变成一场马拉松式的较量，这不仅是对谈判人员的知识、体力等方面的考验，而且要求谈判人员有着良好的心理素质。谈判人员健全的心理素质应表现为具备较强的意志力和良好的心理调节能力，无论是在谈判的高潮阶段还是在低潮阶段，都能心平如镜，特别是当胜利在望或陷入僵局时，要能控制自己的情感，因为喜形于色或愤愤不平不仅有失风度，而且会给对方以可乘之机。

（4）综合能力素质。谈判人员的综合能力是指谈判人员驾驭谈判的能力，主要包括敏锐的观察力、灵活的应变能力、有效的沟通能力、运筹和计划能力。

（5）礼仪素质。礼仪是一种知识、修养与文明的综合表现，它在人际交往的诸多细节中都能体现出来。例如，赴约要遵守时间，既不要早到，也不要晚到；宴会时要遵循主人对餐桌次序的安排；在正式场合要注意穿戴得体；等等。谈判人员要注意社交的规范性，尊重对方的文化背景和风俗习惯，这对于赢得对方的尊重和信任、推动谈判的顺利进行，往往能起到积极的作用。

（二）收集并分析资料和信息

准确可靠的信息是了解对方意图、制订谈判计划、确定谈判策略的基本前提和依据。需要收集的信息主要包括谈判对手的情况、自身的情况、谈判背景等。

1. 谈判对手的情况

对谈判对手的调查是谈判准备工作最关键的一环。谈判对手的情况复杂多样，主要包括企业的发展历史、组织特征、产品技术特点、市场占有率、供需能力、价格水平、付款方式、谈判目标、资信情况，以及参加谈判人员的资历、地位、性格、爱好、谈判风格、谈判作风及模式等。

2. 自身的情况

在了解对方的同时，要深刻地了解自身情况。只有正确地了解自身情况，才能在谈判中确立正确的地位并采取相应的对策。自身的情况包括企业产品、生产经营状况、自身谈判人员的情况。企业产品和生产经营状况涉及的内容包括产品的规格、产品的性能、主要用途、质量、品种、数量、销售情况、商品的市场竞争力、供应能力、经营手段及经营策略等。自身谈判人员的情况主要包括谈判信心的确立、自我需要的认定，即要明确谈判的目的，弄清楚自身在哪些方面要满足什么样的需要，通过对自身实力和优势的了解，树立谈判的信心。

**案例阅读**

在某次交易会上,我方外贸部门与一日本客商洽谈出口业务。在第一轮谈判中,客商采取各种招数来摸我方的底,罗列过时行情,故意压低购货的数量。我方立即中止谈判,并积极搜集相关的情报,了解到日本一家同类厂商因发生重大事故停产,又了解到该产品可能有新用途。在仔细分析了这些情报之后,我方继续展开谈判。我方根据掌握的情报后发制人,告诉对方:我方的货源不多;产品的需求很大;日本厂商不能供货。对方立刻意识到我方对这场交易背景了解较深,在经过交涉之后,接受了我方的报价,购买了大量产品。

3. 谈判背景

谈判是在一定的法律制度和特定的政治、经济、文化影响下的社会环境中进行的,这些背景会直接或间接地影响谈判。与谈判有关的环境因素分为法律制度、政治状况、宗教信仰、商业习惯、社会习俗、财政金融状况等。

这些背景信息可以通过以下途径来收集:

(1)企业直接派人去对方企业实地考察,收集资料。

(2)通过各种公开载体(如企业的文献资料、统计数据和报表、企业内部刊物、各类文件、广告、产品说明和样品等)收集信息。

(3)通过调查与谈判对手有过业务往来的企业和人员来了解信息。

 **案例阅读**

**情境1**

小王:赵总,你好!我是大华公司的销售人员小王,这是我们产品的资料,您看你们是否感兴趣?

赵总:放我这儿吧!我感兴趣的话会给你打电话。

小王:您看看,我们的设备质量好,而且价格也便宜……

赵总:对不起,我还有个会,我会和你联系的,好吗?

小王:……

小王刚走,赵总顺手将小王的资料扔进了垃圾桶。

**情境2**

老李:赵总,你好!我是大华公司的销售人员老李,这是我们产品的资料,您看你们是否感兴趣?

赵总:放我这儿吧!我感兴趣的话会给你打电话。

老李:如果用我们的设备,会比您现在用的W型号的设备效率提高30%,而且节能10%……

赵总:效率提高30%?你讲讲。

老李:……

赵总:好!好!我将认真考虑你们的设备。

讨论:

(1)为什么赵总对小王的介绍不感兴趣?情境1给我们什么启发?

(2)你觉得老李这次的产品推销会成功吗?你从情境2中获得了什么启发?

（三）设计谈判方案

谈判方案是指为了完成某种或某类商品的采购或销售而确定的经营意图、需要达到的最高或最低目标，以及为实现该目标所应采取的策略和做法。谈判方案是谈判人员谈判时遵循的依据。在谈判方案中，应对需要谈判的问题分清主次，合理安排谈判的先后顺序，明确对每一问题应掌握的分寸和尺度，并准备好在谈判中出现某些变化时所应采取的对策和应变措施。

1. 确定谈判的主题、目标、议程和地点

（1）确定谈判主题。即确定参加谈判的目的，以及对谈判的期望值和期望水平。每场谈判一般只有一个主题，因此在制订谈判方案时，应以这个主题为中心。

（2）确定谈判目标。谈判的具体目标是谈判的基本目的的具体体现。谈判的具体目标可分为最低目标、可接受目标、最高目标3个层次。最低目标是指在谈判中对己方而言毫无退让余地、必须达到的最基本的目标，是谈判人员必须坚守的最后一道防线。对己方来说，宁可谈判破裂，也不愿接受比最低目标更低的条件。可接受目标是指谈判人员根据各种主客观因素，经过对谈判对手的全面评估，对企业利益的全面考虑、科学论证后所确定的目标。这个目标在一定的范围内，在这个范围内己方可努力争取或做出让步。最高目标是指对谈判人员最有利的一种理想目标，实现这个目标将最大化地满足己方利益。当然，己方的最高目标可能是对方最不愿意接受的目标，因此很难实现。通过确定谈判目标，谈判人员可以根据实际情况随机应变，适时地调整目标。

（3）确定谈判议程。谈判议程是有关谈判事项的程序安排，对有关谈判的议题和工作计划预先进行编制。典型的谈判议程至少包括3项内容：其一，谈判应在何时举行，为期多久，若是一系列的谈判分几次谈判为好，每次所花费的时间大约是多少，休会时间是多久等；其二，谈判在何处举行；其三，哪些事项列入讨论，哪些不列入讨论，讨论的事项如何编排先后顺序，每一事项讨论应占多少讨论时间。

谈判议程的安排与谈判策略、谈判技巧的运用有密切的联系，从某种意义上讲，安排谈判议程本身就是一种谈判技巧。因此，要认真检查谈判议程的安排是否公平合理，如果发现不当之处，就应该提出异议，进行修改。

（4）确定谈判地点。谈判地点的选择往往涉及环境和心理因素的问题，它对谈判效果具有一定的影响。谈判人员应当很好地利用谈判地点，因为有利的谈判地点能够增强己方的谈判地位和谈判力量。

谈判地点的选择与足球比赛的赛场安排有相似之处，一般有4种选择：一是在己方国家或企业所在地谈判；二是在对方所在国家或企业所在地谈判；三是在双方所在地交叉谈判；四是在谈判双方之外的国家或地点谈判。不同的地点对于谈判人员来说各有其优点和缺点，谈判人员要根据不同的谈判内容具体问题具体分析，正确地选择，充分地发挥谈判地点的优势。

2. 确定谈判中主要交易条件的最低可接受程度

确定谈判中主要交易条件的最低可接受限度是谈判目标的确定过程，也是一个不断优化谈判目标的过程。对于主要交易条件，必须进行综合平衡，用对比、筛选、剔除、合并等方法减少目标数量,确定各目标的主次和连带关系,使各目标之间保持内容上的协调性、一致性,避免互相抵触。

一个目标的最低可接受程度并非一成不变,应该根据交易过程中的各种支付价格和风险因素做适当的调整。而且,最低可接受程度可能同时有几个,要抓住最重要的目标并努力实现。

(1)价格水平。价格水平的高低是谈判双方最敏感的议题,是双方磋商的焦点,也是分割谈判利益最直接的方式。在确定价格水平时,要综合成本因素、需求因素、竞争因素、产品品质等因素来确定。

(2)支付方式。货款的支付方式有很多种,如现金结算、支票、信用证、以产品抵偿、一次性付款、分期付款或延期付款等,这些都会对综合报价产生重要影响。在谈判中,如能提出易于被对方接受的支付方式,将会使己方在谈判中占据优势地位。

(3)交易时间。旺季畅销,供不应求,则价格上涨,卖方报价会高些;淡季滞销,供大于求,卖方报价就会低些。

(4)交易量大小。大宗交易或一揽子交易可以减少价格在谈判中的阻力,可以得到价格上的优惠。

3. 制订谈判方案

谈判方案是谈判人员在谈判开始前对谈判目标、谈判过程、谈判对策等预先所做的安排。好的谈判方案必须做到简明、有弹性。简明的谈判方案有利于谈判人员记住谈判的主要内容和基本原则,能根据方案的要求与对方周旋,但必须与谈判主题相结合,以避免空洞或含糊。另外,谈判方案还必须有弹性,以便谈判人员能在谈判过程中根据具体情况灵活采取措施。

谈判方案包括谈判目标、谈判议程和谈判策略等方面的内容。

(四)模拟谈判

所谓模拟谈判,是指正式谈判开始之前,将谈判小组成员一分为二,一部分人扮演谈判对手,并以对手的立场、观点和作风来与另一部分扮演己方的人员交锋,预演谈判的过程。模拟谈判能使谈判人员获得一次临场的操作与实践,达到磨合队伍、锻炼和提高己方协同作战能力的目的。在模拟谈判中,通过相互扮演角色会暴露己方的弱点和一些被忽略的问题,以便及时找出失误的环节及其原因,从而使谈判的准备工作更具有针对性。

1. 模拟谈判的任务

(1)检验己方谈判准备工作是否到位,各项安排是否妥当,方案是否合理。同时,寻找己方被忽略的环节,发现己方的优势和劣势,提出发挥优势、弥补劣势的策略。

(2)准备各种应变对策。在模拟谈判中,必须对各种可能发生的情况进行预测,并在此基础上制定相应的对策,最终制定出谈判小组合作的最佳组合及其策略等。

2. 模拟谈判的方法

(1)全景模拟法。全景模拟法是指在想象谈判全过程的前提下,企业有关人员扮演不同的角色所进行的实战性排练。这是最复杂、耗资最大,但往往最有效的模拟谈判方法。这种方法一般用于大型的、复杂的、关系企业重大利益的谈判。

在采用全景模拟法时应注意两点:第一,合理地想象谈判全过程。要求谈判人员按照假设的谈判顺序展开充分的想象，不仅要想象产生的结果，而且要想象发展的全过程，想象在谈判中可能发生的一切情形。依照想的情况和条件，演绎双方交锋时可能出现的一切局面，如谈判的气氛、对方可能提出的问题、己方的答复、双方的策略和技巧等问题。第二，尽可能地扮演谈判中所有会出现的人物。这有两层含义：一方面是指对谈判中可能会出现的人物都有所考虑，要指派合适的人员对这些人物的行为进行模仿；另一方面是指主谈人员（或其他在谈判中起重要作用的人员）应扮演一下谈判中的每一个角色，包括自己、己方的顾问、对方和对方的顾问。这种对人物行为、决策、思考方法的模拟，能使己方对谈判中可能会遇到的问题、人物有所预测，而且从对方的角度进行思考，有助于己方制定更完善的策略。

（2）讨论会模拟法。讨论会模拟法类似于头脑风暴法。第一步，企业组织参加谈判人员和一些其他相关人员召开讨论会，请他们根据自己的经验，对企业在本次谈判中谋求的利益、对方的基本目标、对方可能采取的策略、己方的对策等问题畅所欲言。不管这些观点、见解如何标新立异，都不会有人指责，有关人员只是忠实地记录，再把会议情况上报给领导作为其决策参考。第二步，请人针对谈判中可能发生的种种情况及对方可能提出的问题等提出疑问，由谈判组成员一一解答。

讨论会模拟法特别欢迎反对意见，因为这些意见有助于己方重新审核谈判方案，从多种角度和多重标准来评价方案的科学性和可行性，可以不断地完善方案的内容。

（3）列表模拟法。列表模拟法是最简单的模拟方法，一般适用于小型、常规的谈判。列表模拟法的具体操作过程是：通过对应表格的形式，在表格的一侧罗列出己方经济、科技、人员、策略等方面的优点和缺点，以及对方的目标和策略；另一侧则相应地罗列出己方针对这些问题在谈判中所应采取的对策。这种方法的最大缺点在于它实际上还是谈判人员的主观产物，只是尽可能地搜寻问题并列出对策，对于这些问题是否真的会在谈判中发生、这些对策能否起到预期的作用，都没有经过实践的检验，所以不能百分之百地确定这些对策是完全可行的。

3. 模拟谈判的总结

模拟谈判的目的是总结经验、发现问题、弥补不足、完善方案。因此，在模拟谈判告一段落后，要及时进行总结（如对对手策略的反应机敏程度、自身班子的协调配合程度等一系列问题），必须认真地回顾谈判中己方人员的表现，以便为真正的谈判做好充分的准备。

### 三、采购谈判程序

（一）开局阶段

谈判的开局阶段一般是指双方在讨论具体、实质性交易内容之前彼此熟悉并就谈判的内容分别发表陈述和倡议的阶段。这一阶段是在双方已做好充分准备的基础上进行的。通过这一阶段的谈判可以为后面具体议题的谈判奠定基础，因此，这一阶段也称为非实质谈判阶段或前期事务性磋商阶段。

谈判的开局阶段对整个谈判过程起着至关重要的作用，往往关系到双方谈判的诚意和积极性，影响谈判的格调和发展趋势。这一阶段的目标主要是：就谈判程序和相关问题达成共识，双方人员互相交流，创造友好合作的谈判气氛；分别表明己方的意愿和交易条件，摸清对方的情况和态度，为实质性磋商阶段打下基础。为达到上述目标，谈判的开局阶段主要有两项基本任务，即营造良好的谈判气氛和开好预备会议。

1. 营造良好的谈判气氛

谈判气氛是指谈判双方通过各自所表现的态度、作风而建立起来的谈判环境。一般来说，谈判气氛可分为 4 种：热烈的、积极的、友好的；平静的、严谨的、严肃的；冷淡的、对立的、紧张的；慢慢腾腾的、松松垮垮的、旷日持久的。谈判气氛直接作用于谈判的进程和结果，不同的谈判气氛可能会导致不同的谈判效果。良好的谈判气氛应该有几个特点：一是礼貌、尊重的气氛；二是自然、轻松的气氛；三是友好、合作的气氛；四是积极进取的气氛。那么，怎样才能营造良好的谈判气氛呢？

（1）营造良好谈判气氛的方法。

① 注意个人形象。个人形象主要涉及服装、仪表、语言、行为等方面。有经验的谈判人员可以从一个人的形象中看出此人是信心十足还是优柔寡断，是精力充沛还是疲惫不堪，是轻松愉快还是怀疑猜测，是好战型还是合作型……因此，作为一名谈判人员，应该特别注意个人形象的树立，不但要注意服装整洁，而且要注重仪表得体和行为端庄。

② 沟通思想、加深了解、建立友谊。在谈判开始时，谈判人员不宜采取单刀直入或者首先提出敏感问题的方式，而应运用可以引起双方共鸣、交流轻松的话题来开启谈判之门，也可以谈论双方感兴趣的题外话，还可以回忆往日合作成功的场景等。双方通过轻松的交谈，在气氛比较和谐的情况下，一方才可以试探性地选择一些相同或近似的正式话题进行交流，以此由表及里、由浅入深地展开，使谈判之门慢慢开启。

③ 以谦和、坦诚的态度来奠定基础。谦和往往比逞强更能获得人们的信赖。谦和不是谈判各方地位的反映，而是谈判力量的表现。坦诚可以使谈判各方相互信任，争取到感情上的相互接近。尽管在谈判中会出现争论，双方使用一些策略和技巧，但谦和与坦诚是不变的信条，应当成为谈判的主旋律。

**案例阅读**

某公司是一家制造型企业，现成功转型为一家销售型企业，同时开始了从采购原始配件、自己组装成品转为采购成品销售。在转型当月，该公司采购部便来了一些成品销售商，他们要进行采购谈判。由于该公司采购经理对公司贡献颇大，在公司转型前就在员工中声望很高，所以被委以重任来负责此次谈判事务。

在谈判开始前，双方互相进行介绍时，这位采购经理这样介绍一家供应商的销售经理："这就是那位老弟，咋今天才晓得往老哥这儿跑呢？"

对方的销售经理一听非常不高兴，但作为一名销售人员来说负责的是公司的业务而非个人得失，于是也没有表现出不高兴的样子。但接着介绍销售方经理的时候，这位采购经理居然说："今儿来分我这一亩三分地，敢不留下买路财？"

由于这位销售经理无法理解这些在当地人看来非常亲切的话，所以其当即表示拒绝合作，并指责这是一家土匪公司。

最后，该公司老总亲自出面谈判，才签约成功。但供应商的销售经理提出要求，在以后的谈判中不允许他们这位采购经理出面。

（2）营造谈判气氛应考虑的因素。不同内容和类型的谈判，需要营造不同的谈判气氛与之对应。一般来说，确定恰当的谈判气氛需要考虑以下因素：

① 双方人员之间的关系。如果谈判人员双方之间有交往，且关系比较好，开局阶段就可

以畅谈友谊、畅谈以往交往的情景，还可以询问对方的家里情况等，以增进双方的个人感情。实践证明，一旦双方人员之间建立了良好的个人感情，那么提出要求、做出让步、达成协议就比较容易。

②谈判双方企业之间的关系。

A. 双方有过业务往来，且关系很好。在这种情况下，开局阶段的气氛应是热烈、真诚、友好和愉快的。己方的谈判人员在语言上应该是热情洋溢的，在内容上可以畅谈双方过去的友好合作关系或双方之间的人员交往，也可以适当地称赞对方企业的进步与发展。在寒暄结束后，可以这样将话题切入实质性谈判："过去我们双方一直合作得很愉快。我想，这次我们仍然会合作愉快的。"

B. 双方有过业务往来，但关系一般。在这种情况下，开局阶段的目的是要争取创造一个比较友好、和谐的气氛。己方的谈判人员在语言的热情程度上要有所控制，在内容上可以简单聊一聊双方过去的业务往来及人员交往，也可以说一说双方人员在日常生活中的兴趣和爱好。在寒暄结束后，可以这样将话题切入实质性谈判："过去我们双方一直保持着业务往来关系，我们希望通过这一次的交易磋商，将我们双方的关系推进到一个新的高度。"

C. 双方有过一定的业务往来，但对对方的印象不好。在这种情况下，开局阶段的谈判气氛应是严肃、凝重的。己方的谈判人员在注意礼貌的同时，语言上应该比较严谨甚至可以带一点冷峻，在内容上可以就过去双方的关系表示不满和遗憾，以及希望通过磋商来改变这种状况，在态度上应该充满正气，与对方保持一定距离。在寒暄结束后，可以这样将话题引入实质性谈判："我们双方有过一段合作关系，但遗憾的是并不那么令人愉快，'千里之行，始于足下'，让我们从这里开始吧。"

D. 双方从来没有过业务往来。在这种情况下，第一次的交往应努力创造一种真诚、友好的气氛，以淡化和消除双方的陌生感及由此带来的防备，为后面的实质性谈判奠定良好的基础。己方的谈判人员在语言上应该表现得礼貌友好但又不失身份，在内容上多以天气情况、途中见闻、个人爱好等比较轻松的话题为主，也可以就个人在公司的任职时间、负责的范围、专业经历进行一般性询问和交谈，在态度上不卑不亢、沉稳不失热情，自信但不傲气。在寒暄结束后，可以这样将话题引入实质性谈判："这笔交易是我们双方的第一次业务交往，希望它能够成为我们双方发展长期友好合作关系的一个良好开端。我们都是带着希望来的。我想，只要我们共同努力，就一定会满意而归的。"

③双方的实力。

A. 双方谈判实力相当。为了防止一开始就强化对手的戒备心理或激起对方的对立情绪，以致影响实质性谈判，在谈判开局阶段，仍要力求创造一种友好、轻松、和谐的气氛。己方谈判人员在语言和姿态上要做到轻松又不失严谨、礼貌又不失自信、热情又不失沉稳。

B. 己方谈判实力强于对方。为了使对方能够清醒地意识到这一点，在谈判中不抱过高的期望，且能产生威慑作用而又不至于将对方吓跑，在开局阶段，在语言和姿态上既要表现得礼貌、友好，又要充分显露己方的自信和气势。

C. 己方谈判实力弱于对方。为了不使对方在气势上占上风，影响后续实质性谈判，在开局阶段，在语言和姿态上一方面要表示得友好、积极，另一方面要充满自信、举止沉稳、谈吐大方，使对方不敢轻视己方。

2. 开好预备会议

在正式谈判之前召开预备会议,目的是使双方明确谈判的目标及为此而共同努力的途径和方法,可为以后各阶段的谈判奠定基础。其任务有两个:一是协商谈判通则;二是进行开场陈述。

(1)协商谈判通则。即双方就谈判目标、计划、进度和人员等内容进行磋商。谈判双方初次见面,首先要互相介绍参加谈判的人员,包括姓名、职位及在谈判中的角色等。然后,双方进一步明确谈判要达到的目标,即双方共同追求的合作目标。同时,双方还要磋商确定谈判的大体议程和进度,以及需要共同遵守的纪律等。

(2)进行开场陈述。开场陈述是指在开局阶段双方就谈判的内容,陈述各自的观点、立场及建议。其任务是让双方将谈判所涉及的内容全部提出来,使彼此了解对方对谈判内容所持有的立场和观点,并在此基础上就一些分歧分别发表建设性的意见或倡议。当双方在预备会议上就谈判的目标、计划、进度和参加的人员等问题进行协商并基本达成一致后,就需要将开局阶段的谈判推进一步,即分别就谈判的基本内容发表开场陈述。

开场陈述的内容主要包括以下几个方面:

① 己方的立场。即己方希望通过谈判获取的利益,其中哪些又是至关重要的;己方可以采取何种方式为双方共同获取利益做出贡献;今后双方合作中可能会出现的成效或障碍;己方希望谈判遵循的方针;等等。

② 己方对问题的理解。即己方认为谈判应涉及的主要问题,以及对这些问题的看法、建议或想法等。

③ 对对方各项建议的反应。如果对方开始陈述或者对方对己方的陈述提出了建议,那么己方就必须对这些建议做出应有的反应。

开场陈述的方式一般有两种:一种是由一方提出书面方案并发表意见;另一种是会晤时双方口头陈述。在开场陈述时,到底采用哪一种方式,不能一概而论,应视具体的谈判环境而定。但有一点是非常明确的,即陈述应是正式的,以轻松愉快的方式表达出来,要让对方明白自己的意图,而不是向对方提出挑战。

对于对方的陈述,己方要做到:一是倾听,听的时候要思想集中,不要把精力花费在寻找对策上;二是要搞懂对方陈述的内容,如果有什么不清楚的地方,可以向对方提问;三是归纳,要善于思考、理解对方的关键问题。

(二)报价阶段

在经历了谈判双方最初的接触、摸底,对所了解和掌握的信息进行相应的处理之后,谈判开始从广泛性的洽谈转向对每一个议题的磋商。在每一个议题磋商之初,往往由一方当事人报价,另一方当事人还价。这个报价和还价的过程指的就是报价阶段。不过这里所指的"价"是从广义上来说的,并非单指价格,而是指包括价格在内的诸如交货条件、支付手段、违约金与押金、品质与检验、运输与保险、索赔与诉讼等一系列内容。在这一阶段,对报价者来说,需要考虑的问题主要是如何确定和提出开盘价;而对于还价者来说,需要考虑的问题则是如何确定还盘价,以及如何向对方提出还盘价。因此,谈判人员应当尽量准确地判断出对方所能接受的条件范围,其报出的价格和其他各项条件一般都不应超出对方所能接受的范围。

1. 报价的原则

（1）开盘价为"最高"或"最低"价。对于卖方来说，开盘价必须是"最高"价；与此相反，对于买方来说，开盘价必须是"最低"价。这是报价的首要原则。

① 开盘价为己方要价定了一个最高限度。如果己方是卖方，开盘价为己方定了一个最高价，最终双方的成交价格肯定低于开盘价；如果己方是买方，开盘价为己方定了一个最低价，最终双方的成交价格肯定高于开盘价。

② 开盘价高，可以为后续的磋商留下回旋的余地，使己方在谈判中更富有弹性，以便掌握成交时机。

③ 开盘价对最终成交价具有实质性影响。开盘价高，最终成交价的水平就较高；相反，开盘价低，最终成交价的水平就较低。

（2）开盘价必须合乎情理。开盘价要报得高一些，但绝不是漫天要价，恰恰相反，高的同时必须合乎情理，必须能够讲得通。如果报价过高，又讲不出道理，对方必然认为己方缺少谈判的诚意；或者，对方被逼无奈而中止谈判；或者，对方"以其人之道，还治其人之身"，也来个漫天要价；或者，对方逐一提出质疑，其结果只能是被迫无条件让步。可见，开盘价过高将会有损谈判成效。

（3）报价应该坚定、明确、完整且不加任何解释说明。报价时，态度要坚决、果断，毫无保留，这样做能够给对方留下认真而诚实的好印象。但要记住，任何欲言又止、吞吞吐吐的言行举止，必然会导致对方不悦，甚至会使对方产生不信任感。

开盘价要明确、清晰和完整，以便对方准确了解己方的期望。开盘价通常包括一系列内容，如价格、交货条件、支付手段、质量标准等。开价时，要把开盘的几个要件一一讲清楚，不要对己方所报价格做过多的解释、说明或辩解。因为对方不管己方报价所含水分多少，都会提出质疑。如果在对方提出问题之前，己方主动说明，会使对方意识到己方最关心的问题所在，而这种问题有可能是对方尚未考虑到的。因此，有时过多的解释、说明或辩解，会使对方从中找到破绽，向己方进行猛烈反击。

2. 报价方式

报价的方式有两种：一种是己方先开价，对方后开价；另一种是对方先开价，己方后开价。究竟应该选择哪一种报价方式，要根据己方的条件和每次报价的利弊来决定。

（1）己方先开价。己方先开价的有利之处在于：一方面，先行报价对谈判施加的影响大，它实际上是给对方规定了谈判框架或基准线，谈判的最终协议将在这个范围内达成；另一方面，先报价如果出乎对方的预料和设想，往往可以打破对方原有的部署，甚至动摇对方原来的期望值，使其失去信心。总之，先报价在整个谈判过程中会持续地产生作用，比后报价的影响要大得多。

己方先开价的不利之处在于：一方面，对方听了己方报价后，可以对自己原有的想法进行最后的调整，可以得到原本得不到的好处；另一方面，对方还会在磋商过程中迫使己方按照他们的谈判思路谈下去（其最常用的做法是：采取一切手段，调动一切对其有利的因素，集中力量攻击己方报价，逼迫己方一步步降价，而不透露他们的报价）。

己方先开价的适用条件在于：己方实力强于对方；己方在谈判中处于有利地位；谈判竞争激烈；己方为卖方。

（2）己方后开价。己方后开价的有利之处在于：了解对方情况；观察对手，扩大自己的思路和视野；及时调整自己的报价。

己方后开价的不利之处在于：报价时可能受到对方的影响。

己方后开价的适用条件在于：己方实力明显弱于对手；己方对谈判环境了解得不够；谈判经验不足；己方为买方。

3. 如何对待对方的报价

在对方报价的过程中，切忌干扰对方报价，而应认真听取并尽力完整、准确、清楚地把握对方的报价内容。在对方报价结束后，对不清楚的地方可以要求对方进行解答。同时，应将己方对对方报价的理解进行归纳并加以复述，以确认自己的理解是否准确无误。

在对方报价完毕之后，正确的做法是：不急于还价，而是要求对方对其价格的构成、报价依据、计算的基础及方式方法等做出详细的解释。通过对方的价格解释，可以了解对方报价的实质、态势、意图及诚意，以便从中寻找出破绽，从而动摇对方报价的基础，为己方争取重要的便利条件。

在对方完成价格解释之后，针对对方的报价，可以有两种选择：一种是要求对方降低报价；另一种是提出自己的报价。一般来说，要求对方降低报价比较有利，因为这是报价一方的反应；如果成功，可以争取到对方的让步，而己方既没有暴露自己的报价内容，也没有做出任何让步。

（三）磋商阶段

磋商阶段又称讨价还价阶段，是谈判的关键阶段，也是最困难、最紧张的阶段。在这个阶段，谈判双方就价格问题展开激烈的讨论。

1. 讨价

讨价是指要求报价方改善报价的行为。在谈判过程中，一般卖方在首先报价并进行价格解释之后，买方如认为离自己的期望目标太远，或者不符合自己的期望目标，必然在价格评论的基础上要求对方改善报价。如果说，报价后的价格解释和价格评论是价格磋商的序幕，那么讨价便是价格磋商的正式开始。

买方的讨价一般分为 3 个阶段，不同的阶段应采用不同的讨价方法：第一阶段，由于讨价刚开始，对卖方价格的具体情况尚欠了解，所以讨价的方法是全面讨价，即要求对方从总体上改善价格；第二阶段，讨价进入具体内容，这时的讨价方法是针对性讨价，即在分析对方价格的基础上，找出含水分大的项目，有针对性地进行讨价；第三阶段是讨价的最后阶段，讨价方法又是全面讨价，因为经过针对性讨价，含水分大的项目已降下来，这时只能从总体上要求对方改善价格。讨价过程尽管从理论上讲可以分为 3 个阶段，但从时间上看却不是很长，只要对方能及时修改自己的报价，就可以很快结束这个过程。

2. 还价

还价又称还盘，一般是指针对卖方的报价买方做出反应性报价的行为。还价是谈判过程中交易磋商的一个必备环节，也是整个谈判的中心。还价要力求给对方造成较大的压力和影响，甚至改变对方的期望；同时，应着眼于使对方有接受的可能，愿意向双方互利性的协议靠拢。因此，还价前需要筹划，通过对报价内容的分析和计算，设计相应的方案和对策，使谈判人员在还价过程中得以贯彻，以发挥"后发制人"的作用。

（1）还价方式。在还价中，谈判人员要确保自己的利益和主动地位，首先应善于根据交易内容、所报价格及讨价方式，采用不同的还价方式。

按照谈判过程中还价的依据，还价方式分为按可比价还价和按成本还价两种：

① 按可比价还价。按可比价还价是指己方无法准确掌握所谈商品本身的价值，而只能以相似的同类商品的价格或竞争者商品的价格作为参照来进行还价。这种方式的关键是所选择的用以参照的商品的可比性及其价格的合理性，只有可比价格合理，还价才可能使对方信服。

② 按成本还价。按成本还价是指己方能计算出所谈商品的成本，以此为基础再加上一定比率的利润作为依据来进行还价。这种还价方式的关键是所计算成本的准确性，只有成本计算得比较准确，还价的说服力才比较强。

按照谈判过程中还价的项目，还价方式又可分为总体还价、分别还价和单项还价 3 种：

① 总体还价。总体还价即一揽子还价，它是与全面讨价对应的还价方式。

② 分别还价。分别还价是指分别讨价的还价方式，即把交易内容划分成若干类别或部分，然后按各类价格中的含水量或按各部分的具体情况逐一进行还价。

③ 单项还价。单项还价一般是与针对性讨价相应的还价方式，是指按所报价格的最小单位还价，或者针对某个别项目进行还价。

（2）还价起点的确定。还价方式确定后，还要确定还价的起点。还价起点即买方的初始报价，是买方第一次公开报出的打算成交的价格，其高低直接关系己方的经济利益，也影响价格谈判的进程和成败。确定还价起点时要注意以下方面：

① 还价起点确定的原则。首先，起点要低。还价起点低，能给对方造成压力，影响和改变对方的判断，能利用其策略性虚报部分为价格磋商提供充分的回旋余地和准备必要的交易筹码，对达成最终成交价格和实现既定的利益目标具有不可忽视的作用。其次，还价起点要接近成交目标，至少要接近对方的保留价格，以使对方有接受的可能性；否则，太低的话对方会失去交易兴趣而退出谈判，或者己方不得不重新还价而陷于被动。

② 还价起点确定的参照因素。首先，报价中的含水量。在价格磋商中，虽然经过讨价后报价方对其报价做出改善，但改善的程度各不相同，因此，重新报价中的含水量是确定还价起点的第一项因素。对于所含水分较少的报价，报价起点应当较高，以使对方同样感受到交易的诚意；对于所含水分较多的报价，或者对方报价只做出很小的改善，便千方百计地要求己方立即还价时，还价起点就应较低，以使还价与成交价格的差距跟报价中的含水量相适应。同时，在对方的报价中，会存在不同部分含水量的差异，因而还价起点的高低也应有所不同，以此可增强还价的针对性并为己方争取更大的利益。其次，成交差距。对方报价与己方准备成交的价格目标的差距是确定还价起点的第二项因素。对方报价与己方准备成交的价格目标的差距越小，其还价起点就应越高；对方报价与己方准备成交的价格目标的差距越大，还价起点就应越低。当然，不论还价起点高低，都要低于己方准备成交的价格，以便为后续的讨价还价留下余地。

（3）还价的基本要求。

① 做好还价前的准备。还价不是一个简单的压低价格的过程，必须建立在企业的利益分析、市场调查和货比三家的基础上，并在此基础上确定自己的还价。

② 明确对方报价的具体含义。己方在清楚了解对方报价的全部内容后，要透过对方报价的内容来判断其意图，在此基础上分析怎样能使交易既对己方有利又能满足对方的要求。也就是说，谈判人员要将双方的意图和要求逐一进行比较，弄清双方分歧之所在、对方的谈判重点之所在等。

③ 统筹兼顾。由于价格既涉及技术问题，又涉及策略问题，包含的内容非常广泛，所以在还价时，不能只将眼光集中在价格上，应当通盘考虑，把价格与技术、商务等各个方面结合起来，进行统筹兼顾。只有这样，才能使谈判更富有意义，也可以缓和还价中存在的难度和矛盾。

3. 讨价还价中的让步

谈判中讨价还价的过程就是让步的过程。怎么让步、分几次让步、每次让步的幅度为多少，这些都大有学问。经验丰富的谈判人员能以很小的让步换取对方较大的让步，并且还让对方感到心满意足，能够愉快地接受。

（1）让步的原则。谈判中的让步不仅取决于让步的绝对值的大小，而且取决于彼此的让步策略，即怎样做出让步，以及对方怎样争取到让步。具体在讨价还价的过程中，要注意以下几个方面：

① 维护整体利益。让步的一个基本原则是整体利益不会因局部利益的损失而损失，局部利益的损失是为了更好地维护整体利益。以最小让步换取谈判的成功，以局部利益换取整体利益是让步的基本出发点。在谈判过程中，在己方认为重要的问题上要力求对方先让步，而在较为次要的问题上，根据需要己方可以考虑先做出让步。

② 明确让步条件。不要做无谓的让步，谈判人员要知道，每一次让步都实实在在地包含己方的利润损失或增加的成本。在谈判过程中的每次让步都要换取对方在其他方面的相应让步，遵循得大于失的原则。

③ 选择恰当的让步时机。让步时机要恰如其分，不到需要让步的时候绝不要做出让步，以使己方较小的让步能给对方以较大的满足。即使己方已决定做出让步，也要使对方觉得己方让步不是件轻而易举的事，这样对方就会珍惜所得到的让步。

④ 确定适当的让步幅度。在谈判过程中，让步一般应分多次进行，每一次让步的幅度不要太大，节奏不宜太快，应做到步步为营。如果让步幅度太大，会使对方的期望值提高，从而提出更高的让步要求，使己方陷入被动；如果让步节奏太快，对方的要求会轻而易举地满足，那么己方的让步不会引起对方的足够重视。

⑤ 不要承诺与对方做同等幅度的让步。因为双方即使让步幅度相当，但由此得到的利益不一定是相同的。

⑥ 每次让步后要检验效果。如果己方先做了让步，那么在对方做出相应的让步前，就不能再做出让步了；如果做了让步后又觉得考虑欠周，想要收回，这时也不要不好意思，因为这不是决定，完全可以推倒重来。

（2）让步的选择。从一般意义上来说，让步行为分2种类型：一种是不花代价的让步。例如，在谈判过程中礼貌待人，认真倾听对方讲话，详细解答对方的疑问，通过感情投资使对方认识到己方在谈判桌外的让步；让对方了解己方目前所处的市场优势地位，如市场形势、购买数量、付款条件等，使对方认识到与其他人的条件相同就是对其做出了让步；适时让高级主管人员出面，以提高谈判规格，使对方认识到己方的合作诚意能够带来长期业务往来的利益；等等。另一种是花费代价的让步。即要通过己方给对方降低或提高价格、增加购买数量、改变付款方式等，来实现谈判的目标。

（3）让步的幅度。让步的幅度是指每次让步数额的大小。从谈判的惯例来看，每次让步的幅度有 2 种计算方法：一种是以预计的成交价为基础计算，每次让步幅度占总成交价的 1%～10%。如果低于 1%，说明没有谈判诚意；如果高于 10%，则会给己方带来较大损失。另一种是按预计让步的总额计算，每次让步要占准备让步价格总额的 5%～50%。无论哪种计算方式，其幅度内都有较大的差距，选择让步幅度的高点、低点或中间水平，既要取决于价格总额的大小，也要考虑让步的次数及其先后顺序。

在讨价还价中，确定让步幅度有以下两个原则：

① 买方的让步总额要小于卖方。例如，在一次谈判中，卖方多次让步的总额为 10 万元人民币，买方多次让步的总额最多为 8 万元人民币。这是在买方市场条件下，买方处于有利地位的反应。

② 每次让步的幅度要逐步由大到小。例如，第一次的让步幅度可定为全部让步总额的 45%，第二次为 30%，第三次为 18%，第四次为 7%。这一原则的目的是逐步降低对方的期望值。

这两个原则是一体的，谈判人员在确定自己的让步方案时必须全面考虑。

（四）成交阶段

谈判双方的期望相当接近时，就会产生结束谈判的愿望。成交阶段就是指双方决心按磋商达成的最终交易条件进行成交的阶段。有经验的谈判人员总是善于在关键、恰当的时刻，抓住对方隐含的签约意向或巧妙地向其表明自己的签约意向，趁热打铁，促成交易的达成与实现。

1. 促成成交的方法

（1）向对方发出信号。谈判收尾，在很大程度上是一种掌握火候的艺术。一场谈判旷日持久但进展甚微，而后由于某种原因，使得大量的问题迅速地得到解决，一方的让步有时能使对方也做出相应的让步；反过来说，会引起新一轮的让步，多米诺骨牌效应的出现会使双方的相互让步很快接近平衡点，而最后的细节在几分钟内即可拍板。在即将达成交易时，谈判双方都会处于一种准备完成时的兴奋，而这种兴奋状态的出现往往是由于一方发出成交的信号所致。

（2）最后一次报价。在一方发出签约意向的信号而对方又有同感的时候，谈判双方都需要做最后一次报价。对最后一次报价，要注意以下几点：

① 报价不要过于匆忙。报价不要过于匆忙，否则，会被认为是另一个让步，使对方觉得还可以再努力争取到另一些让步；但如果报价过晚，对局面已不起作用或影响很小，也是不妥的。为了选好时机，最好把最后的让步分为两步：主要部分在最后期限之前提出，刚好给对方留一定的时间回顾和考虑；次要部分，如果有必要的话，应作为最后的"甜头"，安排在最后时刻提出。

② 最后让步的幅度大小。最后让步必须足以成为预示最后成交的标志。在决定最后让步幅度时，一个主要因素是看对方接受这一让步的谈判人员在对方组织中的位置。让步的幅度应达到刚好满足较高职位的谈判人员维持其地位和尊严的需要。

③ 让步与要求同时提出。除非己方的让步是全面接受对方现时的要求，否则，必须让对方知道，不管在己方做出最后让步之前或在做出让步的过程中，都希望对方予以回应并做出相应的让步。例如，在提出己方让步时，示意对方这是谈判人员个人的主张，很可能会因此受到上级的批评，所以要求对方给予同样的回应。

（3）对一些重要的问题进行必要的检索。检索的目的如下：
① 明确还有哪些问题没有得到解决。
② 对自己期望成交的每项交易条件进行最后的决定，明确自己对各种交易条件准备让步的限度。
③ 决定采取何种结束谈判的战术。
④ 着手安排交易记录事宜。

检索的时间与形式取决于谈判的规模，有时可能安排在一天谈判结束前的休息时间里，有时也可能安排一次正式的会议（这样的检索会议往往被安排在最后一轮谈判之前进行）。但是，不管这种检索的形式怎样，这个阶段都是谈判人员必须做出最后决定的时刻，谈判人员面临是否达成交易的最后抉择。因此，进行最后的检索时，应当以协议对谈判人员的总体价值为根据，对那些没有达成一致而未解决的问题应予以重新考虑，以权衡是做出相应让步还是失去这笔交易。在这个时候，务必防止一时的狭隘利益占据优势，但这并不是提倡让步政策，因为它直接关系交易目标能否实现。

2. 成交阶段的任务

（1）最后的总结与起草备忘录。在最后的阶段，应对所谈判的各项内容做一个双方意见的总结，并将意见以备忘录的形式记录下来，给参与谈判的各方过目。如果各方对备忘录的内容没有异议，即可起草谈判合同或协议了；如果谈判最终没有对具体的细节达成协议，也可以将双方已达成一致意见的某些原则性问题用备忘录的形式记录下来，作为下一次谈判的参考资料。

（2）草拟谈判合同或协议。各类采购谈判都需要签订书面合同。书面合同由哪一方草拟并无统一规定，但在我国涉外采购谈判惯例中，习惯上争取由我方负责草拟。参加谈判的业务人员必须具备草拟合同的知识和技能。在实际货物买卖谈判中，书面合同往往采用己方或对方印好的现成格式进行填写。

（3）审核合同并签字。正式合同拟订完毕后，谈判双方就进行正式签字，但签字前先要进行审核。审核的主要内容包括以下几个方面：
① 合法性审核。即审核合同是否符合法律规定。
② 有效性审核。即审核合同内容有无相互矛盾或前后不一致之处。
③ 一致性审核。即审核合同文本与谈判内容的一致性。
④ 文字性审核。即审核合同文字是否严谨、准确地表达了谈判内容。
⑤ 完整性审核。即审核合同条款是否有遗漏或省略，不能以心领神会、交情友谊来代替合同条款。

审核合同应由两三人进行，以便相互检验，并且需要反复审核若干次，以确保万无一失。签署前的审核应当双方同时进行。

另外，签字前要注意签字人的权限。通常来说，合同签署者必须是企业法定代表人或被授权的企业全权代表（授权证书应由企业法定代表人签发）。若主谈人员具有这两种身份中的任何一种，可直接签署合同；反之，则应由企业法定代表人签署，或相关人员取得充分授权后签署合同。合同附件多为业务性的实施细则或技术细则，一般由企业业务部门负责人或技术部门负责人签署，不宜由企业负责人包揽。

### （五）谈判后的管理

在签订协议之后，管理过程就变得十分关键了。管理过程的实施力度将决定双方能够从前一段所有的艰苦工作中得到的真实收益的多少。谈判后的管理主要是密切关注谈判合同的履行，继续寻找谈判合同中对己方有利的内容或损害己方的内容。因为任何合同都不是十全十美的，可能会出现很多漏洞和不足，这些漏洞和不足往往就在合同履行过程中被发现。谈判后的管理至少应该做到以下几个方面：

（1）成立项目管理小组来保证合同的有效执行。在合同履行的过程中，由于外部条件的变化或其他的原因而导致对方在某一条款或某一事项上违约，项目管理小组应及时发现这些问题，采用逐一或批量解决的方法来争取己方的利益。

（2）通过谈判后的管理堵住合同漏洞。

（3）搜索和跟踪项目信息。建立项目档案，明确专人负责跟踪，设法取得供应商项目负责人姓名、地址、电话号码等基本资料，以便与其建立联系。

（4）巩固已有的关系来促进双方的后续合作。例如，通过电话、传真询问项目的进展情况，在出差时顺访等。同时，及时了解并帮助对方解决遇到的问题，如原材料采购、产品生产等问题。

（5）合同履行遇阻的处理。当合同由于外界环境的变化而不能履行时，双方可以坐下来重新进行谈判。但若合同履行受阻是由于谈判一方主观人为设置的障碍，另一方应酌情警告或按照违约条款索赔。索赔时，也应该制订详细的索赔方案，如索赔的事项、索赔的依据、索赔的金额和时间等。

## 四、采购谈判策略与技巧

为了使谈判能够顺利进行并取得成功，谈判人员应善于灵活运用一些谈判策略与技巧。谈判策略是指谈判人员通过一些方法达到预期的谈判目标，而谈判技巧则是指谈判人员采用一些具体行动执行谈判策略。在实际工作中，应根据谈判内容、谈判目标、谈判对手等情况的不同，选用不同的谈判策略与技巧。

### （一）采购谈判策略

#### 1. 投石问路策略

投石问路策略是指在采购谈判中，当买方对卖方的商业习惯或有关诸如产品成本、价格方面的情况不太了解时，买方主动摆出各种问题，并引导对方去做出较为全面的回答，然后从中获得有用的信息资料的策略。这种策略一方面可以达到尊重对方的目的，使对方感觉自己是谈判的主角和中心；另一方面又可以摸清对方底细，争得主动。

例如，当买方向卖方购买 5 000 件产品时，可以先向供应商询问如果购买 1 000 件、2 000 件、3 000 件、4 000 件和 4 500 件的单价分别是多少，当卖方做出回答后，买方就可以从中获取有关的信息资料，进而分析研究出卖方产品的生产成本、生产能力、产品价格政策等。最后，买方就可能以较低的价格从卖方那里获得他们所需要的产品。

运用这种策略时，关键在于买方应给卖方足够的时间并设法引导卖方对所提出的问题尽可能详细地正面回答。买方在提问时应注意：问题要简明扼要，要有针对性，尽量避免暴露提问的真实目的。在一般情况下，买方可以提出以下几个问题：如果我们订货的数量增加或减少，你们的报价是多少？如果我们让你方成为我们的固定供应商，你们的报价是多少？如果我们有临时采购需求，你们的报价是多少？如果我们分期付款，你们的报价是多少？等等。

当然，这种策略也有不适用的情况。例如，当谈判双方出现意见分歧时，买方使用这种策略会让对方感到是故意给他出难题、缺少谈判诚意，谈判也许就不能成功。

2. 避免争论策略

谈判人员在开谈之前，要明确自己的谈判意图，在思想上进行必要的准备，以创造融洽、活跃的谈判气氛。但谈判双方为了谋求各自的利益，必然会在一些问题上发生分歧。分歧出现以后，要防止感情冲动，保持冷静，尽可能地避免争论。因为争论不仅于事无补，而且会使事情变得更糟，最好的方法是采取下列态度：

（1）冷静地倾听对方的意见。在谈判过程中，听往往比说更重要。它不仅体现了谈判人员良好的素质和修养，而且可以让谈判人员把握材料内容以便窥探对方的动机，预测对方的行动意图。在倾听的过程中，即使对方讲出对己方不利的话，也不要立即打断对方或反驳对方。在谈判过程中，最好的方法是让对方陈述完毕之后，先表示同意对方意见，承认自己在某些方面的疏忽，再提出自己的观点并重新进行讨论，从而达成双方都比较满意的结果。

（2）婉转地提出不同意见。在谈判过程中，当不同意对方意见时，切忌直接提出否定意见，这样会使对方在心理上产生抵触情绪，反而千方百计地维护自己的观点。如果有不同意见，最好的方法是先同意对方的意见，再做出探索性的提议。

（3）分歧产生之后谈判无法进行时应马上休会。如果在谈判过程中，某个问题已经成了绊脚石，双方各持己见且互不相让，使谈判陷入僵局，那么休会策略可以为那些固执己见的谈判人员提供请示上级的机会，也可以为己方创造养精蓄锐的机会。休会策略不仅可以避免出现僵持局面和争论，而且可以使双方保持冷静、调整思绪，平心静气地考虑双方的意见，达到顺利解决问题的目的。

3. 以退为进策略

以退为进策略从表面上来看，谈判的一方虽做出了退让、妥协或委曲求全，但实际上退却是为了以后更好的进攻，或实现更大的目标。例如，对方购买己方的产品，这时己方可以提出："我方出售产品享受优惠价的条件是，批量购买 2 000 件以上，或者是预付货款 40%，货款分两次付清。"这样，对方若要享受优惠价，就必须在两个条件中任选其一。一般的做法是，先向对方提出温和的要求，再提出强硬的要求，对方要在两者之间任选其一，自然就很容易接受温和的要求。

以退为进策略如果运用得当，效果将十分理想。例如，美国一家大型航空公司要在纽约建立一个大型航空站，要求爱迪生电力公司优惠供电，最初被电力公司以公共服务委员会不批准为由拒绝，导致谈判陷入僵局。后来，航空公司决定自己建一个发电厂来满足供电需求，消息一传出，电力公司预感将失去这个大用户，于是改变态度，主动请求公共服务委员会给予其优惠价格。公共服务委员会批准后，航空公司还是准备自己建发电厂，结果电力公司不得不请求公共服务委员会一再降低价格。这时，航空公司才与电力公司达成协议，获得了价格极其优惠的供电。

运用以退为进策略时也要认真考虑后果，因为这里的"退"往往是指提出方的另一条件，如果不认真考虑退一步的后果，万一退一步的后果对己方十分不利，那么即使能够挽回局面，最终也将得不偿失。同时，还要考虑退一步后对方的反应是怎样的，如果无法把握对方的反应，就不要轻易运用这一策略。

4. 声东击西策略

在军事上，这种策略被称为"明修栈道，暗度陈仓"。在谈判过程中，这种策略是指己方为达到目的和需要，有意识地将谈判的议题引导到无关紧要的问题上，虚张声势并转移对方的注意力，以求实现自己的谈判目标的策略。一般的具体做法是，在无关紧要的事情上纠缠不休，或在发现的问题上大做文章，以分散对方真正要解决的问题的注意力，从而在对方警觉性降低的情况下，顺利实现自己的谈判意图。例如，对方最关心的是价格问题，而己方最关心的是交货时间问题，这时谈判的焦点不要直接放到价格和交货时间上，而要放到价格和运输方式问题上。

5. 最后通牒策略

最后通牒策略是指当谈判双方因某些问题纠缠不休时，其中处于有利地位的一方向对方提出最后的交易条件，要么对方接受己方的交易条件，要么己方退出谈判，以此迫使对方让步的谈判策略。由于最后通牒策略极其强硬，所以往往是在不得已的情况下而用之，它最后结果可能是中断谈判，也可能是促使谈判成功。

一般来说，只有在以下4种情况下，才使用最后通牒策略：

（1）谈判人员知道己方处于一个强有力的地位，别的竞争者都不如其条件优越，如果对方要想使谈判继续进行并达成协议的话，只有接受。

（2）谈判人员已尝试过其他的策略，但都未能取得什么效果。

（3）当己方已将条件降到最低限度时。

（4）当经过旷日持久的谈判后，对方已无法再负担因失去这笔交易所造成的损失而非得达成协议不可时。

6. 走马换将策略

走马换将策略是指在谈判过程中，谈判一方出于某种目的，不断地更换谈判人员，借以打乱对方的部署策略的策略。例如，某公司的采购经理常常使用这种策略，他向下属指示，在谈判时，要提出强硬的要求使讨论进入低潮，当双方都筋疲力尽或者形成相持不下的僵局时，他就会亲自出马处理这笔交易。对方因不愿意失去这笔交易而迁就他们的要求，这位经理自然就达到了要求低价或更多服务的目的。

当然，如果新换的谈判人员是个新手，可能会对己方有利，但如果对己方使用这一策略的一方的目的是借此要己方妥协，那么对方就不会让没有经验的谈判人员出场。在这种情况下，一定要有所警惕。

如果对方使用走马换将策略，一般的应付方法如下：

（1）己方最好不要重复已讨论过的条款，这会使己方筋疲力尽，给对方乘虚而入的机会。

（2）如果新的谈判人员否认过去的协定，要在耐心等待的同时，采用相应的策略和技巧，说服其回心转意；否则，也可以借此否认己方所许过的承诺。

（3）必要时，寻找一些借口，使谈判搁浅，直到原先的谈判人员再换回来。

（4）不论对方是否更换谈判人员，都要有心理准备。

除上面介绍的谈判策略以外，在实际谈判活动中，还有许多策略可以采用，如红脸白脸策略、步步为营策略、欲擒故纵策略、旁敲侧击策略等。只要谈判人员善于总结和观察，并将理论结合实际，就能想出更多的、适合自身的谈判策略，并将其灵活运用到实际谈判中。

  **案例阅读**

我国某厂与美国一公司洽谈设备采购生意时，美方报价218万美元，我方不同意。美方降至128万美元，我方仍不同意。美方很生气，扬言只能再降10万美元，如果118万美元不能成交的话就回国。我方因为掌握了美方交易的历史情报，所以不为美方的威胁所动，坚持再降报价。

第二天，美方果真回国，我方毫不吃惊。果然，几天后美方又来到我国要求继续谈判。我方亮出在国外获取的情报——美方在两年前以98万美元的价格将同样的设备卖给了匈牙利一家公司。情报一亮出，美方以物价上涨等理由狡辩了一番后便将价格降至合理水平。

在本案例中，美方使用了欲擒故纵策略。从某种意义上说，谈判中的价格竞争也是情报竞争，如果把握了对手的精确情报，就能在谈判中取得优势。

（二）采购谈判技巧

1. 采购谈判技巧的规划

成功的谈判必须要有详细的规划。采购谈判技巧一般由以下4个部分构成。

（1）预测。

① 对价格的变化要做到未雨绸缪。充分的准备让己方在谈判时有多种选择，便于采取相应对策。

② "4个伙伴"理论。谈判桌上有"4个伙伴"——过去、现在、最近、未来。当一个决策无法同时满足这"4个伙伴"时，必须权衡得失，使损失降至最低。

③ 尽早得到卖方协助。卖方通常比买方更了解产品，应尽早要求卖方给予技术、管理、服务等方面的支持。

④ 使用量预测。汇集过去使用量的资料，作为未来订购量的参考。掌握过去几年来详细的采购资料，有助于在谈判时得到较大的帮助。

⑤ 掌握特殊重大事件。如果获知诸如罢工、天灾、关税、法令、运输状况等特殊重大事件，那么就能更加准确地预测合理价格，从而在谈判中居于优势地位。

⑥ 注意价格趋势。掌握过去卖方有多少产品项目价格上涨（如何时上涨、上涨幅度、通报形式等），将卖方的价格上涨模式与相应产业的价格模式进行比较。

（2）学习。

从所获取的信息中学习谈判的问题、对象及内容是谈判成功的关键之一。信息可分为容易得到（少花钱及时间）的信息与不易得到（多花钱及时间）的信息。

容易得到的信息包括：

① 谈判模式及价格的历史资料。找出卖方谈判技巧的趋势及其处理谈判的方式。

② 产品与服务的历史资料。

③ 稽核效果。从会计或采购稽核中可发现待加强控制之处，如卖方的成本分析常发生错误等。

④ 公司政策和政府法规。

⑤ 卖方的营运状况。从销售人员、竞争能力等方面可了解卖方的问题、优势和劣势。

⑥ 谁有权决定价格。收集谈判人员个人资料并加以运用，因为卖方通常较容易对陌生人抬高价格。

⑦ 掌握关键原料或关键技术因素。

⑧ 利用卖方的情报网路。可以从销售人员处获取一些有价值的信息，如价格趋势、科技的重要发明、市场占有率、设计的改变等。

不易得到的信息包括：

① 寻求更多的供应来源（包括海外）。虽然企业仍向原来的卖方采购，但更多的供应来源可提高企业的议价能力。

② 有用的成本、价格资料分析。良好的成本、价格资料分析有助于有效进行采购，必要时可借助成本分析师来分析。

③ 卖方的采价系统。

④ 限制卖方的谈判能力。尽量让卖方发表意见，仔细聆听并从中找出对策。

⑤ 了解卖方的利润目标及价格底线。需要耐心地通过各种渠道获取相关信息，如谈判过程也是渠道之一。

（3）分析。

① 如何还价。利用专业人员进行成本分析，建立议价的底线。

② 如何比价。一方面做价格分析，对于相同成分或规格的产品，要比较其价格或服务；另一方面做成本分析，将总成本分为细项，包括人工、原料、外包、制造费用、管理费用、利润等。

③ 找出决定价格的重要因素。

④ 价格上涨如何影响卖方的边际利润。卖方的成本虽然上涨，但其价格通常不仅仅反映成本的增加。

⑤ 实际与合理的价格是多少。

⑥ 对付价格上涨的最好对策。

（4）谈判。

前文已介绍，此处不再赘述。

2．采购谈判的基本技巧

（1）入题技巧。

谈判双方在刚进入谈判场所时，难免会感到拘谨。尤其是谈判新手，在重要的谈判中，往往会产生忐忑不安的心理。因此，必须讲求入题技巧，采用恰当的入题方法：

① 迂回入题。为避免谈判时单刀直入、过于直露，影响谈判的气氛，谈判时可采用迂回入题的方法。例如，先从题外话开始，聊一下季节或天气情况，或以当前流行的有关社会新闻、旅游、艺术等作为话题；也可以从介绍己方谈判人员入题，简要介绍己方人员的职务、学历、经历、年龄等，既打开了话题，消除了对方的忐忑心理，又充分体现了己方强大的阵容，使对方不敢轻举妄动；还可以从己方的生产、经营、财务状况入题，提供给对方一些必要资料，充分显示己方雄厚的财力、良好的信誉和优质价廉的产品等基本情况，从而坚定对方谈判的信心；等等。

② 先谈细节，后谈原则问题。有的谈判围绕谈判的主题，先从洽谈细节问题入题，条分缕析、丝丝入扣，谈妥各细节问题之后，也就自然而然地达成原则问题。

③ 先谈原则，后谈细节问题。一些大型的经贸谈判，由于需要洽谈的问题千头万绪，双方不应该也不可能一下子介入全部谈判，所以往往会分成若干等级，进行多次谈判。这就需要采取先谈原则、后谈细节问题的方法入题，一旦双方就原则问题达成一致，就可以深入洽谈细节问题了。

④ 从具体议题入手。大型商务谈判总是由具体的每一次谈判组成，在每一次谈判上，双方可以首先确定商谈议题，然后从这一具体议题着手进行洽谈。

（2）阐述技巧。

① 开场阐述。谈判入题后，双方进行开场阐述，这是谈判的一个重要环节。开场阐述主要包括以下要点：一是明确谈判所要解决的主题，以集中双方的注意力，统一双方的认识；二是表明己方通过洽谈应当得到的利益；三是表明己方的基本立场，可以回顾双方以前合作的成果，说明己方在与对方合作中所享有的信誉，也可以展望或预测今后双方合作中可能出现的机遇和障碍；四是开场阐述应是原则性的，而不是具体的，应尽可能简明扼要；五是开场阐述的目的是让对方明白己方的意图，创造协调的洽谈气氛。

② 让对方先开口。当己方不是很了解市场情况或者产品的定价，或者尚未确定购买何种产品，或者无权直接决定是否购买的时候，一定要坚持让对方先说明可提供何种产品、产品的性能如何、产品的价格如何等，然后审慎地表达意见。有时即使己方对市场态势和产品定价比较了解，也不妨先让对方阐述利益要求、报价和介绍产品，然后在此基础上提出己方的要求。这种后发制人的方式，常能收到奇效。

③ 坦诚相见。在谈判中应当坦诚相见，不但可以将对方想知道的情况坦诚相告，而且可以适当透露己方的某些动机和想法。坦诚相见是获得对方同情和信赖的好方法，因为人们往往对坦诚的人有好感。不过，也应当注意风险，对方可能利用己方的坦诚逼迫让步，己方可能因坦诚而处于被动地位。因此，坦诚相见是有限度的，并不是将一切和盘托出，应以赢得对方信赖，又不致使己方陷入被动、丧失利益为度。

（3）提问技巧。

要用提问摸清对方的真实需要，掌握对方的心理状态，表达己方的意见和观点。

① 提问的方式。提问的方式有很多种，包括封闭式提问、婉转式提问、开放式提问、澄清式提问、探索性提问、借助式提问、强迫选择式提问、引导式提问、协商式提问等。

② 提问的时机。提问也要把握时机，可以在对方发言完毕时提问；在对方发言停顿、间歇时提问；在自己发言前后提问；在议程规定的辩论时间提问。

③ 提问的其他注意事项。诸如，注意提问的速度；提问后留给对方足够的答复时间；提问时尽量保持问题的连续性；注意对方的心境。

（4）答复技巧。

谈判中的回答是一个证明、解释、反驳或推销己方观点的过程。在谈判中应当针对对方提出的问题实事求是地正面作答。但是，由于商务谈判中的提问往往千奇百怪，多是对方处心积虑、精心设计之后才提出的，所以如果对所有的问题都正面作答，并不一定是最好的答复，答复也必须运用一定的技巧。

① 回答问题之前，要给己方留有思考的时间。在谈判过程中，回答问题时绝不是速度越快越好。有些人在对方提问的话音刚落时，就着急回答问题，这些人通常有这样一种心理：

如果对方提问与己方回答间隙时间太长，就会让对方感觉己方对此问题缺少准备，或以为己方被问住了；如果回答得很迅速，就会显示出己方已有充分的准备，也显示了己方的实力。其实不然，在对方提问之后，可通过点烟、喝水等细节来调整一下节奏，可通过翻一翻笔记本等动作来拖延时间，考虑一下对方的问题。这样做既自然得体，又可以让对方看得见，从而减轻或消除对方对己方的错误感觉。

② 针对提问者的真实心理答复。谈判人员在谈判桌上提出问题的目的是多样的，动机也往往是复杂的。如果在没有经过深思熟虑、弄清对方真实动机的情况下，就按照常规来做出回答，效果往往不佳；但如果经过周密思考，准确判断出对方的用意，便可做出一个高水准的回答。

③ 不要彻底地回答问题，因为有些问题不必回答。在谈判过程中，并非任何问题都需要回答，有些问题并不值得回答。如果对方提出问题只是想了解己方的观点、立场和态度，或是想确认某些事情，对此应视情况而定：对于那些应该让对方了解或者需要表明己方态度的问题要认真回答；而对于那些可能会有损己方形象、造成泄密或一些无聊的问题，不予理睬就是最好的回答，但要注意礼貌。例如，对方询问己方产品质量如何，己方不必详细介绍产品所有的质量指标，只需要回答主要的几个指标即可，以给对方留下质量很好的印象。

④ 逃避问题的方法是避正答偏。有时对方提出的某个问题己方可能很难直接从正面回答，但又不能拒绝回答而逃避问题，这时可以采用避正答偏的办法，即在回答这类问题时，故意避开问题的实质，而将话题引向歧路，借以破解对方的进攻。

⑤ 对于不知道的问题不要回答。在谈判过程中，尽管准备得很充分，但也经常会遇到难解的问题，这时切不可为了维护面子而强行作答，因为这样有可能损害己方的利益。经验和教训一再告诫人们，谈判人员对于不懂的问题，应坦率地告诉对方不能回答或暂不回答，以避免付出不应付出的代价。

⑥ 有些问题可以答非所问。答非所问在知识考试或学术研究中是一个大忌，但从谈判技巧的角度来讲，却是一种对不能作答的问题的一种行之有效的答复方法。在有的情况下，可以通过答非所问来给己方解围。

⑦ 以问代答。以问代答是用来应付谈判中那些一时难以回答或不想回答的问题的方式。这种方法如同把对方踢过来的球又踢了回去，请对方从己方的角度反思后寻找答案。例如，在谈判进展不是很顺利的情况下，其中一方问对方"你对合作的前景怎样看？"这个问题在此时是难以回答的，善于处理这类问题的谈判人员可以采取以问代答的方式回答："那么，你对双方合作的前景又是怎样看的呢？"这时双方自然会各自思考，对于打破尴尬的局面能起到良好的作用。

⑧ 采取推卸责任的方法。谈判人员面对毫无准备的问题时，往往不知所措，或者即使能够回答，但鉴于某种原因而不愿意回答。对这类问题通常可以如此回答："对这个问题，我虽没有调查过，但听说过。"或"贵方某某先生的问题提得很好，我在某一份资料上看过有关这一问题的记载，就记忆所及，大概是……"

⑨ 重申和打岔。在谈判过程中，要求对方再次阐明其所问的问题，实际上是为自己争取思考问题的时间的好办法。在对方再次阐述其问题时，可以根本不去听，而只是考虑如何做出回答。当然，这种心理不应被对方察觉到，以防其加大进攻的力度。例如，有些经验丰富的谈判人员估计谈判中会碰到某些自己一时难以回答而又必须回答、出乎意料的棘手问题时，为了赢得更多的时间，就事先在本组内部安排好某人，让其专门在关键时刻打岔。打岔的方

式多种多样，如借口外面有某某人的电话、有紧急的文件需要某某人出来签字、借口去洗手间等。

（5）说服技巧。

在谈判过程中，能否说服对方接受己方的观点是谈判能否成功的关键之一。谈判中的说服，就是指综合运用听、问、述等各种技巧，改变对方的最初想法使其心甘情愿地接受己方的意见的方式。

① 创造说服对方的条件。

A. 要说服对方改变初衷，首先应当改善与对方的人际关系。当一个人考虑是否接受说服之前，他会先衡量说服者和他熟悉及亲善的程度，实际上就是信任度。对方在情绪上如果与己方是对立的，则不可能接受己方的劝说。

B. 在进行说服时，还要注意向对方讲述选择其作为说服对象的理由，使对方重视与己方交谈的机会。

C. 把握说服的时机。在对方情绪激动或不稳定时，在对方喜欢或敬重的人在场时，在对方的思维方式比较极端时，暂时不要进行说服。这时首先应当设法去安抚对方的情绪，避免让对方失面子，可先用事实适当地劝导对方一番，然后才可进行说服。

② 说服的一般技巧。

A. 努力寻求双方的共同点。谈判人员要说服对方，应努力寻求并强调与对方立场一致的地方，这样可以赢得对方的信任，消除对方的对抗情绪。只有以双方立场的一致性为跳板，因势利导地解开对方思想的症结，说服才能奏效。

B. 强调彼此利益的一致性。说服工作要立足于强调双方利益的一致性，淡化相互间的矛盾性，这样对方才比较容易接受己方的观点。

C. 要诚挚地向对方说明，如果接受己方的意见会有什么利弊得失。既要讲明接受己方的意见后对方会得到什么样的益处，己方会得到什么样的益处，也要讲明接受己方的意见后，对方的损失是什么，己方的损失是什么。这样做有两个好处：一是使对方感觉到客观、符合情理；二是当对方接受意见后，如果出现了恶劣的情况，也可以进行适当的解释。

D. 说服要耐心。说服必须耐心细致，不厌其烦地"动之以情，晓之以理"，把接受己方意见的好处和不接受己方意见的坏处讲深、讲透，不怕挫折，一直坚持到对方能够听取己方意见。在谈判实践中，常遇到对方的工作已经做通，但对方碍于面子或其他原因，一时还下不了台，这时谈判人员不能心急，要给对方一定的时间，直到"瓜熟蒂落"。

E. 说服要由浅入深，从易到难。谈判中的说服是一种思想工作，也应遵照循序渐进的方针。开始时，要避开重要的问题，商谈那些容易说服的问题，先打开缺口，再逐步扩展。一时难以解决的问题可以暂时抛开，等待适当的时机再行说服。

F. 不可用胁迫或欺诈的方法说服。说服不是压服，也不是骗服，成功地说服必须要体现双方的真实意见。采用胁迫或欺诈的方法使对方接受己方意见，会给谈判埋下危机。

3. 采购谈判的议价技巧

（1）报价的技巧。

在谈判过程中，报价不仅是在价格方面提出己方的想法，而且还泛指谈判双方在洽谈项目中的利益要求，也就是想要达到的目的。谈判双方在经过摸底，明确了具体内容和范围之后，提出各自的交易条件，来表明自己的立场和利益。但是，任何一方在阐述自己要求的时候，都不会一下子就把自己的底线透露给对方，而总是要打个"埋伏"，给自己留下讨论协商、讨价还价的空间；或者以优于底价的条件成交；或者超过既定目标完成谈判；或者以不低于底价的条件成交，完成谈判的既定目标。报价是有技巧性的，具体介绍如下：

① "低开"策略。"低开"策略是指买方先提出一个低于自己实际要求的谈判起点，试图先去击败对手，再与其进行真正的谈判，迫使对方让步，达到自己的目的。

在谈判过程中，应根据具体情况看能否运用"低开"策略，同时要防止对手运用这一策略。一般来说，破解这种策略的对策有以下几种：

A. 要求对方预付定金。

B. 在洽谈未达成正式协议之前，不要拒绝其他谈判方。

C. 要求速战速决。

D. 先草签协议，把实质问题定好。

E. 如果对方执迷于实施"低价策略"，则可提前点破它。

最重要的是，在谈判时不要低估对手，不要有轻易占便宜的心理，要知道占小便宜有时会吃大亏。

② 影子报价。影子价格是指一方说谎或有意误导对方。例如，买方可以告诉卖方说，他收到了另一家供应商的报价，每单位低于多少多少。如果卖方不对价格做出相应的变动，说明他是不想和买方做生意了。卖方也可以使用这种方法。卖方可以通知买方 A，说买方 B 准备以更高的价格采购这些物料。显然，这是一个不道德的、冒险的方式，但如果对方担心丢掉这笔生意，就会做出相应的让步；反之，对方如果对这种威胁性的报价没有反应，就意味着这一策略失效。

③ 探知临界价格。在谈判过程中，买方想知道卖方的最低出让价，卖方想知道买方的最高接受价，以便判断出一个双方都能接受的临界价格，所以都想运用一些技巧从对方口中探听出来。下面一些技巧能有效地帮助买方准确地探知临界价格：

A. 以假设试探。假设要购买更多或额外的东西，看价格是否能降低一些。

B. 低姿态试探。买方先告诉卖方他没有那么多钱来购买某些贵重的物料。

C. 派别人试探。先让另一个人出低价来试探卖方的反应，买方后出现。

D. 规模购买试探。对于只卖少量物料的卖方，买方可以提议成批购买，卖方会认为太荒谬而说出许多不该说的话，使买方知道其真正愿意接受的价格。

E. 低级购买试探。买方先提出购买品质较差的物料，再设法以低价购买品质较好的物料。

F. 可怜试探。表现出对卖方的产品很感兴趣，但因资金有限买不起，看卖方能否出个最低价。

G. 威胁试探。告诉卖方，要卖就是这个价，否则就算了。

H. 让步试探。买方提议以让步来交换卖方的让步，然后以此为起点继续商谈。

I. 合买试探。买方先问卖方两种物料多少钱，再问其中一种多少钱，然后以这个差价为基础确定另一种物料的价钱。

④ 灵活地把握先报价或后报价方式（先报价和后报价利弊比较见表 5-10）。

表 5-10　先报价和后报价利弊比较

| | 利 | 弊 |
|---|---|---|
| 先报价的利弊 | （1）在了解行情的情况下，先报价可以降低对方的期望值，缩短谈判进程。<br>（2）先报价，为以后的讨价和谈判结果设定一个界限。这个界限把对手的期望限制在一个特定的范围内，对谈判全过程中的所有磋商持续地发挥作用，有利于己方达到谈判目标 | （1）在不了解对方实际成本的情况下，先报价暴露了自己的理想目标，便于对方计算审定。若价格解释缺乏说服力，便给对方提供了突破口。<br>（2）先报价，既给自己限定了理想目标价格的界限，又给对方提供了有关信息，有利于对方调整期望值 |
| | 买方（己方） | 卖方（对方） |
| 买卖双方先报价的有利时机 | （1）价格资料准确、充分、全面，可变动性小。<br>（2）交易商品属于卖方市场，价格适中，成交可能性大。<br>（3）对方谈判实力弱，而且时间紧 | （1）在全面掌握交易商品的价格信息和货源数量、分布及市场行情变化趋势的情况下。<br>（2）在货源充足的买方市场，卖方急于脱手的情况下。<br>（3）在货源紧缺、供不应求、卖方价格合理的情况下。<br>（4）在采购商采购量迅速增加的情况下。<br>（5）在新的竞争对手出现的情况下 |

（2）还价的技巧。

在报价结束后，双方就会进入讨价还价的胶着状态，开始一场价格及其他问题的拉锯战。这个过程是漫长而重要的，要求谈判人员必须始终保持高昂的热情、冷静的头脑与灵敏的应变能力，当然还要掌握相应的还价技巧。

① 还价要有弹性。在价格谈判中，还价要讲究弹性。对于采购人员来说，切忌漫天还价、乱还价，也不要一开始就还出最低价。

② 化零为整。采购人员在还价时可以将价格集中起来，化零为整，这样可以在供应商心理上造成相对的价格昂贵感，以收到比用小数目进行报价更好的效果。而且，由于将零碎的采购进行集中化，所以在较大的采购批量前，可迫使供应商调整价格。

③ 化整为零。采购人员对涉及供应商承包和分包的采购项目，可采用分项还价，压缩分项报价中的"水分"，从而达到降低总价的目的。

④ 过关斩将。所谓过关斩将，是指采购人员善于说服上级主管的议价能力。通常供应商不会自动降价，必须由采购人员来据理力争。若采购金额巨大，采购人员甚至可以请求与更高层的主管面谈，或直接由己方的高层主管与对方的高层主管对话。此举通常效果不错，因为高层主管不但议价技巧与谈判能力高超，而且社会关系广、地位高，甚至会与对方高层有相互投资或事业合作的关系。

⑤ 压迫降价。所谓压迫降价，是指在买方占优势的情况下，以胁迫的方式要求卖方降低价格，且不征询其意见。这通常是在卖方处于产品销路欠佳或竞争十分激烈，以致发生亏损和利润微薄的情况下，为改善其获利能力而使出的"杀手锏"。压迫降价在以下情况下更有效：新厂商原料开发成功时；有代用品开发成功时；采购量增加时；行情变化价格看跌时；汇率变动有利于厂商时；有超量库存或存货时；等等。

⑥ 敲山震虎。在价格谈判中，巧妙地暗示对方存在的危机，可以迫使对方降价。通过给

对方暗示不利的因素,使对方在价格问题上处于被动地位,有利于己方提出的价格获得认同。但是,这种还价技巧必须"点到为止",要给人一种"雪中送炭"的感觉,让人觉得并非是在幸灾乐祸、趁火打劫,而是真心诚意地想合作。

### 案例分析

某年12月,通达商厦与幸福服装厂签订了购买500套羽绒服(平均每套300元人民币)和100件羊绒大衣(平均每件1 500元人民币)的合同,合同约定次年1月10日交货,以迎接1月21日至1月27日为期一周的展销会。合同中还对羽绒服和羊绒大衣的样式、规格、质量等进行了规定。合同签订后,通达商厦向幸福服装厂支付了预付款20万元人民币。

次年1月3日,通达商厦向幸福服装厂询问货物是否备齐,幸福服装厂答复已准备得差不多了,1月10日一定按时交货。1月15日,通达商厦因迟迟未收到货物,遂派工作人员前往幸福服装厂催货,发现该厂仅生产出300套羽绒服和50件羊绒大衣,而大量工人在生产其他的服装。通达商厦因幸福服装厂违约,决定解除合同,只提回已经做好的羽绒服和羊绒大衣,其余的羽绒服和羊绒大衣请幸福服装厂不要再生产了。幸福服装厂提出,制作这批服装的面料已经备齐,不能终止合同。最后,通达商厦同意幸福服装厂继续赶制,但必须于1月20日前将货物送至通达商厦,否则赶不上既定的展销会。1月15日当天,通达商厦提走已经做好的羽绒服和羊绒大衣,并与幸福服装厂约定货款由预付款冲抵。

1月20日,展销会开幕,幸福服装厂还是未将货物送到,通达商厦立即发函通知其不必再交货了。1月25日,幸福服装厂却告知通达商厦,货已备齐,可直接将货物送至展销会场。通达商厦称展销会已经开幕,其与幸福服装厂之间的合同已经解除,幸福服装厂不仅不必交货,而且应退回其35 000元人民币预付款。幸福服装厂拒绝退款,并于1月25日将货物送至展销会,但由于通达商厦拒绝收货,送货工人只得将货物运回幸福服装厂。

3月5日,通达商厦向法院起诉,要求法院确认合同解除,并要求幸福服装厂退回预付款35 000元人民币,赔偿损失若干。幸福服装厂则辩称,这批服装是为通达商厦定制的,而且在1月25日已经将货物送至展销会场,当时展销会才开幕5天,并不影响通达商厦的销售,因此通达商厦的要求是不合理的。

分析:本案例给我们哪些启示?

### 思考题

一、多项选择题

(1)关于采购合同,下列说法正确的是(    )。
    A. 采购合同是有偿合同
    B. 如果因不可抗力原因致使不能实现合同的,当事人可以解除合同
    C. 采购合同一经订立,就不能变更
    D. 采购合同订立的一般程序包括要约和承诺
(2)采购谈判的基本内容包括(    )。
    A. 质量方面    B. 保险方面    C. 交货方面    D. 价格方面
(3)解决合同纠纷的方法有(    )。
    A. 协商    B. 调解    C. 仲裁    D. 诉讼
(4)无效采购合同包括(    )。
    A. 一方以欺诈、胁迫手段订立,损害对方利益的合同

  B. 恶意串通，损害第三人利益的合同
  C. 以合法形式掩盖非法目的的合同
  D. 损害社会公共利益的合同

（5）如果有确切证明，下列情形中（　　）可以终止履行合同。
  A. 当事人一方延迟履行主要债务，经催告后在合理期限内尚未履行
  B. 经营状况严重恶化
  C. 丧失商业信誉
  D. 转移财产、抽逃资金，以逃避债务

（6）在采购谈判中，良好的开局气氛特点是（　　）。
  A. 尊重对方　　　　　　　　　　B. 友好合作
  C. 自然轻松　　　　　　　　　　D. 积极进取

（7）报价的原则有（　　）。
  A. 合理制定开盘价　　　　　　　B. 避免主动评论
  C. 报价要明确、清晰和完整　　　D. 报价后即主动评论

（8）下列说法正确的有（　　）。
  A. 在各类采购谈判中，都需要签订书面合同
  B. 在商务谈判中，如果不是很了解市场情况，应尽量先开口，试探对方的底价
  C. 在谈判过程中，如果不赶紧回答对方的提问，会让对方觉得己方缺少准备
  D. 影子报价是报价的技巧之一

二、判断题

（1）采购谈判是商务谈判的一种类型，谈判时双方主要以各自的经济利益作为谈判中心。（　　）
（2）要约和承诺都是可以撤销的。（　　）
（3）采购谈判中应做到多听、多问、多说。（　　）
（4）采购合同有书面形式、口头形式和其他形式，其中绝大多数为书面合同。（　　）
（5）受害方要求的损失赔偿额不得超过违反合同一方订立合同时预见或应当预见的因违反合同可能造成的损失。（　　）
（6）谈判的开局往往关系双方谈判的诚意和积极性，对整个谈判过程起着至关重要的作用。（　　）
（7）只有当双方授权代表签字时，合同才生效。（　　）
（8）无定额合同除了包含价格条款以外，还增加了承诺一定期间内购买数量的条款。（　　）

三、简答题

（1）采购合同的作用及主要条款有哪些？
（2）简述采购合同管理的过程。
（3）简述采购谈判的基本程序。

## 实训项目

### 采购谈判技巧

一、实训目标

（1）了解采购谈判条款的具体内容。
（2）掌握采购谈判的技巧。

二、实训内容

（1）收集资料，全面了解所要谈判产品的信息（特别是产品质量、交货及价格条款）。

（2）对谈判进行详细的规划。

三、训练步骤

（1）将班级学生分成 6～8 人一组的谈判项目小组，并确定负责人。

（2）教师选择 2～3 个类型的产品作为谈判的样本对象。

（3）小组成员通过充分讨论后，统一认识，统一谈判标准，选出 2～3 人负责最后的谈判。

（4）班级分组进行模拟谈判，并进行评比。

（5）教师进行实训总结。

# 项目 6
## 采购绩效评估

**工作任务描述**

采购工作经过一系列的作业程序之后,是否达到了预期的目标,企业对采购的物品是否满意,都需要经过考核评估才能下结论。采购绩效评估主要是建立一套科学的评估指标体系,对采购部门的工作成绩、工作效率和部门效益进行全面检查,进而为采购人员的工作指出改进的方向。

**工作任务分解**

图 6.1 描述了采购绩效考核管理的流程。

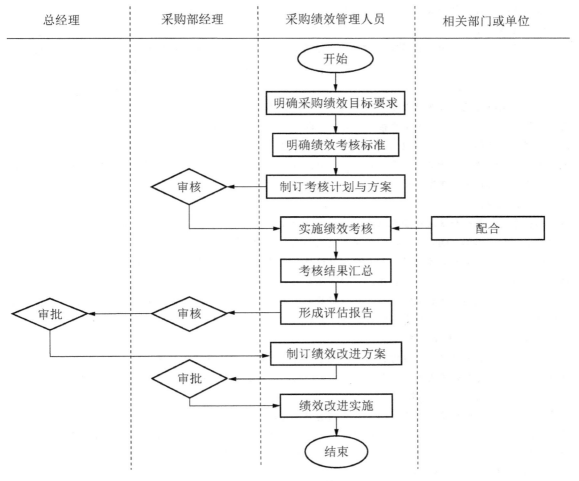

图 6.1 采购绩效考核管理流程

## 学习目标

| 知识目标 | 能力目标 | 学习重点和难点 |
| --- | --- | --- |
| （1）采购绩效评估方案的制订。<br>（2）采购绩效考核的实施。<br>（3）采购绩效考核的改进 | （1）能选择采购部门考核指标和采购人员考核指标。<br>（2）能确定采购绩效考核标准。<br>（3）能实施采购部门和采购人员的绩效考核评估。<br>（4）能提出采购绩效考核改进方案 | （1）采购绩效评估的指标。<br>（2）采购绩效考核的方法。<br>（3）采购绩效改进的方法 |

## 导入案例

对采购的控制除了对采购计划的控制外，还有与供应商进行交易的制度（供应商文件）控制、采购组织机构控制和采购程序控制。但在日常的采购业务活动中，还必须建立对采购人员进行考核的指标体系，以对采购流程进行细致的控制。下面以连锁企业为例，介绍采购考核指标体系的一般组成内容。

1. 销售额指标

销售额指标可细分为大分类商品指标、中分类商品指标、小分类商品指标和一些特别的单品项商品指标。企业应根据不同的业态模式中商品销售的特点来制定分类商品销售额指标的比例值。

2. 商品结构指标

商品结构指标是体现企业业态特征和满足目标客户需求的考核指标。例如，对一些便利店连锁企业的商品结构进行分析后发现，反映便利店业态特征的便利性商品只占8%，企业自有品牌商品只占12%，而其他商品则高达80%。为了改变这种商品结构，就要从指标上提高便利性商品和自有品牌商品的比重，然后进行考核。这种通过指标的制定和考核，可同时达到两个效果：其一，所经营商品的业态特征更加明显；其二，高毛利的自有品牌商品比重上升。

3. 毛利率指标

毛利率指标是一个确定综合毛利率的指标。这个指标首先反映企业的业态特征并控制住毛利率，然后分解综合毛利率指标，制定比例不同的商品类别的毛利率指标，最后进行考核。毛利率指标对采购人员考核的出发点是：让低毛利率商品类的采购人员通过合理控制订单量来加快商品周转、与供应商谈判加大促销力度或提高供应商给予的"折扣率"，以提高毛利率；对高毛利率商品类的采购人员来说，其通过优化商品品牌结构量或通过促销做大销售量，以提高毛利率。可见，增加毛利率的一个重要的途径就是，先通过促销做大销售量，再从供应商手中获取能提高毛利率的"折扣率"。

4. 库存商品周转天数指标

库存商品周转天数指标主要考核的是配送中心库存商品和门店存货的平均周转天数。通过这个指标，可以考核采购人员是否根据店铺商品的营销情况合理地控制了库存，是否合理地确定了订货数量。

5. 门店订货商品到位率指标

门店订货商品到位率指标考核的是门店向总部配送中心订货的商品与配送中心库存的商品可供配送的接口比例，一般不能低于98%，最好是100%。这个指标的考核除了总部其他部门的工作因素和特殊原因以外，主要落在商品采购人员身上，到位率低就意味着门店缺货率高，所以必须严格考核。

6. 配送商品的销售率指标

门店的商品结构、布局与陈列量都是由采购业务部制定的。如果配送到门店的商品销售率没有达到目标，可能是因为商品结构、布局和陈列量不合理。对一些实行总部自动配送模式的企业来说，如果配送商品销售率低，可能还涉及商品最高陈列量与最低陈列量的上下限是否合理的问题。

7. 商品有效销售发生率指标

商品有效销售发生率考核的是配送中心档案商品（档案目录）在门店POS机中的销售发生率。有的商品周转率很低，但为了满足消费者一次性购买和选择的需求，这些商品又不得不备货，如果库存准备得不合理损失就会很大。如果档案商品低于一定的发生率，说明这些商品为无效备货，则必须从目录中删除并进行库存清理。

8. 新商品引进率指标

新商品引进率指标考核的是采购人员的创新能力、对新的供应商和新商品的开发能力。这个指标一般可根据业态的不同来分别进行设计。为了保证不同业态的连锁企业的竞争力，就必须在商品经营结构上进行调整和创新。例如，如果便利店的顾客是新消费潮流的创造者和追随者，那么新商品的引进力度就要大得多，一般一年可达60%～70%。当一年的引进比例确定后，要落实到每一个月，当月完不成的下一个月必须补上。如果年引进新商品比率为60%，则每月为5%；如果当月完成3%，则下月必须达到7%。

9. 商品淘汰率指标

由于连锁企业门店的卖场面积有限，而又必须不断地更新结构，所以当新商品按照考核指标不断引进时，就必须制定商品的淘汰率指标。一般来说，商品淘汰率指标可比新商品引进率指标低 10%左右，即每月低 1%左右。

10. 通道利润指标

连锁企业一般会向供应商收取一定的通道费用，只要是合理的就是被允许的，但不能超过一定的限度，以免破坏与供应商的关系、偏离正确的经营方向。例如，在超市间价格竞争的影响下，商品毛利率越来越低，在消化了营运费用之后，利润趋向于零也极有可能。因此，通道利润就成为一些连锁企业的主要利润来源，这种状况在一些竞争激烈的区域已经发生过。一般来说，通道利润可表现为进场费、上架费、专架费、促销费等。对采购人员通道利润指标的考核不应在整个考核指标体系中占很大比例，否则会把企业经营方向带偏，通道利润指标应更多地体现在采购合同和交易条件当中。

采购绩效考核指标体系对企业来说是非常重要的，其最终目的是通过考核提高采购人员工作的效率，最终实现企业的长远目标。

## 6.1 采购绩效评估概述

### 一、采购绩效评估的意义

绩效评估是提升企业内部管理的一场运动。开展绩效评估工作不仅可以规范企业内部管理，而且能促进整个生产和服务过程的改善和提升。建立有效的采购绩效评估体系能衡量采购部门的经营效率、与供应商之间的合作质量、建立完善的评估标准等，从而促进企业更好地发展。具体来说，采购绩效评估的意义体现在以下几个方面。

#### （一）有效地衡量采购工作的效率

采购部门的职责是否明确、表单和流程是否合理、付款条件和交货方式是否符合企业管理规章制度、各部门的目标是否一致等，都可以通过绩效评估予以判定。这项工作可以改善部门之间的合作关系，提高企业整体运作效率。

#### （二）合理地评估与供应商的关系

评价与供应商的关系不仅要评估质量、价格、交货提前期和准时性、运输成本等方面，而且要评估通信、合作等更为本质的东西。在此过程中，由采购部门提供给供应商的服务质量也要通过相应的标准进行评估。

#### （三）作为个人或部门奖惩的参考

良好的绩效评估方法，能将采购部门的绩效独立于其他部门体现出来，并反映采购人员的个人表现。这可以成为各种人事考核的参考资料。依据客观的绩效评估进行公正的奖惩，可以有效地调动采购人员的积极性和开拓性，发挥团队的合作精神，进一步提高整个部门的效能。

#### （四）建立完善的评估标准

根据绩效评估结果不断地改进、完善评估标准，可以为有针对性地拟订培养计划、对采购人员进行专业的在岗培训、有的放矢地招募人才、甄选和培养优秀德采购人员等提供依据。

（五）提高采购人员的士气

有效且公平的绩效评估制度，能使采购人员的努力成果得到回馈和认可。通过绩效评估，采购人员可以与业务人员、财务人员等一样，体现出其对企业利润的贡献，成为受到其他员工肯定的工作伙伴。

## 二、采购绩效评估体系的分类

（一）效率导向绩效评估体系

效率导向绩效评估体系强调经营成本和采购部门的工作效率，是评估采购绩效的传统方法。评估采购绩效，表面上就是看采购材料的成本是否降低了、经营成本是否减少了、采购时间是否缩短了。采购材料的成本包括材料的价格、材料的库存成本、材料的运输报关费用等。采购材料的成本降低了，可以直接降低产品/服务的成本，提高企业的利润。经营成本包括办公费、邮寄费、差旅费、代理费、因采购计划变更而导致的谈判和重新协商的管理成本等。采购时间包括从接到采购要求到安排采购的这段时间。

用效率导向绩效评估体系评估采购绩效的企业可以指定确切的、量化的、与效率相关的具体目标。例如，企业可以规定，采购部门要在1个月或1年内将某种特定材料的价格降低1%，或者减少经营费用1万元，或者将某种材料的采购周期由以前的7天缩短为5天等。这种评估方法简单明了，可以直观地看到采购部门的绩效，但又由于其量化的指标太绝对了，所以忽视了其他一些会影响部门具体目标的定性指标。

（二）实效导向绩效评估体系

实效导向绩效评估体系用于评价采购部门对利润的贡献、与供应商关系的质量和顾客的满意水平，重点是降低采购材料的价格。在这一评估体系中，可以直接或间接地评估采购部门对利润的贡献水平。采购部门的效益可以来自降低材料成本或经营成本、提高其他绩效（如提高材料质量以减少次品数量、使顾客满意等）、缩短供货提前期等所得。这一评估体系认为净利润是企业的整体目标，而不是采购部门的目标。通过对比目标价格和实际支付价格，或者对比目标节约成本和实际节约成本，这一评估体系可为评价绩效、提出改进建议提供有用的信息。

（三）复合目标绩效评估体系

复合目标绩效评估体系是以上两种评估体系的结合，也就是说，这种评估体系是兼顾了效率导向和实效导向的评估体系。这种复合的评估体系将定量的标准和定性的标准结合起来，有助于给决策层提供客观的依据。但是，这种评估体系也有缺点，就是它所结合的两个目标——效率和实效——经常发生冲突。例如，采购人员比较关注以最低的成本获取最多的货物或材料，在效率这个目标上，因控制采购成本就会得到较高的评价；但是，这种只注重价格的采购会引起对利润贡献的消极评价，因为价格低就存在产品质量低劣、次品率较高的风险，这样做的结果就是导致顾客满意度降低，使得采购目标失去实效。

即使存在这样的问题，也不代表这种方法不可行。对于企业和采购部门来说，或者对于具体从事采购绩效评估的部门来说，关键就是要认真、全面地构建一个复合目标绩效评估体系，避免效率和实效的冲突。

（四）自然绩效评估体系

自然绩效评估体系中不提供目标或标准，采购人员仅被告知企业或相关部门将对其采购绩效进行评价。现在许多企业由于尚未建立一套完整可行的评估体系，所以就采用这种方式进行采购活动。如果没有具体的目标，也没有绩效评估甚至是反馈，就不能对采购工作进行及时的总结，采购人员也就不可能发挥出最大的潜力。

## 6.2 采购绩效评价体系设计

采购绩效对企业整体目标的实现起着很重要的作用，而要控制采购过程就必须设计好采购绩效评价体系。公正、客观的采购绩效评价体系可衡量企业的采购目标是否达成、采购人员的业务水平如何，甚至会促进各部门深入合作且建立利益共同体。

**一、采购绩效评估人员的构成**

选择评估人员与目标评估有着密切的关系，一般要选择以下几类最了解采购工作情况的人员或部门来参与评估。

（一）采购部门主管

采购部门主管是对所管辖的采购人员实施绩效评估的第一人。因为采购部门主管最熟悉采购人员的工作任务，而且所有采购工作任务的指派或工作绩效的评估都是在他的直接监督之下实施的，所以由采购部门主管来负责评估，可以更全面、公正地评价每个采购人员的工作绩效。但是，需要注意到这样一个问题，就是采购部门主管的评估可能会包含一些个人情感因素，致使评估结果出现偏差，影响评估的客观性。

（二）财务部门

采购过程始终伴随着资金的流动，而且一家企业的采购成本占企业总成本的比例非常高。尤其是在传统制造业中，采购成本一般占企业总成本的 50%～70%。采购成本的降低，对于企业利润的贡献相当大。财务部门掌握着企业产销成本的全部数据，管控着资金的流入和流出，能够从控制采购成本的角度（如节约采购成本对企业利润的贡献、有利于资金周转等方面）对采购部门的工作绩效进行评估。

（三）销售部门

当采购项目的品质和数量对企业最终产成品质量和销售影响重大时，需要销售部门参与对采购绩效的评估。

### （四）生产主管部门或工程部门

对于设备采购、原材料和零配件采购、项目采购等，采购的质量、数量、时间都会对企业生产的顺利进行、最终产品的品质产生影响。生产主管部门或工程部门能够对这些方面进行监管，需要从采购是否能保证生产和项目建设的顺利进行等角度对采购部门的工作绩效进行评估。

### （五）供应商

供应商是与企业采购部门合作最多、往来最频繁的一方，对于采购部门的运作方式、工作状态等有着较为真实、详细的了解。因此，有的企业通过正式或非正式渠道，向供应商收集其对企业采购部门或人员的意见，以了解他们的工作情况，用来间接地评估采购绩效。

### （六）专家顾问

为了使评估结果更为客观、公正、权威，避免各部门之间的本位主义或门户之见，企业可以聘请相关的采购专家或管理顾问，对本企业的采购制度、组织形式、采购人员和工作绩效等做出客观的分析和建议。

## 二、确定采购绩效评估指标体系

能够反映采购绩效的指标有很多，但从建立指标体系应遵循的科学性、可操作性、数据可得性等方面考虑，不可能也没必要将所有的指标作为评价指标，应该选择最能体现企业效益、对绩效评价起关键性作用的指标。因此，不同的企业采用的采购绩效指标会有所不同。

采购绩效指标的选择要同企业的总体采购水平相适应。对于采购体系有待健全的企业来说，刚开始可以选择批次质量合格率、准时交货等指标来考核供应商的表现，可以选择平均降价幅度等指标来考核采购部门的业绩。随着供应商管理程序的逐步健全、采购管理制度的日益完善、采购人员的专业水平和供应商的管理水平的不断提高，采购绩效指标也会相应地系统化、整体化，并且不断深化。

下面从对整个采购部门的评估和对采购人员个人的评估两个方面进行介绍。

### （一）采购部门绩效评估指标体系

确定采购绩效评估指标是一项具有挑战性的工作。它是评估采购工作成果的尺度和标准，也是全面、客观、准确地进行采购绩效评估的前提和基础。但是，某一项评价指标往往只能从某个侧面反映采购绩效的某个特征，因此，要想全面、客观、准确地评估采购部门在一定时期内的采购工作绩效，就必须将一系列相互联系、互为因果的指标进行系统的组合，形成相应的评估指标体系。

常见的采购绩效评估指标主要有时间绩效指标、品质绩效指标、数量绩效指标、价格绩效指标、采购效率指标。

1. 时间绩效指标

时间绩效指标主要用以衡量采购人员处理订单的效率及控制供应商交货时间。无论是提前交货还是延迟交货，都可能影响企业的正常运营，给企业带来不必要的成本和费用。时间绩效指标主要包括：

（1）紧急采购费用指标。该指标是指紧急运输方式（如空运）的费用与正常运输方式的差额。

（2）停工断料损失指标。该指标是指停工期间作业人员的薪资损失。

除了这些直接费用和损失外，还有许多间接的损失。例如，紧急采购会导致购入价格偏高、品质欠佳，连带会产生因赶工期而必须支付的额外加班费用；经常停工断料造成客户订单流失、作业人员离职、恢复正常作业必须做的各项调整等。这些费用和损失，通常都不包含在紧急采购费用指标内。

2．品质绩效指标

品质绩效指标主要考评供应商的质量水平及供应商所提供的产品/服务的质量，其主要包括：

（1）供应商质量体系。该指标包括通过 ISO 9000 标准的供应商比例、实行来料质量免检的供应商比例、来料免检的价值比例、实施 SPC（Statistical Process Control，统计过程控制）的供应商比例、开展专项质量改进（围绕产品/服务）的供应商数目及比例、参与企业质量改进小组的供应商人数和供应商比例等。

（2）物料质量水平。该指标包括批次质量合格率、物料抽检缺陷率、物料在线报废率、物料免检率、物料返工率、退货率、对供应商的投诉率和处理时间等。

采购的品质绩效在实际工作中可通过验收记录和生产记录来判断。验收记录是指供应商交货时，为企业所接受（或拒收）的采购项目数量或百分比；生产记录是指供应商交货后，在生产过程中发现品质不合格的采购项目数量或百分比。

3．数量绩效指标

当采购人员争取到数量折扣达到降低价格的目的时，可能会导致存货过剩，甚至出现呆料、废料的情况，因此，不能根据采购数量的多少来直接衡量绩效。数量绩效指标主要包括：

（1）储存费用指标。该指标是指现有存货利息和保管费用与正常存货利息和保管费用的差额。

（2）呆料、废料处理损失指标。该指标是指处理呆料、废料的收入与其取得成本的差额。存货积压越多，利息和保管费用就越高，呆料、废料处理的损失就越高，那么采购人员的数量绩效也就越差。当然，数量绩效指标有时会受到企业经营状况、物料管理绩效、生产技术变更或投机采购的影响，并不一定完全归咎于采购人员。

4．价格绩效指标

价格绩效指标是企业最常见也最重视的衡量标准。通过价格绩效指标，可以衡量采购人员议价能力和供需双方势力此消彼长的情形。价格绩效指标主要包括：

（1）实际价格与标准成本的差额。该指标是指企业采购物品的实际价格与预计采购所需的标准成本之间的差额，反映企业在采购过程中的节约额或超出额。

（2）实际价格与过去移动平均价格的差额。该指标是指企业采购物品的实际价格与已经发生的物品采购移动平均价格的差额，反映企业在采购过程中实际采购成本相对过去采购成本的节约额或超出额。

（3）使用时的价格与采购时的价格的差额。该指标是指企业在使用物品时的价格与采购时的价格的差额，反映企业在采购物品时是否考虑了市场价格的走势。

（4）将当期采购价格与基期采购价格的比率和当期物价指数与基期物价指数的比率进行相互比较。该指标属于动态指标，主要反映企业物品价格的变化趋势。

5. 采购效率指标

衡量采购活动的采购效率指标主要包括年采购金额、年采购金额占销售收入的百分比、订购单的件数、采购人员的人数、采购部门的费用、新供应商开发数量、采购计划完成率、错误采购次数、订单处理的时间等。

（二）采购人员绩效评估指标体系

采购人员绩效考核项目可分为3个方面，即工作态度、工作能力、工作业绩，其主要考核内容和考核指标见表6-1。

表6-1 采购人员绩效评估表（示例）

| 考核项目 | 考核内容 | 考核指标 |
| --- | --- | --- |
| 工作态度 | 遵守企业各项规章制度 | 考勤状况 |
| | 工作认真负责 | 工作主动性 |
| | 遇到问题主动沟通，积极解决 | 工作积极性 |
| | 从企业整体利益出发处理与其他部门的关系 | 工作责任心<br>…… |
| 工作能力 | 专业知识掌握熟练 | 专业知识掌握程度 |
| | 能够有效制订自我工作计划并确定所需要的资源 | 计划分析能力 |
| | 沟通能力强，能够广泛建立业务关系 | 判断能力 |
| | 综合分析能力强，善于系统地分析问题，判断准确率高 | …… |
| 工作业绩 | 工作任务完成情况 | 采购计划完成率 |
| | 成本控制 | 采购物资合格率 |
| | 工作质量 | 采购成本控制 |
| | 工作效率 | 及时供货率<br>…… |

### 三、确定采购绩效评估指标的目标值

在确定采购绩效评估指标的目标值时，需要考虑以下因素：

（1）内外顾客的需求。对于内外顾客的需求，尤其是下游顾客（如生产部门、品质管理部门等）的需要，一定要给予满足。在原则上，供应商的平均质量、交货时间等综合表现应高于企业内部的质量与生产计划要求。因为只有这样，供应商的行为才不至于影响企业内部的生产与质量。这也是"上游控制"原则的体现。

（2）企业的总体目标。采购的目标及其所选择的绩效指标要与企业的总体目标相一致，要为企业总体目标的实现打好基础。如果两者不同甚至相互抵触的话，采购就不能对企业目标责任制的实现起到应有的作用。

（3）设定的具体目标要兼具挑战性和可实现性。在设定目标时，设定内容要有一定的挑战性，即采购人员需要努力工作才能达到目标；同时，设定内容要有一定的可实现性，即大部分采购人员经努力可以达到目标。如果设定的目标没有挑战性，则目标就失去了设定的意义；如果设定的目标较高，大多数人即使努力也不能达到，则目标就失去了对采购人员的吸引性。

## 四、实施采购绩效考核

采购绩效考核一般包括季度考核和年度考核，对采购人员的考核还包括月度考核。季度考核于下一季度第一个月的 5 日前进行；年度考核于次年 1 月 10 日前进行。

下面通过两个案例分别介绍采购部门和采购人员的采购绩效考核实施的过程。

案例阅读

**案例 1**

A 制造公司采购部于 2019 年 1 月对部门 2018 年的采购工作进行绩效考核，实施步骤如下：

（1）采购部召开动员会，安排绩效考核工作。

（2）收集采购部、仓储部、质检部、生产部等部门的原始记录，进行整理汇总。

（3）根据企业实际情况在时间绩效、品质绩效、数量绩效、价格绩效和效率绩效 5 个方面分别确定具体指标和权重，将每项考核指标划分为 5 个等级，按表 6-2 所列对部门进行绩效等级评估。

（4）考核结束后，对绩效优异的部门进行奖励，对绩效较差的部门做出惩罚，并提出采购绩效改进计划。

表 6-2 采购部门绩效评估表

| 考核项目 | 考核指标 | 权重 | 评估等级划分说明 | | | | | 评估等级 |
|---|---|---|---|---|---|---|---|---|
| | | | A | B | C | D | E | |
| 时间绩效 | 是否导致停工，影响经营 | 10% | 从不 | 当期没有 | 无记录 | 3 次以下 | 3 次以上 | |
| 品质绩效 | 进料品质合格率 | 15% | 100% | 90%~100% | 80%~90% | 65%~80% | 65%以下 | |
| | 物资使用不良率 | 10% | 0 | 5%以下 | 5%~10% | 10%~15% | 15%以下 | |
| 数量绩效 | 呆料物资金额 | 10% | __万元以下 | __~__万元 | __~__万元 | __~__万元 | __万元以上 | |
| | 库存周转率 | 10% | __%以上 | __%~__% | __%~__% | __%~__% | __%以下 | |
| 价格绩效 | 采购成本降低率 | 10% | __%以上 | __%~__% | __%~__% | __%~__% | __以下 | |
| | 采购价格降低额 | 10% | __万元以下 | __~__万元 | __~__万元 | __~__万元 | __万元 | |
| 效率绩效 | 采购完成率 | 15% | __%以上 | __%~__% | __%~__% | __%~__% | __%以下 | |
| | 订单处理时间 | 10% | __天以内 | __~__天 | __~__天 | __~__天 | __天以上 | |
| 备注 | A——杰出；B——优秀；C——中等；D——有待提高；E——亟须提高 | | | | | | | |

**案例 2**

B 制造公司采购部于 2019 年 1 月对部门的采购人员 2018 年的采购工作进行绩效考核,实施步骤如下:

(1)采购部召开动员会,安排绩效考核工作。

(2)根据企业实际情况在工作态度、工作业绩和工作能力 3 个方面分别确定具体指标和权重,对每项考核指标进行规定并制定扣分标准,按表 6-3 所列对采购人员进行绩效等级评估。

(3)上级、同事、供应商分别对采购人员进行评估打分。

(4)汇总得分计算公式是:考核最终得分=上级评分×45%+自评分×25%+同事平均评分×20%+供应商评分×10%。

(5)考核结束后,对绩效优异的采购人员进行奖励,对绩效较差的采购人员做出惩罚。人力资源部或采购部门相关领导及时与被考核的采购人员进行沟通,将考核结果告之,并提出采购绩效改进计划。

表 6-3 采购人员绩效评估表

| 被考核采购人员 | | 所在岗位 | | 所属部门 | |
|---|---|---|---|---|---|
| 考核阶段 | __年__月__日—__年__月__日 | | 填表日期 | __年__月__日 | |
| 考核内容 | 考核项目 | 权重 | 考核要点 | | 评估得分 |
| 工作态度 | 考勤状况 | 5% | 全勤得 5 分,迟到 3 次及以下扣 0.5 分,迟到 3 次及上此项得分为 0 | | |
| | 工作主动性 | 5% | 积极、主动地完成工作 | | |
| 工作业绩 | 采购计划完成率 | 15% | 目标值为__%;每低__%,扣__分;低于__%,此项得分为 0 | | |
| | 采购物资合格率 | 10% | 目标值为__%;每低__%,扣__分;低于__%,此项得分为 0 | | |
| | 采购物资及时率 | 10% | 在规定的时间内完成 | | |
| | 采购成本控制 | 10% | 目标值为__%;每低__%,扣__分;低于__%,此项得分为 0 | | |
| | 存货周转率 | 10% | 目标值为__%;每低__%,扣__分;低于__%,此项得分为 0 | | |
| | 错误采购次数 | 5% | 目标值为__次以内;每多__次,扣__分;高于__次,此项得分为 0 | | |
| | 新增供应商数量 | 5% | 目标值为__家以上;每低__家,扣__分;低于__家,此项得分为 0 | | |
| 工作能力 | 专业知识水平 | 5% | 全面掌握岗位所需的专业知识 | | |
| | 语言表达能力 | 5% | 词能达意,表述有条理 | | |
| | 综合分析能力 | 5% | 对工作中出现的问题能做出准确的分析与判断 | | |
| | 谈判能力 | 10% | 具有一定的谈判技巧 | | |
| 总 分 | | | | | |

## 6.3 采购绩效的改进

### 一、采购绩效改进原则

采购绩效的改进一般遵循以下原则：
（1）营造良好的企业氛围，充分发掘企业和采购人员的潜力。
（2）以行业最佳指标为标杆，寻找差距，不断优化工作方法。
（3）对采购人员进行绩效评估，奖励先进，鞭策落后。

### 二、采购绩效改进措施

#### （一）质量方面

质量的好坏一般用不合格数与总商品数的比值（质量合格率）来衡量。可以采取以下办法来改善质量：
（1）依据质量合格率的大小对供应商进行排名，对于排名靠后的供应商，责令其在规定的时间内进行改善，否则进行评估降级处理。
（2）帮助有潜力的供应商改进质量管理，可派出由相关技术人员、质量管理人员、采购人员等组成的小组，与供应商一起进行现场分析、研究并制订改进方案。
（3）帮助供应商推进 ISO 9000 质量管理体系的实施。

#### （二）成本方面

采购成本的降低主要通过以下途径来实现：
（1）控制采购价格。
（2）延长账期。
（3）控制采购批量。

#### （三）供应商方面

在一般情况下，通常用及时供应率来衡量供应商的表现。及时供应率的计算公式为

$$及时供应率＝（商品及时供应数÷商品需求总数）\times 100\%$$

可采取以下方法来提高及时供应率：
（1）依据及时供应率数值大小对供应商进行排名，对于排名靠后的供应商，分析其原因所在，责令其限期改善。
（2）对于市场行情较好的物料，因稳定性较高，应提前一段时间向供应商进行预测提醒，以便其储备适量的库存。

#### （四）采购柔性方面

在采购柔性方面，应拓展供应商数量，保证重点商品由 3 家以上供应商供应，避免出现独家供应和供应商群体饱和的情况。

## （五）综合实力方面

在综合实力方面，可针对具体供应商设计调查问卷，通过打分来获取供应商的实力量化数值。这些量化数值涉及以下几个方面：

（1）技术水平。
（2）管理水平。
（3）指标稳定性。
（4）合作意识。
（5）沟通能力。

## （六）服务方面

在服务方面，也可针对具体供应商设计调查问卷，通过打分方来获取供应商的服务指标量化数值。这些量化数值涉及以下几个方面：

（1）商品退货配合。
（2）上门服务程度。
（3）管理水平。
（4）服务意识。
（5）沟通能力。
（6）竞争公正性表现。

## （七）效率方面

可通过以下方法提高采购工作效率：

（1）调查行业平均水平和最高水平，进行分析、研究，找到差距。
（2）大多采购工作效率的数值都与采购流程设置的合理性有关，采购流程越简单实用，采购工作效率就越高。

## （八）测定采购人员流动比率

采购人员的流动量要与企业的业务需求量相匹配，否则会影响企业采购工作的完成。采购人员的流动比率具体取值范围如下：

（1）采购人员流动比率取值范围应为7%～15%，总体保持平衡，与业务需求量相匹配。
（2）若采购人员流动比率取值小于7%，则可能因违反"流水不腐"的自然原则而引发严重的采购问题，进而影响采购质量、成本、供应及时性等。
（3）若采购人员流动比率取值大于15%，则可能导致采购工作连续性不佳，从而导致工作人员对采购操作的熟练程度不够等问题。

## （九）测定供应商流动比率

供应商流动比率取值范围有待研究，一般来说，总体上应保证采购业务的正常开展。

（1）供应商流动比率的常值小于20%，理想数值为0。
（2）对拥有垄断技术的供应商尽量不予采用，只有非常必要时才使用独家供应的方式。
（3）独家供应商流动比率在某种程度上也反映了企业产品技术的层次。对新专利、新技术商品进行独家供应的可能性较高，大众商品通常不会由独家供应。

**注意**：还可以从订单周期、紧急订单完成率、库存周转率等方面改进措施，提高采购绩效。

### 三、采购绩效改进计划

制订采购绩效改进计划，对提高采购绩效具有很强的针对性和促进作用。采购部门负责人应与采购人员进行充分的沟通，就绩效目标达成共识，制订出切实可行的采购绩效改进计划（见表6-4）。制订采购绩效改进计划的具体过程分为以下3步：

第一步，分析采购人员绩效评估结果。

第二步，找出采购人员工作绩效中的不足之处。

第三步，针对存在的问题制订合理的采购绩效改进计划。

表6-4 采购绩效改进计划表（示例）

| 姓　　名 | | 所在岗位 | | 所属部门 | |
|---|---|---|---|---|---|
| 直接上级 | | 改进周期 | ＿＿年＿月＿日—＿＿年＿月＿日 | | |
| 1. 改进内容 | | | | | |
| 待提高的方面 | 绩效目标 | 完成情况 | 完成时间 | 上级、领导需提供的支持 | |
| | | | | | |
| 2. 改进结果评价（改进阶段结束后填写） | | | | | |
| 自我评价 | | | | | |
| 上级评价 | | | | | |
| 员工签字 | | | 领导签字 | | |

拟订采购绩效改进计划的要求如下：

（1）计划内容要有可操作性，即拟订的计划内容需要与采购人员待改进的采购绩效工作相关联且是可以实现的。

（2）计划内容要获得采购部门负责人与采购人员双方的认同，即双方都应该接受这个计划并保证计划的实施。

（3）符合"SMART 原则"，即采购绩效改进计划要满足具体（Specific）、可衡量（Measurable）、可达到（Attainable）、相关性（Relevant）、有时限性（Time-based）的要求。

**案例分析**

采购绩效评估是采购行业最关注的问题之一。影响采购绩效评估的主要因素是管理者怎样看待采购业务的重要性及其在企业中的地位。一些专业人士就提出，管理者对采购业务的不同期望会对企业所采用的评估方法和技术产生重要影响。例如，对工业企业的一项调查表明，不同企业采用的采购绩效评估方法是不同的，导致这种状况的直接原因是各企业在管理风格、组织程度、委托采购时分配的职责任务等的不同，而不是由企业的工业类型、生产经营类型等具体特征影响的。下面介绍几种流行的观点：

（1）业务管理活动的观点。根据这种观点，采购绩效主要取决于与现行采购业务有关的一些参数，如订货量、订货间隔期、积压数量、现行市价等。

（2）商业活动的观点。这种观点把采购业务看成一种商业活动，管理者主要关注采购所能实现的潜在节约额。而采购部门的主要目的是降低价格以减少成本支出，采购时关注供应商的竞争性报价，以便获得一个满意的价位。其采用的主要参数是采购中的总体节约量（通常用每一个产品组和每一家客户表示）、市价的高低、差异报告、通货膨胀报告等。

（3）追求供货可信度的观点。管理者也清楚追求低价格有一定的风险，可能导致决策失衡，使供应商觉得产品质量在下降，且太关注价格会有诱导客户之嫌而因小失大。管理者要向供应商介绍产品质量改进的目标和情况，尽量减少到货时间，以提高供应商的供货可信度。

（4）战略性活动的观点。这种观点认为，采购业务对于决定企业的核心业务和提高企业的竞争力将产生积极的影响，因为采购业务也积极地参与到产品是自制还是购买的决策当中。尤其是在地区性供应商卷入国际竞争的情况下，管理者评估采购绩效主要考虑几个方面：基本供应量的变化数量（通常是减少量）、新的有联系的（国际）供应商（订有合同的）的数量和已实现的节约额对底线的贡献大小等。

当把采购看成一项业务职能时，采购绩效评估的方法主要是从特征上进行定量的管理性分析；当把采购看成一项策略时，一般会采用定性和评判性的方法进行采购绩效评估。在这种情况下，通常使用复杂的程序和指导体系来监控采购过程，来提高采购效率，以防止偏离采购计划。由于外在因素的影响，那些把采购看成商业活动的企业必须思考的问题是，哪些因素决定当前比较流行的采购评估模式。这些因素包括价格和毛利上的压力、丧失市场份额的压力、材料成本显著降低的要求、供应市场上价格的剧烈波动等，它们迫使管理者必须关注高水平的采购绩效评估模式。同时，一些内在因素也会影响管理者对采购绩效评估所持有的观点，这些因素包括企业实行的综合物流程度、引进和应用现代质量概念的程度、材料管理领域的信息化程度等。

由于每家企业进行采购绩效评估的方法不同，所以采购行业想要形成一种统一的方法和评估系统来测量采购绩效是不可能的。

## 思考题

一、单项选择题

（1）不同的企业采用的采购绩效评估指标会有所不同，采购绩效评估指标的选择要同企业的（　　）相适应。

  A. 高峰期采购水平　　　　　　　B. 单项采购水平
  C. 低谷期采购水平　　　　　　　D. 总体采购水平

（2）当企业采购的原材料数量大、竞争激烈时，企业选择供应商时可采用（　　）。

  A. 协商法　　B. 层次分析法　　C. 招标法　　D. 供应商走访法

（3）依据供应商评价的各项指标，按供应商的优劣档次分别对各供应商进行评分，选得分最高者为最佳供应商的方法称为（　　）。

  A. 直观判断法　　B. 评分法　　C. 采购成本比较法　　D. 招标采购法

（4）（　　）是对所管辖的采购人员实施绩效评估的第一人。

  A. 采购部门主管　　　　　　　　B. 财务部门主管
  C. 销售部门主管　　　　　　　　D. 供应商

（5）（　　）是采购过程中与企业采购部门合作最多、最频繁的一方。

  A. 采购部门主管　　　　　　　　B. 财务部门主管
  C. 销售部门主管　　　　　　　　D. 供应商

（6）下列指标中，属于供应商绩效评估指标体系中的质量指标的是（　　）。
  A．准时交货率　　　　　　　　B．交货周期
  C．订单变化接受率　　　　　　D．来料免检率

二、多项选择题

（1）一般来说，企业有几种绩效评估体系可供选择，即（　　）。
  A．效率导向体系　　　　　　　B．实效导向体系
  C．复合目标体系　　　　　　　D．自然体系

（2）常见的采购绩效评估指标主要有（　　）。
  A．时间绩效指标　　　　　　　B．品质绩效指标
  C．采购效率指标　　　　　　　D．采购预算或标准

（3）采购绩效评估指标体系的设定应主要考虑（　　）。
  A．选择合适的绩效衡量指标　　B．选择合格的供应商
  C．满足生产和库存的需求　　　D．确定合理的采购绩效指标目标值

（4）标准绩效的设定要符合（　　）原则。
  A．固定性　　　　　　　　　　B．变动性
  C．挑战性　　　　　　　　　　D．可实现性

（5）供应商延迟交货可能给企业带来（　　）等不必要的费用增加。
  A．紧急采购费用　　　　　　　B．储存费用
  C．停工断料损失费用　　　　　D．恢复正常作业必须做的各项调整

（6）企业的采购部门对于人的依赖性很大，从管理的角度提升采购绩效主要有（　　）。
  A．给采购人员提供高薪，创造良好的工作条件
  B．选聘优秀员工担任采购人员，并进行必要的培训
  C．为采购部门和采购人员设计兼具可行性和挑战性的工作
  D．对表现突出的采购人员给予物质上和精神上的奖励

三、简答题

（1）采购绩效评估体系分别是哪些？
（2）为什么企业在不同的时期可能会选择不同的绩效评估标准？
（3）衡量采购部门绩效的指标有哪些？

## 实训项目

一、实训目标

通过对某制造企业采购人员的绩效考核模拟实训，使学生掌握企业运用采购绩效评估指标进行采购绩效考核的方法，达到促使其深入理解所学理论知识的目的。

二、实训要求

1．采购部门会议室设置

（1）会议室要求面积 50~80m$^2$，配备 12 个以上的席位。
（2）会议桌一张，尺寸要求在 4.4m×2.5m 以上。

（3）会议室应保证明亮有序、布局合理、清洁整齐。
（4）会议室应尽量考虑自然采光，并布置足够的人工照明设备。
（5）会议室内需要设置计算机、投影设备。
（6）会议室内需要设置网络接口或具备无线上网功能。

2．指标权重设定

在采购人员绩效考核的 3 项内容（工作态度、工作业绩、工作能力）中，工作业绩是考核的重点，其权重相对较大。在各项指标权重分配上，由于各企业所面对的采购环境、具体条件不尽相同，所以权重分配有所不同。本实训中的权重分配是根据该制造企业的实际情况来确定的，见表6-5。

表 6-5　该制造企业采购人员绩效考核指标权重分配表

| 考核内容 | 考核项目 | 权　重 |
| --- | --- | --- |
| 工作态度 | 考勤状况 | 5% |
| | 工作主动性 | 5% |
| 工作业绩 | 采购计划完成率 | 25% |
| | 采购物资合格率（进货品质达成率） | 10% |
| | 采购物资及时率（交货进度达成率） | 10% |
| | 采购成本控制（价格起伏） | 15% |
| 工作能力 | 专业知识水平 | 10% |
| | 语言表达能力 | 5% |
| | 综合分析能力 | 5% |
| | 谈判能力 | 10% |

3．相关指标计算

（1）采购计划完成率的考核方法：根据仓储部提供的每期入库统计表来计算，以批数为单位。

$$采购计划完成率 = （当期实际入库批数 \div 当期计划总批数） \times 100\%$$

（2）采购物资合格率（进货品质达成率）的考核方法：根据质检部提供的每期来料品质统计表来计算，以批数为单位。

$$品质达成率 = （当期合格来料批数 \div 当期来料总批数） \times 100\%$$

（3）及时供货率（交货进度达成率）的考核方法：以每期下达订购单数为总批数，每张订单上的产品为一批。

$$交货进度达成率 = （交货准时订单数量 \div 总订单数量） \times 100\%$$

（4）采购成本控制的考核方法：根据财务部提供的资料计算成本降低目标达成率。

$$成本降低目标达成率 = 成本实际降低率 \div 成本目标降低率$$

三、实训情景

时间：20××年1月10日上午9点

地点：某制造企业采购部会议室

人员：人力资源部经理（主持）、采购部经理、采购部主管、生产部主管、财务部主管、仓储部主管、质检部主管、文员等

主题：采购绩效考核实训

该制造企业人力资源部召集采购部、生产部、财务部、仓储部、质检部等部门负责人在采购部会议室对采购人员进行定期采购绩效考核。

考核过程由人力资源部负责人主持，根据被考核采购人员在工作态度、工作业绩、工作能力3个方面的表现，以及各相关部门提供的成绩记录资料，通过汇总、计算、打分进行综合评价，得出考核结果。经采购部主管核批后的考核结果将予以公布，由采购部经理宣布奖惩决定，并提出改进要求。

本实训以考核采购人员绩效的过程为背景，分别设置了3道关卡，请学生依次完成每道关卡的实训。

四、实训流程

该制造企业人力资源部对采购人员的考核流程如下图所示。

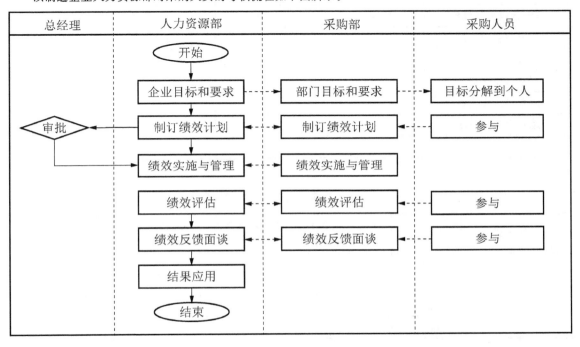

五、实训步骤

将采购部、生产部、财务部、仓储部、质检部等部门提供的基础数据和评价分数等资料，汇总填入表6-6～表6-8中。

表6-6 采购人员工作态度评价表

| 采购人员 | 工 号 | 考勤状况 | 工作主动性（采购部领导打分） | 备 注 |
|---|---|---|---|---|
| 李× | 0048 | 全勤 | 90 | |
| 赵× | 0049 | 迟到一次 | 80 | 12月10日迟到10min |
| 张× | 0050 | 全勤 | 95 | |
| 江× | 0051 | 迟到两次 | 80 | 12月5日迟到15min<br>12月26日迟到29min |

表 6-7　采购人员工作业绩记录表

| 采购人员 | 李× | 赵× | 张× | 江× |
|---|---|---|---|---|
| 工　号 | 0048 | 0049 | 0050 | 0051 |
| 采购品项 | 12Q235钢板、5Q235钢板等 | 1.51钢丝、21钢丝、41钢丝等 | 22Q235圆钢、19Q235圆钢等 | 27Q235六角钢、20Q235六角钢等 |
| 当年实际入库批数 | 70 | 160 | 88 | 396 |
| 当年计划总批数 | 100 | 200 | 88 | 660 |
| 当年合格来料批数 | 63 | 128 | 81 | 351 |
| 当年来料总批数 | 70 | 160 | 90 | 390 |
| 交货准时订单数量 | 21 | 42 | 36 | 120 |
| 总订单数量 | 30 | 60 | 36 | 150 |
| 成本实际降低率 | 0.35 | 0.3 | 0.25 | 0.15 |
| 成本目标降低率 | 0.75 | 0.6 | 1 | 0.6 |
| 备　注 | | | | |

表 6-8　采购人员工作能力评价表

| 采购人员 | 工　号 | 专业知识水平（领导打分） | 语言表达能力（领导打分） | 综合分析能力（领导打分） | 谈判能力（领导打分） |
|---|---|---|---|---|---|
| 李× | 0048 | 85 | 70 | 80 | 75 |
| 赵× | 0049 | 82 | 80 | 80 | 75 |
| 张× | 0050 | 70 | 88 | 90 | 90 |
| 江× | 0051 | 80 | 70 | 70 | 65 |

1. 设置采购人员绩效考核指标

根据采购人员绩效考核制度，4位采购人员（李×、赵×、张×、江×）接受企业的例行绩效考核。

对这4位采购人员的考核，指标包括考勤状况、专业知识水平、及时供货率、工作主动性、谈判能力、工作积极性、采购计划完成率、工作责任心、采购物资合格率、采购成本控制、计划分析能力等。

请学生将考核指标填入表6-9中与评估内容相对应的栏目里。

表 6-9　采购人员绩效考核指标

| 评估内容 | 绩效考核指标示例 |
|---|---|
| 工作态度 | |
| 工作业绩 | |
| 工作能力 | |

2. 计算和确定考核指标及评估得分

请学生根据现有的资料分别对4位采购人员进行绩效评估并核算出总分，完成表6-10。

表 6-10 采购人员绩效评估表

工　号：

| 采购人员 | | 所在岗位 | | | 所属部门 | 采购部 |
|---|---|---|---|---|---|---|
| 考核阶段 | | | | 填表日期 | | |
| 考核内容 | 考核项目 | 权　重 | | 考核要点（满分 100 分） | | 评估得分 |
| 工作态度 | 考勤状况 | | | 全勤得满分；迟到 3 次及以下扣 10 分；迟到 3 次及上此项得分为 0 | | |
| | 工作主动性 | | | 是否能积极、主动地完成工作 | | |
| 工作业绩 | 采购计划完成率 | | | 目标值为 100%；每低 10%，扣 10 分；低于 60%，此项得分为 0 | | |
| | 采购物资合格率 | | | 目标值为 100%；每低 10%，扣 10 分；低于 60%，此项得分为 0 | | |
| | 采购物资及时率 | | | 目标值为 100%；每低 10%，扣 10 分；低于 60%，此项得分为 0 | | |
| | 采购成本控制 | | | 计算值为 0 时，得 60 分；每高 0.25%，加 10 分；低于 0，此项得分为 0 | | |
| 工作能力 | 专业知识水平 | | | 是否全面掌握岗位所需的专业知识 | | |
| | 语言表达能力 | | | 词能达意，表述条理 | | |
| | 综合分析能力 | | | 对工作中出现的问题能否做出准确的分析与判断 | | |
| | 谈判能力 | | | 是否具有一定的谈判技巧 | | |
| | 总　　　分 | | | | | |
| 备　注： | | | | | | |

3. 考核结果

采购部主管就核批后的考核结果与采购人员进行沟通，要求采购人员查找存在问题的原因并拿出改进计划和措施，让其了解企业对他们的期望，认识到自身的优势和劣势，从而不断提升工作绩效。根据企业绩效评估奖惩规定，做出以下决定：

（1）年度考核分数在 85 分以上的人员，年底可加付绩效奖金 3 000 元人民币。

（2）连续两年考核名次是最后一名者，应加强职位技能训练。

（3）连续两年考核分数低于 60 分者，应调离采购岗位。

六、注意事项

（1）人力资源部应选择适合本企业绩效考核的衡量标准。

（2）考核指标的权重在不同考核时期应有不同的重点取向。

（3）绩效改进计划应符合 3 点要求：计划内容要有实际可操作性；计划要获得采购部门与采购人员双方的认同；绩效改进计划要满足具体、可衡量、可达到、相关联和有时限性等特点。

七、实训报告

（1）报告内容。

① 实训目的与要求。

② 实训简介。

③ 实训内容。
④ 实训总结。

(2) 指导教师批阅。指导教师对实训报告批阅后,提出评价和修改意见。

(3) 成绩评定。对实训报告完成质量和水平进行评定,按 A(优秀)、B(良好)、C(中等)、D(及格)、E(不及格)这 5 个级别评定。

(4) 报告以打印稿形式提交。

附相关单据(见表 6-11):

表 6-11 采购绩效改进表

| 采购人员 | | 所在职位 | | 所属部门 | | 直接领导 | |
|---|---|---|---|---|---|---|---|
| 1. 评估期间绩效未符合工作标准的事实描述 | | | | | | | |
| 2. 原因分析 | | | | | | | |
| 3. 改善目标及措施 | (需详细说明工作内容、实施日期、完成日期等) | | | | | | |
| 4. 改进措施记录 | | | | | | | |
| 5. 改进效果评价及后续措施 | | | | | | | |

# 项目 7

## 电子采购与招标采购

 **工作任务描述**

网上采购能够带来效益,但要成功实施这一战略需要协调多方面的工作。在进行网上采购时,连 IBM 这样的企业都遵从一定的目标:更好地协作、整合供应商、降低成本。通过网络与 IBM 做生意的供应商达 2.7 万家,在 IBM 全年采购的 460 亿美元的商品和服务中,逾九成通过网络进行。另外,目前政府采购中大量采用招标采购来节约成本,以实现供应方和采购商的双赢。本项目重点介绍当前采购行业中的非常重要的两种采购商式,即电子采购和招标采购。

 **工作任务分解**

| 工作任务 | 工作要求 |
| --- | --- |
| (1)明确电子采购的内涵 | (1)掌握电子采购的概念和发展情况。<br>(2)了解常用的电子采购的模式 |
| (2)熟悉电子采购的环境和实施要点 | (1)掌握电子采购实施的环境。<br>(2)掌握电子采购实施的要素 |
| (3)明确招标采购的内涵 | (1)掌握招标采购的方式。<br>(2)掌握招标采购的程序 |

续表

| 工作任务 | 工作要求 |
|---|---|
| （4）进行招标采购 | （1）掌握招标采购前的准备工作。<br>（2）掌握招标采购实施的步骤 |

 学习目标

| 知识目标 | 能力目标 | 学习重点和难点 |
|---|---|---|
| （1）掌握电子采购和招标采购的内涵。<br>（2）掌握电子采购和招标采购的模式。<br>（3）掌握传统采购与电子采购的特点和差异 | （1）掌握电子采购的实施要点。<br>（2）掌握招标采购的基本步骤。 | （1）传统采购和电子采购的特点及差异。<br>（2）电子采购的模式。<br>（3）招标采购的方式。<br>（4）招标采购的实施 |

 导入案例

目前，国内大多数企业的采购业务普遍采用手工流程，不仅效率低下，而且会导致采购历史无法追溯、合规性难以保证等风险。随着企业信息管理系统的普及，部分管理水平先进的企业已经开始使用电子采购系统，但是系统间的数据往往难以兼容和共享，无法高效支持企业快速制定科学、智能的业务决策，会导致采购成本居高不下。

随着数字化技术应用于采购业务，采购流程逐渐向简化和自动化方向发展，智能采购将成为核心竞争力。据2017年全球CPO调研显示，亚太地区大部分参与调研的CPO相信数字化技术将在未来数年内在采购领域发挥不可替代的作用。在国内，已经有少数领先的企业开始了数字化采购转型的工作，如联想集团已经在全球70多个国家的企业的各个业务部门，实施和使用了相关的云采购解决方案，成功地实现了采购业务的流程简化、成本降低、风险合规及数据可视化。国内大部分管理水平领先的企业都已经开始启动了数字化采购转型的工作，许多企业已经开始为数字化转型制定实施路线图；同时，一些领先的数字化解决方案提供商正投入大量资源开发数字化采购产品和解决方案。据估计，到2020年国内将会有更多企业加快数字化采购转型的步伐，届时国内采购业务将全面进入数字化时代。

一般认为，数字化采购是指通过应用人工智能、物联网、流程自动化和云端协作网络等技术，打造可预测战略寻源、自动化采购执行与前瞻性供应商管理，从而实现降本增效，显著降低合规风险，将采购部门打造成企业新的价值创造中心的目的。

 7.1 电子采购

一、电子采购概述

电子采购是由采购商发起的一种采购行为，主要采用网上交易的形式，如网上招标、网上竞标、网上谈判等。一般将企业在网上进行的招标、竞价、谈判等活动定义为B2B电子商务，实际上也是电子采购的一个组成部分。

(一)电子采购的发展

电子采购兴起于美国,它最初的形式是一对一的电子数据交换(Electronic Data Interchange,EDI)系统。虽然 EDI 系统大幅度地提高了采购效率,但其早期的解决方式价格昂贵、耗资庞大,且具有封闭性,仅能为一家买家服务,所以令中小型供应商和众多买家望而却步。为此,联合国制定了商业 EDI 标准,但在具体实施过程中,EDI 标准问题在行业间的协调工作举步维艰,所以真正的商业伙伴间的 EDI 系统并未广泛被采用。到 20 世纪 90 年代中期,电子采购目录开始兴起,这时供应商通过将其产品上网来提高信息透明度和市场涵盖面。之后,全方位综合电子采购平台出现,通过连接买卖双方来实现电子采购服务。

电子采购是一种在互联网上创建专业供应商网络的基于 Web 的方式。它能够使企业通过网络寻找和管理合格的供货商和物品,随时了解市场行情和库存情况,合理编制销售计划,在线采购所需的物品,并对采购的订单和物品进行在途管理、台账管理和库存管理等,实现采购的自动统计分析。电子采购不仅方便、快捷,而且交易成本低、信息公开程度高,确实是一种很有发展前途的采购商式。

实现电子采购的方式有两种:使用 EDI 的电子采购和使用互联网的电子采购。电子采购门户站点对于购买简单的商品最为有效,它可以让供应商创建和维护其产品的在线目录,其他企业则可以从这些目录中搜索商品、下订单、当场确定付款和选择装运。而在试图购买需要定制的产品时,经常需要人力判断和人与人之间的协商:首先,必须整理发送请求的信息包,其中包括某一商品的技术规格和供应要求;其次,必须找到能够满足该请求的供应商,为了节省时间和资金,只须与有资格的供应商联络即可。

(二)传统采购与电子采购

在 20 世纪 90 年代,大多数企业的采购部门至少采用了某种信息技术,尽管如此,但人们还是称这一时段的采购商式为采购的传统手工方式。

1. 传统采购的典型步骤

(1)明确需求。了解采购需求说明(说明内容包括产品详细情况,如质量、交货要求、服务要求等,而其中某些或者所有要求可能已经在企业的采购政策中做了规定),选择所需的产品(可能需要从大量备选方案中进行选择)。

(2)核对可获得性、价格和其他因素。如果企业对指定产品已经选择好了首选供应商,那么就要核对可获得性、价格和其他因素。

(3)提出采购申请。采购申请用于陈述产品要求,通常是为了获得批准和沟通信息。

(4)申请批准。

(5)获取供应商报价。对重要的采购(如直接材料的采购)而言,可能要使用正式的包含详细要求的询价单(Request for Quotations,RFQ)。一般将 RFQ 以正式文本方式传递给供应商。

在非关键采购（如 ORM 采购）的情况下，可以不用正式的方式获取报价。尤其是对于大部分零散的采购，几个电话可能就获得了需要了解的全部信息，尽管建议仍用书面方式获取报价。

从正式到非正式，获取供应商报价的方式非常多。但不需要详细讨论这个问题，因为 RFQ 无论是以正式方式还是以非正式方式，都能或多或少地表达采购人员获取报价的意愿。

（6）评价供应商报价。评价供应商报价包括评审报价。在采用非正式报价方式的情况下，评价方式将更加简单直接。在采用正式报价方式的情况下，将要对供应商的响应进行很多的手工评审工作。

（7）选择供应商。采用协议通过的标准，用来确定哪家供应商将被允许签订合同。

（8）完成采购订单。采购订单是特定供应商向企业提供或交付产品/服务的协议。当采购订单被用作一种控制机制时，应该详细包括所提供产品/服务的准确属性特征。

（9）批准采购订单。

（10）向供应商发出订单。

（11）核对订单状态。一旦向供应商发出采购订单，采购商一般希望随时核对订单状态，通常会使用电话或传真的方式。

（12）收货。接收货物时，将根据由订单约定的验收条件生成的收货单据进行验收。

（13）验证发票。发票必须和采购订单及验收的装运量保持一致。

（14）异常处理。在最后支付前，必须考虑任何异常情况。例如，必须考虑经过协议且在发出的采购订单中标明需求量与实际收货量之间是否一致，如果存在差异，则需要通知供应商并与之商议解决方案。

（15）批准支付。

（16）支付。

（17）退货处理。如果在发货时存在差异或者出现问题，则这些货物需要返回给供应商。

以上描述的步骤并不是每个企业都有的，但是在传统采购的一般性活动中具有代表性。

2．传统采购商式的局限性

（1）流程低效率。传统采购是一个劳动密集、耗费时间的过程。即使 EDI 的应用减少了采购活动中的文书工作量，传统采购商式也需要通过手工操作多种步骤来完成任务，包括：

① 员工成本。员工花费大量时间在传统采购中，不仅消耗了企业的资金，而且这些员工本可以做更多有效率的工作。

② 文书工作。在传统采购中有相当多的文书工作，由于流程中有许多步骤和检查，所以经常存在流程重复和浪费的现象。

③ 循环周期。由于流程涉及的手工步骤中从确认每个采购产品的需求到完成采购活动有很多程序，如多个部门采购产品的合并采购、供应商的资质审查等，所以在实际操作中是非常耗费时间的。

（2）潜在的误差。传统采购中的主要误差产生于信息的手工传递。信息在各步骤中如果用手工传递，常常出现重复书写和重复打印的情况。例如，信息从纸制目录被复制到采购申请单并被传递，要轮流经过几个手工处理步骤才能到达供应商那里，因为有大量的手工活动，所以数据录入的误差是很常见的。

在这个过程中会涉及很多人员，采购申请也会经过不同的步骤，而且需要得到承担不同责任的人员的认可和执行，这可能也会扩大数据录入的误差。为确保采购申请无误差，每个人员在流程中只承担了少量的责任，实际上是将预防误差的警戒线拉得很低。

（3）自主采购（Maverick Buying）。自主采购是采购政策中的违规行为，是指从还没有被采购部门正式选择、评价和确认的供应商那里采购产品/服务。自主采购也叫无合同采购（Off-contract Purchasing），因为它发生在与首选供应商的已经签订的正式合同之外。

自主采购引起的主要问题是企业杠杆力量的减少，没能将采购尽可能地固定在少数几家供应商那里以获取尽可能更优的价格，由此导致企业在未经认可的供应商群体上花费大量费用。从无合同的供应商那里不太可能获得优惠价格，而且由于没有考察过这些供应商的质量和可靠性，所以可能会出现一些其他问题。

（4）缺乏杠杆效应。自主采购是杠杆效应损失的一个原因，即使是完全遵循合同的传统采购也依然不能对供应商产生完全的杠杆效应，因为在传统采购系统中，采购信息、成本折扣条款和其他供应商条款等缺乏整合。采购并不具有单一、囊括整个采购活动的综合性特征，所以两个不同的部门很可能独立地从同一个或类似的供应商处采购，从而不能达到联合购买所能产生的杠杆效应。

（5）供应源寻找结果次优化。一般来说，企业需要对直接材料或者 MRO 需求的特定采购投入相当多的精力，用来寻找合适的供应商。企业可能不知道存在于本国和地区之外的供应源，即使意识到存在国际供应商，也很难获得这些准确信息。在传统采购中，对可获得的资源与时间最优化利用是有意义的，但其最终结果可能是全部供应源寻找结果的次优化。

3. 电子采购与传统采购的区别

一个有效的电子采购解决方案可使采购流程自动化，并在所有步骤上都能给用户予以支持。虽然不同的电子采购系统各有变化（依赖于电子采购战略及其执行的有效性），但是一个有效的电子采购系统的主要功能一般描述为：

（1）寻找供应商和产品。通过电子目录方式，电子采购系统能使买方找到其需要的供应商和产品。电子采购系统提供给买方所有信息，而且买方总是可以在多家首选供应商中进行选择。

（2）核对可获得性。电子采购系统能自动比较不同的方案和数据，如需要更多信息，系统也能提供背景信息，与供应商网站进行链接，以自动查询表的形式和其他有用的工具帮助买方决策。

（3）获取供应商报价。有效的电子采购系统能协助买方选择使用合适的工具获取供应商报价。考虑到特定直接材料和 MRO 采购的情形，并不是所有的电子采购系统都是简单地基于目录生成的。尤其是在许多情形中，企业产品需求很可能与众不同或者仅此一项，此时目录系统就没用了。但是，还有其他工具可以帮助买方获取报价信息，主要有以下方法：

① 征询报价单（RFQ）。例如，一份询价单通常清晰地说明了买方已经制定的产品规格，但是买方期望了解供应商之间显著性的报价差异，以及需要详细的关于订单问题的回复。

② 征询提案单（Request for Proposals，RFP）。征询提案单多被用于供应商在产品方面比买方具有更丰富的专家经验的场合，是一种寻求报价时获取专家提案的手段。也就是说，

RFP 适用于买方期望自身能力与专家经验存在显著性的差异之时。

③ 拍卖。许多电子采购解决方案也促进了拍卖活动的兴盛。拍卖是一种鼓励卖方之间通过竞争降低价格的手段。

（4）创建申请。买方不需要在采购中手工创建申请，一旦选择采购后会自动生成。

（5）申请获得批准。电子采购系统允许企业建立清晰的工作流程和授权标准，从而自动批准流程。在需要例外批准时，电子采购系统很可能根据申请路径生成电子邮件发给相关负责人；接到回复后，电子采购系统也是自动地进行处理，要么停止申请，要么继续申请流程。

（6）生成和管理订单。电子采购系统不仅能自动向供应商发送订单，而且能提供一系列其他便利，介绍如下：

① 买方的订单可以合并。电子采购系统能自动识别某个特定产品，并将所有订单列在一个窗口界面，当向供应商传递时可合并成一张订单。

② 订单处理和发货会在系统中集成。电子采购系统通过自动化加快了处理速度，使成本降低，从而提高收益。

③ 随着电子采购订单的普及，确认申请所需要的文书工作、管理费用、手工录入数据等实际上都被取消了。

④ 电子采购系统支持在线订单追踪，不需要采用电话或传真的方式核对订单状态。

⑤ 收货和发票确认也是自动进行，当供应商处理订单并发货时，买方就可以准备接收并完成交易。

（7）记账支付。由于电子采购系统是和企业的财务系统相连的，所以应付账款会随着订单的细节要求而自动生成更新。例如，对纸制连号发票的需求、对原始申请与采购订单进行手工核对等活动都被取消了；一旦支付自动发生且交易过账，就会通知企业财务报告系统进行全面审核。

（8）系统集成。由于电子采购系统是和企业的 ERP 系统相连的，所以提高了 ERP 系统支撑的准确性，即在库存操作、订单管理、产品跟踪和资产管理等方面进行优化。

4. 电子采购的优势

电子采购比一般的电子商务和传统的采购在本质上有了更多的概念延伸，它不仅完成了采购行为，而且利用信息技术和网络技术对采购全程的各个环节进行管理，有效地整合了企业的资源，有助于供求双方降低成本，从而提高企业的核心竞争力。在这种商业模式下，买卖双方通过网络进行交流，商业交易开始变得具有无缝性，优势十分明显。电子采购的优势主要体现在以下几个方面：

（1）提高流程效率。传统采购的低效率和过程的重复产生较高的交易成本，而电子采购的一个关键优势就是能在每次交易中以较低的成本简化流程。这就显著地削减了大量的人工干预需求，解放了员工，使员工将精力放在更有效率的工作上。表 7-1 所列为完成一份申请的所有步骤，传统采购/EDI 采购与电子采购大约需要的时间对比。

表 7-1 传统采购/EDI 采购与电子采购完成一份申请所有步骤所需时间对比

单位：min

| 具体步骤 | 传统采购/EDI 采购 | 电子采购 |
| --- | --- | --- |
| 产品选择 | 20 | 3 |
| 核对可获得性和价格 | 10 | 1 |
| 创建申请 | 11 | 2 |
| 申请批准 | 21 | 3 |
| 生成采购订单 | 11 | 0 |
| 采购订单核准 | 3 | 0 |
| 向供应商寄送采购订单 | 14 | 0 |
| 采购订单确认 | 4 | 0 |
| 状态核对 | 11 | 1 |
| 接受货物 | 12 | 2 |
| 核对发票与收货票等 | 8 | 5 |
| 异常处理 | 8 | 3 |
| 核准支付 | 4 | 3 |
| 发生支付 | 8 | 4 |
| 退货处理 | 5 | 3 |
| 采购工作周期总时间 | 150 | 30 |

（2）减少误差。电子采购中将许多步骤进行自动化处理，将在很大程度上减少误差的范围。误差会导致一系列连锁反应，最终产品需要返回并重新订购，因此需要更多的流程处理和数据录入，误差也需要跟踪和矫正。在传统采购中，成本是直接发生在诸如退还产品重新矫正的财务交易活动中的，间接来看，是需要付出时间成本的；而在电子采购中，最小限度数据录入意味着最小限度的误差。

（3）更具规范性。电子采购能优先从首选供应商处采购，这对于 ORM 采购而言，意味着采购人员减少了，因而自主采购也就少了。自主采购的减少有利于交易成本降低、产生较大的杠杆效应，以及取得合格供应商的价格折扣。另外，电子采购能提供全面审计和跟踪功能，提供诸如何人何时从何处花了多少钱采购了多少数量等信息，这种独特的可视化方式能在最大范围上有效地监督员工在采购决策时是否谨慎行事。

（4）增强杠杆效应。电子采购提供了增强企业采购杠杆效应的两种有益的做法，即合并和透明。

① 合并。合并是指合并订单，即电子采购能合并企业各处的多个订单给一家供应商，以获得较大的杠杆效应，有利于减少合同以外的自主采购，从而确保将更大数量的采购项目给予首选供应商以增加杠杆效应。

② 透明。透明是指总成本的可视化，即买方能看到对采购成本的影响因素，如消费税、保险、货物运费等，折扣点和条件也看得非常清晰，可使买方能够更好地做决策。

（5）改进寻找供应源的途径。许多电子采购工具和应用软件的应用，让买方有权使用大范围的供应商数据库。这有助于寻找难以找到的供应源，尤其是在特定直接材料和 MRO 产品方面。与传统采购商式下供应源的寻找相比较，电子采购商式下供应源的寻找考虑了更广泛的供应商选择范围，还可以在线寻找供应商，在最大限度上减少时间耗费。

## 二、电子采购的模式

电子采购的模式非常多且各具差异性，下面介绍几种主要的电子采购模式。

### （一）买方一对多模式

买方一对多模式是指采购商在自己网站上发布所需采购产品的信息，供应商在采购商网站回复自己产品信息供采购商评估，双方通过采购商网站进行信息沟通来完成采购业务。在这种模式中，采购商承担了建立、维护和更新产品目录的工作，虽然花费较大，但采购商可以牢固地控制整个采购流程。这种模式可以限定目录中所需产品的种类和规格，甚至可以对不同的采购人员在采购不同产品时设定采购权限和数量限制。采购人员只需要通过一个界面就能了解所有潜在的供应商的产品信息，并能方便地进行对比和分析。由于供求双方通过采购商网站进行文档传递，所以采购商网站与采购商信息系统之间的无缝连接将使这些文档顺利地被系统后台识别并处理。但在买方管理模式中，买方需要大量的资金投入和系统维护费用，并且需要买卖双方的谈判和合作，这是因为买方实际上已经在负责维护当前产品的可获得性、递送周期和价格说明这些信息。

买方一对多模式适用于大型企业的直接物料采购，原因有三：其一，大型企业内一般运行着成熟可靠的企业信息系统，与相适应的电子采购系统之间具有很好的集成性，可以保持信息流的通畅（缺乏集成性不仅会影响电子采购系统的效率，而且会使整个企业信息系统运行的效率降低）；其二，大型企业往往处于所在供应链的核心地位，只有几家固定的供应商，其采购量一般占据供应商生产量的大部分，因此双方的关系十分密切，保证顺畅的信息流通更有助于双方保持紧密的合作关系；其三，大型企业有足够的能力承担建立、维护和更新产品目录的工作。可见，对大型企业来说，建立买方一对多模式的电子采购系统进行直接物料采购是比较合适的。

### （二）卖方一对多模式

卖方一对多模式是指供应商在网上发布自己产品的在线目录，采购商通过浏览该目录来取得所需的商品信息以做出采购决策，并发送订单、确定付款和交付方式。在卖方一对多模式中，作为卖方的供应商为增加市场份额而开发自己的网站，允许买方浏览和采购自己的在线产品。目录的开发和维护由卖方负责，卖方一般通过一个开放的网站或门户网站运营自己产品的在线商店。卖方的目录既可由中介人（电子市场）通过网络链接，又可以通过签订真实的合同被列为"首选供应商"而获得。通常情况下，买方登录卖方网站是免费的。对买方而言，这种模式的优点在于容易访问，并且不需要做任何投资；缺点在于难以跟踪和控制采购开支，而且一些商店因其所在普通门户网站的特性使得买方的后勤财务系统不能与卖方实现完美的统一，如买方的企业信息系统没有自动化时，便不得不寻找供应商的网站，通过目录以人工操作录入订单。只是由于批量采购因素的存在，供应商通常不必保留买方的模板或采购信息。买方必须每次都录入所有相关的信息，如企业名称、联系地址、电话号码、账户等。很显然，这对于那些拥有数百家供应商的企业来说，需要访问几百个网站，然后不停顿地重复录入信息，而且要求买方不得不同时更新自己内部的 ERP 系统。这种模式对企业采购人员而言，是既能进行电子采购又不承担风险的理想工具。

随着电子市场的普及，这种模式采用了以 XML（Extensible Markup Language，可扩展标记语言）为基础的标准，使买方的 ERP 系统接收简单的文件形式（如采购订单、收据）成为可能。但是，因为采购程序包括许多其他相互作用的形式（如折扣、合同术语、买者、运输和接货安排），能够获得更高水平的相互操作能力、达成更加一致的信息交流议定书标准，所以大部分流程保留的仅仅是电子加强版的有纸化系统。这种模式可能产生的问题是，虽然网络采购形式和雇员采购 ORM 材料变得简单易行，但容易导致权力滥用，如采购人员可以绕过企业采购政策随意从在线供应商那里采购。

（三）第三方电子市场模式

第三方电子市场模式就像一个允许买卖双方用单一接口连接所有接口的会场，买卖双方的商务通过门户网站得以在会场里进行。网络商务交易所常常被称为电子市场、B2B 交易所或网络贸易中心。

在目前多样化的电子市场中，每个市场所提供的全面电子采购解决方案都存在很大的差异。一些电子市场对所有访问者开放，而另一些电子市场设置进入权限，只允许那些被授权方访问；一些电子市场被严格地限定为只支持买卖交易活动，而另一些电子市场还支持范围更广泛的采购活动，如通过允许供应商和采购商在供应链计划、产品设计和开发、知识分享等范围内协作。一个能提供一份全面电子采购解决方案的电子市场意味着要提供包括电子寻源、电子申请、电子物流、电子支付和电子履行等在内的服务功能，以帮助买卖双方优选它们的广义价值链。

这些电子市场的盈利模式是，根据每一笔交易的数量、出售的产品/服务类型收取一定的费用。

电子市场主要有纵向电子市场和横向电子市场两种类型。另外，还可以分为私有的和专属的电子市场。

1. 纵向电子市场

纵向电子市场是指一些特定的行业，如化工、纸张、汽车部件等，要么由行业中的一家或多家参与者来支撑，要么由特定区域内该行业的当地企业来组织。一般来说，一个纵向电子市场通常由行业内的几个主要参与者支撑，这些参与者可能是竞争关系。

纵向电子市场的发起者拥有明显的收益，该市场为它们提供了大量的有竞争性定价的供应数据库、广泛的行业和市场知识、相当多的协作领域。供应商在某种程度上也能受益，该市场常常为中小企业提供固定的操作领域，让它们预先访问以前不容易接触到的客户；但它们必须由采购商网站组织，因为该市场倾向于提升采购商的实力。

2. 横向电子市场

横向电子市场属于跨行业市场，它关注许多行业和商务通用的产品/服务，如 ORM（产品/服务，如办公用品、旅游用品和家具等）和确定的普通非专业化的 MRO（如滚球轴承、其他零部件等）。横向电子市场主要由间接采购驱动。

3. 私有的和专属的电子市场

并非所有的电子市场的运行都是以开放商务交易所的形式进行的，小型的私有电子市场相当普遍。在私有电子市场中，一个单独的企业或者企业联营社团与它自己的联营企业伙伴和供应商网站相连，可以建立起电子采购的基础结构及其相应的业务流程。如果电子市场不对非联营企业伙伴开放，则企业可以利用私有市场建立起比公共交易市场更深入的协作关系，出于预测目的或者是减少供应链成本、改进计划，用来交易专属信息。私有电子市场数量日益增加是意料之中的事情，因为企业开始觉察到公共交易市场因知者较少存在的限制性和隐藏在许多公共交易市场失败背后的问题。当然，建立私有电子市场需要相当大的投资，这取决于创立者希望连接到其伙伴系统的程度和范围。

交易市场私有的程度是会发生变化的，所以应考虑是否存在一个由采购商创立交易市场的要素是非常有必要的。换句话说，这是专属的电子市场吗？一个专属电子市场对供应商资格的限制较少，对于行业中各个层次（生产阶段）的有资格的供应商来说，使用专属电子市场相对容易，但这样的的交易市场一般由生产阶段的采购商创建并一直严格控制成员。

（四）拍卖

通过电子市场可以进行典型的网上 B2B 拍卖，许多电子市场拍卖网站提供专门的软件可使拍卖便利化。拍卖有许多不同的类型，一般可以分为两种基本类型：正向拍卖——以一定价格起标（通常由卖方确定）并且不断上涨直到竞价成功、反向拍卖——以一定价格起标（通常由买方确定）并且不断下降直到竞价成功。

1. 拍卖的类型

（1）英式正向拍卖。英式正向拍卖是一种在拍卖行进行的老式拍卖方式。持有某货品的卖方（或者卖方的代理机构）以一个初始价格对货品进行拍卖，买方具有竞价的选择权。投标系统是公开叫价方式，即投标者喊出他们的竞价，所有竞价对所有投标者都是可见的（在线拍卖时，公开叫价可以通过系统设置显示出来，让投标者能在屏幕上看到彼此的竞价）。当没有新的更高的竞价出现时，拍卖结束。中标者是出价最高者，他必须为所竞标的货品支付价钱。如果货品有多个数量要拍卖，数量和价格均属拍卖范畴，将在最高价中标者中按比例分配数量。

（2）英式反向拍卖。英式反向拍卖是一种由销售产品的卖方来投标的拍卖方式。在英式反向拍卖中，买方或者拍卖方为某货品开出一个价格并寻求更低的投标价格。参与者（未来的卖方）通过连续更低的竞价交易而投标，也是以公开叫价方式进行的。当没有人愿意以更低的价格供应这个货品时，拍卖结束。中标者为出价最低者。买方也可以被允许设置保留价格，即他们愿意支付的底线。如果买方需求量大而拍卖的中标者又不愿意或者不能够以中标价供应全部数量时，会允许第二（甚至第三、第四等）最低价竞标者完成剩余部分订单。在某些情景中，拍卖方可能会规定，中标者必须供应所有需要数量。

（3）日式反向拍卖。日式反向拍卖也使用递减投标法。拍卖方设置一个开始价格，潜在卖方必须申明他们是否参与本轮竞标，即是否愿意以这个价格供应某货品（重复进行，也是公开叫价方式）。然后，拍卖方喊出连续降低的价格（以固定数目减少），每一次喊价后，投标者都要申明他们是否仍在参与。当最后只有唯一的投标者参与时，拍卖结束。中标者以当前价格支付价钱。如果有多个数量货品被拍卖,参与者要表明他们愿意以当前的价格出售的数量。当产品的供应等于或者超出需要时,拍卖结束。

**注意:** 日式正向拍卖与英式正向拍卖具有相同的原理,但是随着价格连续上涨,买方都要投标。

拍卖中还会运用几种其他类型的反向拍卖和正向拍卖。反向拍卖在电子采购的电子拍卖中占有巨大优势,因为反向拍卖允许采购商以尽可能低的价格采购产品/服务,提供最低价的供应商是优胜者。

2. 拍卖考虑的其他因素

采购商尽管具有削价的权限,但还需要考虑其他因素。价格不是确定产品/服务的唯一因素,从某种意义上看,只关注价格可能忽略了价值的增值。在很大程度上,需要对质量、可靠性和与供应商的关系都加以考虑,而且采购商考虑这些因素时的权重要大于削价。

为了克服这些不利因素,许多网站提供更加完善的拍卖方式,即采购商通过投标服务来制定非常详细的要求。采购商将征询投标单(Request for Tender,RFT)放在网上,中标人就是最接近并满足采购商所有要求的供应商。

3. 拍卖的优势

尽管拍卖存在缺陷,但是在下列情形中还是能看到拍卖的收益:

(1)当所采购的产品/服务是日用品且只关注价格时。

(2)当许多供应商都有资格提供产品/服务时。

(3)当速度成为主要因素时,在线拍卖是自动进行的过程,能消除接收和评估供应商的响应对时间消耗的需要。

## 三、电子采购的实现

在电子采购过程中,从招标方发布招标信息到最后的双方签约,主要实现的环节如下所述:招标方的主要工作是编辑标书并生成 XML 格式的标书文件,再将招标书生成 XML 文件发送到系统,由系统将招标文件入库,招标方在标书发布后可以接收投标方的投标书,在开标后可以审阅投标书,在评标方评标后可以接收评标书并在审阅后决定中标者,在决定中标者后给中标者发送订单;投标方的主要工作是查阅招标书,编辑投标书签名,将投标书生成 XML 文件,加密后发送给招标方,如果中标则接收订单;评标方的主要工作是在开标后审阅投标文件,生成评标书并且签名,生成 XML 文件,登录并查看信息加密,最后发送给招标方。

在审阅评标书时,除了人工审阅外,系统可自动对招标书 XML 文件内容进行分析,运算重组和检索并利用 XML 可解析性,在评审中智能地判别、筛选理想的候选标书。

(一)总体设计

在采购系统中,注册的招标用户能够进行招标信息的发布,对投标书进行查阅、筛选、评定、辅助决策等。根据不同的用户和不同的权限,采购系统为访问者提供不同的功能。在采购系统中,招标书、投标书、评标书、订单等设计得比较多。

（二）数据处理

由于访问数据库的操作比较单一，而要访问的数据都集中在一个业务管理数据库中，对数据库的安全性要求比较高，所以一般使用数据库连接池来统一实现数据库访问功能。

用于检索公共标书记录的 XML，包含的数据有标书的 ID、标书的名称和标书的编号，用户通过它可以检索自己需要的招标书。

## 四、电子采购的实施

在深入理解电子采购的内涵、电子采购的战略、电子采购的解决方案后，下一步要考虑如何实施电子采购。

（一）实施计划

1. 实施计划的重要性

（1）构思电子采购计划的重要性。实施计划绝对不是事后总结，任何一家企业从开始构思电子采购计划的那一刻起，就应该考虑怎样实施计划。因为电子采购的战略和解决方案的深远影响力涉及多方：IT 系统和部门、任何一个已经使用 IT 系统且将被整合进电子采购系统的部门、所有的与任何品类需求申请有关联的员工、供应商。

电子采购计划不应该只是作为采购部门的项目，而应该"落实"到每一个员工头上直到完成。进一步来说，与各种不同类型的小组进行讨论和准备是非常必要的。

（2）在启动阶段要考虑的问题。关于"实施"的狭义的定义是，启动所选择的电子采购计划。启动是项目正常运转的关键部分，但是在初步计划中，像参与和咨询这样的执行计划也是非常关键的。

无论如何，要成功地实施电子采购计划，关键在于解决现有系统和启动后阶段性管理的集成问题。

（3）在运行阶段要考虑的问题。正如采购策略的其他领域一样，对于电子采购进行不间断的、持续性的绩效考核和控制同样重要。

2. 实施计划的关键要素

除了电子采购战略和系统的核心内容以外，为了确保电子采购计划成功地实施，还有几个其他的问题必须解决，即沟通和变革管理、绩效度量、电子采购对采购部门角色的影响。

（二）沟通和变革管理

在电子采购计划中，采购部门不能单独行动，尤其是在确定电子采购战略时，需要参考其他部门（如 IT 人员、企业内各业务职能的专家级采购人员、供应商）的技能和知识做出相应的分析和准备。

一旦要启动电子采购计划，贯穿于企业内的各级使用者就需要为此做准备。这种应用对采购部门内的员工而言应该是常见的。

1. 获得高层的支持

获得高层次的"领导人"或"领军人物"的支持非常有必要。这些高层包括首席执行官（Chief Executive Officer，CEO）、首席运营官（Chief Operating Officer，COO）等。

（1）一个电子采购项目的成功取决于企业内几个不同部门的管理者和员工之间的参与和协调。在某些领域，参与电子采购项目的员工可能会耗尽其日常工作时间，通过加班来完成所负责部分。如果该项目得到了高层的支持和倡导而具备了影响力，那么就很容易获得多个部门的支持。

（2）因为电子采购对企业绩效本质上会有长久的影响，所以它必须助力企业达到战略目标。如果该项目得到了高层的认同，那么能确保电子采购目标与整体的战略性目标保持高度一致性。

（3）在电子采购项目执行过程中，如果得到了对资金、人员具备控制能力的高层的支持和理解，那么将有助于项目获取这些资源。

为了得到高层的支持，项目规划者应该以概要的方式清晰地制定一份切实可行且能够用量化指标，来证明其最基本目标的实现可以为企业带来收益的业务需求。

2. 利益相关者的识别

电子采购项目的启动时需要识别关键的利益相关者，并且确定好谁需要参与项目。

（1）就内部而言，关键的利益相关者至少应涉及：信息技术部门、财务部门、合作员工、那些可能被整合进电子采购系统的员工（如曾经的 ERP 等电子自动化系统的操作者）。另外，那些有权提出需求申请的员工应被看成次级利益相关者，虽然他们不参与指导和建立电子采购计划，但是他们需要在合适的位置上保持信息通畅，如关于采购的政策和程序将怎样改变、他们的采购活动将怎样受到影响。

（2）就外部而言，关键的利益相关者主要涉及供应商，因为电子采购计划对它们的影响最大。对于非标准的 ORM 供应商来说，这些影响可能是有限的；但对于其余的战略型供应商来说，这些影响可能很大。因此，企业需要确定的是，那些关键的供应商是否已经为电子采购做好了准备。

3. 沟通和变革管理的步骤

（1）清晰地陈述切实可行的业务需求，解释电子采购计划的期限、目标和收益。项目团队应该准备好沟通工作而不只是努力实施项目工作，应该解释自己在做什么、目标是什么及电子采购将给企业带来什么样的收益。在早期阶段，要保证开展电子采购时员工已知悉正确的信息，这有利于员工克服因信息掌握不全时所产生的畏惧心理。

（2）就业务需求的陈述进行沟通。一般来说，应该通过企业的常规途径进行沟通，但为得到最好的效果，也可以运用多种途径，如在定期员工会议中面对面地介绍情况、在员工业务通信中刊登一篇文章、在企业内部网站上发布相关信息等。为了保证信息已经沟通并被理解了，可以采用随机抽样、电话访谈的方式了解情况。

（3）辨认那些因担心计划实施受到影响而滋生出对变化的恐惧并将其消除。人们通常会担心因某种变化而使得他们角色的作用变得多余，他们的工作内容将成为无聊的常规数据录入，工作过程将变得更加程式化，而且管理层将更容易使用监控系统来监管他们。

有的恐惧因素可能很容易找出来，而有的则不能找出来。因此，项目团队应该找出所有的能引起人们恐惧变化的主要因素并予以充分解答，关键是要注意不要制造出那些不必要的恐惧因素，或者否认事实上已经存在的恐惧因素。

在有些情形中，答案将消除那些毫无理由理由的恐惧心理。例如，电子采购系统通常能减少工作中的官僚作风而不是增加这种势头。而在有的情形中，答案将给出消除恐惧的真相。

例如，如果管理层打算更进一步监控采购行为，那么就应该明确地进行规定并说明这样做的理由，诸如鉴于目前的自主采购水平、担心交际费用的过度支出等理由。

（4）充分准备培训并宣传到位。当实施电子采购时，采购流程将有所不同。与采购流程相关的非采购部门员工也需要培训以保证他们能熟练地实施新的解决方案，而对那些本职工作就是采购的员工而言，就需要对系统的原理及其背后的操作流程进行深入的理解，因为采购人员要比任何其他人员受到的影响更多。此外，如果员工没有充分地准备好使用电子采购系统，那么他们就不会接受它并试图寻找捷径以回避正式的程序。这将阻碍企业进行自主采购的努力。

当执行一项培训计划时，首先要做的是打消员工关于培训水平是否适合他们的顾虑。管理者被告知关于培训时间的要求也很有必要，以便促使所有的员工能够自由地参加培训课程。

（5）协调人们关于"将达到什么目标"和"什么时候达到"的预期。由于电子采购系统可能做到许多事情，所以人们会不切实际地夸大这种影响。变革管理的关键角色的作用在于，调整人们的预期以便使其回归现实，这样能保证人们看到变化的结果时不会太失望。

为了协调预期，有必要对系统的限制和能力给予解释。如果现实的问题不能解决或者超出了范畴，也要明确地表示出来。但变革不会在一夜之间发生，通常来说，电子采购计划的成功执行与员工对运用新系统尽职尽责的程度有关。在这种情况下，管理者要与员工沟通参与的环节及具体的职责，包括参与项目团队、完成培训、转变到新系统等环节。

（6）做出重新部署员工岗位的计划。有些以从事采购活动为其主要工作内容的员工（尤其是采购部门的员工）可能要经历整个角色转变的过程，如果一旦系统开始运行，他们就可能会从事务性管理工作中解脱出来而无事可做了。企业需要在电子采购计划中清楚地安排这些员工，并尽可能早地与他们沟通调遣、重新培训及确定有无必要做解聘安排等问题。如果可能的话，对采购人员的调遣应该是使其比原来的事务性活动角色更多地发挥出角色的价值作用，以对战略绩效产生更长远的影响。

有时为了实现节约目标，解聘员工是必不可少的选择。与受到影响的员工进行事先沟通非常重要，因为在实施新系统运行的过渡期前企业仍需要他们的服务和稳定性支持。确保这种稳定性支持的一个办法就是提供过渡性资金。这个资金区别于解聘金，是支付给项目完成前还留在岗位上的员工的。

（三）绩效度量

电子采购能促使企业商业业务结构的改变，然而其中最重要的一个成功要素常常被忽略掉，这个要素就是电子采购关键绩效指标（Key Performance Indicators，KPIs）。

正如采购战略的任何一个方面一样，只有通过系统地度量绩效才能知道电子采购是否能满足目标。那些不能充分度量其电子采购绩效的企业，面对最终的失败时再做出努力就已经太迟了。KPIs有两个相关的范畴，即电子采购实施指标、电子采购绩效指标。

1. 电子采购实施指标

电子采购实施指标用来度量电子采购在企业的执行力度，找出那些导致员工使用成功或者失败的原因。这些关键绩效指标将应用于系统已经全部完成电子采购项目的整段时间内。

典型的电子采购实施指标应该包括以下几个方面：

（1）以电子采购项目里程碑为依据的进度度量。
（2）与企业内部其他系统整合成功的度量。
（3）培训完成情况的度量。
（4）员工使用系统的数量与总目标数量的对比度量。
（5）过渡到电子采购的采购品类数量与总过渡目标数量的对比度量。

2．电子采购绩效指标

电子采购绩效指标用来评估预期的电子采购收益已经实现的程度。这类关键绩效指标必须源自电子采购的战略目标。在确定每个电子采购绩效指标时，需要思考以下问题：

（1）用什么度量方法来评估目标是否已经达到？
（2）多长时间进行一次度量？

度量应遵循电子采购的本质，尽可能地自动化。电子采购的关键收益之一在于它能给采购绩效领域带来信息透明，而这在先前是很难度量的，如涉及无合同采购、与采购活动关联的交易成本等领域。因此，除了度量那些需要特别关注的通过电子采购解决方案产生的采购绩效以外，电子采购还可以回顾度量采购绩效的框架结构。

（四）电子采购对采购部门角色的影响

对采购部门而言，关键利益在于管理流程中的节约，即通过任务自动化手段让采购政策更好地服从企业的整体战略、实现对供应商的杠杆作用等。只有这样才能很好地理解买什么、谁在买、什么时候买、以什么价格买的问题，因而采购人员的角色将随着这种变化而发生变化。

1．从整体来看对采购部门的影响

随着电子采购日益广泛地应用于企业内部和不同的企业之间，采购部门的角色也随着时间逐渐改变。虽然描述这些将要发生的变化为时过早，但是随着电子采购在采购职能中的重要性的日益增长，它对采购部门的影响将被明显地觉察到。

（1）电子采购的发起。采购部门是整个企业中电子采购信息的归结者和电子采购项目的宣传发起者。采购团队从一开始计划的角色转变为电子采购专家的角色，但仍然要与其他部门沟通协调电子采购项目。即使当前还没有直接地执行电子采购计划，但作为采购专业人员，也需要意识到电子采购的潜力。这是因为企业需要不断审视自身所处的环境，挖掘出竞争优势机会并识别竞争中的威胁。电子采购会带来两种机会：一种是一些企业愿意接受电子采购；另一种是一些企业需要了解怎样成功地执行电子采购计划。电子采购也会带来威胁，如一些企业的竞争对手已经走在电子采购行业的前沿，并已经获得电子采购所产生的回报和收益。

（2）电子采购的启动。在电子采购解决方案启动阶段，采购部门变成了系统的"超级用户"。电子采购专业人员很可能要涉及和支持其他部门人员在申请和批复方面的培训工作。

（3）行政管理任务量的转变。当新的电子采购关联到行政管理任务时，早期采用电子采购的人员可能会意识到采购周期在减少和一些行政管理工作量在减少。随着电子采购在企业内部的进展，行政管理过程及其工作流程将发生变化。可以事先了解这方面的影响，但是有些可能是无法预料的。同样，特定人员的工作变化程度可能仅仅是事后的理解。

2．对电子采购专业人员的影响

采购专业人员受电子采购的影响很可能体现在两个方面：一是采购职能从很多行政事务

性任务向战略性任务转移；二是转换角色变成电子采购专家。

虽然电子采购专业人员的角色目前还没有最佳实践的预定模式，但是从下列3种需要电子采购专业化的情形中还是可以得出评估结论的。

（1）业务前台。业务前台由与供应商定期直接交易的员工构成（计算机终端使用者），其角色将是关系管理者，主要职责是关注供应商关系并保证供应链的连续性。他们应该具有供应链的整体视觉，与供应商、供应商的供应商、客户保持周期性的联系。他们在电子采购中的角色任务是在新的电子供应链上识别、构建和管理伙伴关系。

（2）业务中间环节。业务中间环节由那些管理采购团队的员工和知识专家构成。在这个环节中，电子采购超级用户和数据分析专家的业务活动将非常关键。超级用户非常熟悉电子采购工具的特征，会与IT部门、电子采购服务提供商或者其他电子市场紧密合作。数据分析专家主要分析从部门汇集而来的数据，为关系管理者主导的当前或未来的谈判提供市场条件分析基础。

（3）业务后台。业务后台人员具有行政管理角色，以保证与其他部门的连续性。在这个环节中，工作流程认证人员批准购买，其职责是确保采购活动符合采购政策和特定电子采购协议要求的范围。

## 7.2 招标采购

招标采购是一种使用越来越广泛的采购商法，已经引起行业内极大的关注。招标采购的方式在我国发展的历史不长，起源于20世纪80年代，通常应用于比较重大的建设工程项目、新企业寻找长期物资供应商、政府采购或采购批量比较大的场合。近些年政府采购的兴起，为招标采购提供了一个广阔的市场。

标即标书，就是任务计划书、任务目标。招标采购，就是通过招标方式进行采购，是指通过在一定范围内公开采购信息，说明拟采购物品或项目的交易条件，邀请供应商或承包商在规定的期限内提出报价，经过比较分析后，按既定标准选择条件最优惠的投标人，并与之签订采购合同的一种采购商式。

招标采购是在众多的供应商中选择最佳供应商的有效方法，体现了公平、公开和公正的原则。通过招标程序，招标方可以在最大限度上吸引和扩大投标方之间的竞争，从而有可能以更低的价格采购到所需要的物资或服务，以更充分地获得市场利益。

### 一、招标采购的方式

总体来看，目前世界各国和一些国际组织颁布的有关采购法律、法规都规定了公开招标、邀请招标和两段式招标等方式的具体要求。

（一）公开招标

公开招标也称无限竞争性招标，是一种由招标人按照法定程序，在报刊、网络等公共媒体上发布招标公告，吸引众多企业来参加投标竞争，招标人从中择优选择中标单位的招标方式。

公开招标的优点在于能够在最大限度内选择投标商，竞争性更强，择优率更高，同时也可以在较大程度上避免招标活动中的贿标行为。政府采购通常采用这种方式。但是这种方式也有缺点，如采购费用较高、手续烦琐、花费时间较长等。

公开招标不适用于需求高度专业化的场合，或者是优先考虑与供应商的早期合作经历的时候。

公开招标适用于下列情形：
（1）需求相对简单且能在招标文件中被描述清楚。
（2）有许多相互之间公开竞争的供应商，并且任何一家供应商都不比其他人有明显优势。
（3）企业评估大量投标的成本很可能低于加强竞争而带来的价格降低。
（4）价格是最重要的评估标准。

按照竞争程度，公开招标方式又可分为国际竞争性招标和国内竞争性招标两种。

### 1. 国际竞争性招标

国际竞争性招标是指在世界范围内进行招标，国内外符合条件的企业均可以投标。它要求招标者制作完整的英文标书，在国际上通过各种宣传媒介刊登招标公告。例如，世界银行对其贷款项目的货物和工程的采购规定了 3 个原则：必须注意节约资金并提高效率，即经济有效；要为世界银行的全部成员国提供平等的竞争机会，不歧视投标人；有利于促进借款国本国的建筑业和制造业的发展。国际竞争性招标是国际上采用最多、占采购金额比例最大的一种方式。

国际竞争性招标的特点是高效、经济、公平。例如，世界银行根据不同国家和地区的情况，规定了凡采购金额在一定限额以上的货物和工程合同，都必须采用国际竞争性招标；对一般借款国来说，25 万美元以上的货物采购合同、大中型工程采购合同，都应采用国际竞争性招标。我国的贷款项目金额一般都比较大，世界银行对我国的国际竞争性招标采购限额适当放宽了一些，比如说工业项目采购凡在 100 万美元以上的，均应采用国际竞争性招标来进行。表 7-2 总结了国际竞争性招标的优缺点。

表 7-2　国际竞争性招标的优缺点

| 优　点 | 缺　点 |
| --- | --- |
| （1）能以对买主有利的价格采购到需要的设备和工程。<br>（2）能引进先进的设备、技术和管理经验。<br>（3）为合格的投标人提供公平的投标机会。<br>（4）减少作弊的可能性，采购程序和采购标准具有公开性 | （1）需要较多的时间。这种招标方式下，从招标公告、投标人做出反应、评标到签订合同一般需要半年甚至 1 年以上的时间。<br>（2）所需文件比较多。招标文件要明确规范各种技术规格、评标标准和买卖双方的义务等内容，要将大量的文件翻译成国际通用文字，因而增加了工作难度。<br>（3）中标的供应商和承包商中的发展中国家所占的份额比较少 |

### 2. 国内竞争性招标

国内竞争性招标是指可用本国语言编写标书，只在国内的媒体上登出广告，公开出售标书，并进行公开开标。它通常适用于合同金额较小（世界银行规定一般在 50 万美元以下）、采购品种比较分散、分批交货时间较长、劳动密集型产品、商品成本较低而运费较高、当地价格明显低于国际市场价格等情况下的采购。

从国内采购货物或者工程可以大大节省时间，而且这种便利将对项目的实施具有重要的意义。在国内招标的情形下，如果外国企业愿意参加，则应允许它们按照国内竞争性招标方式参加投标，不应人为地设置障碍，妨碍其公平参加竞争。

国内竞争性招标的程序大致与国际竞争性招标相同。由于国内招标限制了竞争范围，通常国外供应商不能及时得到有关投标的信息，这明显与招标的原则不符，所以有关国际组织对国内招标都加以限制。

（二）邀请招标

邀请招标也称有限竞争性招标或选择性招标，是指由招标单位选择一定数目的合格的企业（必须有3家以上），向其发出投标邀请书，应邀企业在规定的时间内向招标单位提交投标意向，购买投标文件进行投标。

1. 邀请招标的特点

（1）邀请招标不使用公开的公告形式。
（2）接受邀请的企业才有资格参加投标。
（3）投标人的数量有限。

由于被邀请参加的投标竞争者有限，所以可以节约招标时间和费用。但由于邀请招标限制了充分的竞争，所以招标投标法规一般都规定招标人应尽量采用公开招标的方式。

邀请招标与公开招标相比，因为不用刊登招标公告而只定向邀请，所以招标周期大大缩短，这对采购那些价格波动较大的商品是非常有利的，可以降低风险。因此，邀请招标是允许采用的，而且在实际中有较大的适用性。

但是，在邀请招标中，招标人有可能故意邀请一些不符合条件的法人或其他组织作为其内定中标人的陪衬搞假招标。为了防止这种现象的发生，应当对邀请招标的对象所具备的条件做出限定，如被邀请的法人或其他组织应不少于3家；该法人或其他组织资信良好，具备承担招标项目的能力。前者是对招标范围的最低要求，以保证适当程度的竞争；后者是对投标人资格和能力的要求，招标人对此可以进行资格审查，以确定投标人能否达到这方面的要求。

2. 应邀单位的确定

应邀单位一般选择3~10家企业较为适宜，也要视具体的招标项目的规模而定。有以下两种方法可用于决定谁将参与邀请招标：

（1）如果对供应市场有充分的了解，那么可以通过市场选择那些最适合的供应商。
（2）如果没有供应市场方面的充分信息，可以事先进行一个确认供应商资格的程序，然后从已确认资格的供应商中选择那些最适合的供应商。

如果企业的采购需求具有重复性，则可通过事先确认资格的程序来编制一份合格的供应商名单，也称为"限定名单"，然后可以从这个名单中选定供应商邀标。

3. 邀请招标的适用范围

按照国内外的通常做法，采用邀请招标方式的前提条件是对市场供给情况比较了解、对供应商或承包商的情况比较了解。在此基础上，还要考虑招标项目以下方面的具体情况：

（1）招标项目的技术新且复杂或专业性很强，只能从有限范围的供应商或承包商中选择。
（2）招标项目本身的价值低，招标人只能通过限制投标人数来达到节约和提高效率的目的。

### （三）两段式招标

在公开和限制性招标中，招标文件包含全部的技术规范。这为供应商提供了充分的信息来完善能满足企业需要的投标。但在有些情况下，预先确定全部技术规范或许是不切实际的：

（1）由于需求复杂的技术特性，所以不经过对潜在供应商的咨询和谈判就无法最终确定技术规范。

（2）需求会遭遇快速的技术进步，如计算机和通信系统发展较快。

在这种情况下，可采用两段式招标的方式，这可以使采购商在做出最终采购决策之前能从供应商优化技术规范的知识背景中受益。

在这种方式中，第一阶段可以请供应商报送未标价的基于概念化的设计或者基于性能规范的技术提案，之后会对这些提案从技术和商业两方面进行论证。在这一阶段，应深入考虑一个或多个投标人的提案，如果因为这样或那样的原因不能满足企业的需求，可以将其放弃。在第二阶段，要求剩余的投标人提交它们的最终提案。这些提案包括所有依据前期咨询而进行的技术性修正，并附带投标人的价格。因为只有被接受的那些技术性提案才能进入第二阶段，所以采购决策通常是建立在最低评估价格的基础上的。

## 二、招标采购的程序

招标采购是一个复杂的系统工程，它涉及各个方面、各个环节。一个完整的招标采购过程包括"策划→招标→投标→开标→评标→定标→签订合同"7个阶段。

### （一）策划

招标活动是一次涉及范围很广的大型活动，开展一次招标活动需要进行认真和周密的策划。招标策划的工作主要有以下内容：

（1）明确招标的内容和目标，对招标采购的必要性和可行性进行充分的研究和探讨。

（2）对招标书的标底进行仔细研究。

（3）对招标的方案、操作步骤、时间进度等进行研究决定。例如，是采用公开招标还是采用邀请招标，是自己亲自主持招标还是请人代理招标，分成哪些步骤而每一步怎么进行等。

（4）对评标方法和评标小组进行讨论研究。

（5）将以上讨论形成的方案形成文件，交由企业领导层讨论决定，以取得企业领导层的同意和支持，有些甚至可能还需要取得董事会的同意和支持。

招标采购的策划活动有很多诀窍，有些企业为了慎重起见，还特意邀请咨询公司代理策划。

### （二）招标

在招标方案得到企业领导层的同意和支持以后，就进入实际操作阶段。招标采购的第一个阶段就是招标阶段。招标阶段的工作主要有以下内容：

（1）形成招标书。招标书是招标活动的核心文件，要认真起草招标书。

（2）对招标书的标底进行仔细研究确定。有时需要召开专家会议，甚至邀请一些咨询公司代理。

（3）招标书发送。要采用适当的方式将招标书传送到潜在的投标人手中。例如，对于公开招标，可以在媒体上发布招标书；对于选择性招标，可以用挂号或特快专递直接将招标书送交所选择的投标人。有些招标书需要投标者花钱购买，有些招标书规定投标者要缴纳一定的保证金后才能得到。

（三）投标

投标人在收到招标书以后，如果愿意投标，就进入投标程序。

其中，投标书、投标报价需要经过特别认真的研究、详细的论证。这些内容是要和许多供应商进行竞争评比的，既要先进、合理，又要有利可图。

将投标文件要在规定的时间准备好一份正本、若干份副本，并且分别封装签章，在信封上分别注明"正本""副本"的字样，寄到招标单位。

（四）开标

开标应按招标通告中规定的时间、地点公开进行，并邀请投标商或其委派的代表参加。开标前，应以公开的方式检查投标文件的密封情况，当众宣读供应商名称、有无撤标情况、提交投标保证金的方式是否符合要求、投标项目的主要内容、投标价格及其他有价值的内容。开标时，对于投标文件中含义不明确的地方，允许投标商做简要解释，但所做解释内容不能超出投标文件记载的范围，或者实质性地改变了投标文件的内容。以电传、电报方式投标的，一般不予开标。

开标要做开标记录，开标记录内容包括项目名称、招标号、刊登招标通告的日期、发售招标文件的日期、购买招标文件单位的名称、投标商的名称及报价、截标后收到标书的处理情况等。

在有些情况下，可以暂缓或推迟开标时间。例如，招标文件发售后对原招标文件做了变更或补充；开标前发现足以影响采购公正性的违法或不正当行为；采购单位接到质疑或诉讼；出现突发事故；变更或取消采购计划；等等。

（五）评标

招标方收到投标书后，直到招标会开会那天，不得事先开封。只有当招标会开始，投标人到达会场，才能将投标书邮件交投标人检查，签封完后当面开封。开封后，投标人可以拿着自己的投标书当着全体评标小组陈述自己的投标书，并且接受全体评委的质询，甚至需要参加投标辩论。陈述辩论完毕，投标者退出会场，全体评标人员进行分析评比，最后通过投票或打分选出中标人。

评标由招标人依法组建的评标委员会负责。评标委员会由招标人的代表和有关技术、经济等方面的专家组成，成员人数为 5 人以上单数，其中技术、经济等方面的专家不得少于成员总数的 2/3。与投标人有利害关系的人不得进入相关项目的评标委员会，已经进入的应当更换。评标委员会成员的名单在中标结果确定前应当保密。招标人应当采取必要的措施，保证评标是在严格保密的情况下进行的。任何单位和个人不得非法干预、影响评标的过程和结果。评标委员会可以要求投标人对投标文件中含义不明确的内容进行必要的澄清或者说明，但是澄清或者说明不得超出投标文件的范围，或者改变投标文件的实质性内容。

评标委员会应当按照招标文件确定的评标标准和方法，对投标文件进行评审和比较。设有标底的，应当参考标底。评标委员会完成评标后，应当向招标人提出书面评标报告，并推荐合格的中标候选人。评标委员会成员不得私下接触投标人，不得收受投标人的财物或者其他好处。评标委员会成员和参与评标的有关工作人员不得透露对投标文件的评审和比较、中标候选人的推荐情况、与评标有关的其他情况。

（六）定标

招标人根据评标委员会提出的书面评标报告和推荐的中标候选人中确定中标人，招标人也可以授权评标委员会直接确定中标人。在确定中标者后，要通知中标方。同时，对于未中标者也要明确通知它们，并表示感谢。

（七）签订合同

招标人与中标者签订采购合同。

**注意**：以上是一般情况下的招标采购的全过程。在一些特殊的场合，招标的步骤和方式也可能有一些变化。

## 三、招标采购的准备

招标采购的一般程序不会因国家、地区和组织的不同而存在太大的差别。其中，招标包括资格预审通告的发布、招标文件的准备、招标通告的发布、招标文件的发售等，这些是招标采购的准备工作。招标阶段需要做大量的基础性工作，其具体工作可由采购单位自行办理；如果采购单位由于人力或技术原因无法自行办理的，可以委托代理人办理。

（一）资格预审通告的发布

对于大型或复杂的土建工程或成套设备，在正式组织招标以前，需要对供应商的资格和能力进行预先审查，即所谓的资格预审。通过了资格预审，就可以缩小供应商的范围，避免不合格的供应商的无效劳动，减少其不必要的支出，也减轻了采购单位的工作量，提高了办事效率。

1. 资格预审的内容

资格预审的内容分为两个部分，即基本资格预审和专业资格预审。基本资格是指供应商的合法地位和信誉，包括是否注册、是否破产、是否存在违法违纪行为等。专业资格是指已具备基本资格的供应商履行拟订采购项目的能力。资格预审具体包括以下几个内容：

（1）经验和以往承担类似合同的业绩和信誉。
（2）为履行合同所配备的人员情况。
（3）为履行合同所配备的机械、设备和施工方案等情况。
（4）财务状况。
（5）售后维修服务的网点分布、人员结构等。

2. 资格预审的程序

进行资格预审，先要编制资格预审文件，邀请潜在的供应商参加资格预审，发售资格预审文件，然后进行资格评定。

（1）编制资格预审文件。一个国家或组织通常会对资格预审文件的格式和内容有统一的规定，制定有标准的资格预审文件范本。资格预审文件可以由采购实体编制，也可以由采购实体委托的研究、设计或咨询机构协助编制。

（2）邀请潜在的供应商参加资格预审。资格预审一般是通过在官方媒体上发布的资格预审通告进行的。资格预审通告的内容一般包括采购实体名称、采购项目名称、采购（工程）规模、主要工程量、计划采购开始（开工）时间、交货（完工）日期、发售资格预审文件的时间、地点和售价，以及提交资格预审文件的最迟日期。

（3）发售资格预审文件和提交资格预审申请。资格预审通告发布后，采购单位应立即开始发售资格预审文件。资格预审申请的提交必须符合资格预审通告中的时间规定，截止期后提交的申请书一律拒收。

（4）资格评定，确定参加投标的供应商名单。采购单位在规定的时间内，按照资格预审文件中规定的标准和方法，对提交资格预审申请的供应商的资格进行审查。只有经审查合格的供应商，才有权继续参加投标。

（二）招标文件的准备

招标文件是整个招标采购活动的核心文件，是招标方全部活动的依据，也是招标方智慧与知识的载体。因此，准备招标文件是非常关键的环节，它直接影响采购的质量和进度。

招标文件的内容大致分为3个部分：第一部分是关于编写和提交投标文件的规定；第二部分是关于投标文件的评审标准和方法，这是为了提高招标过程的透明度和公平性，因而非常重要；第三部分是关于合同的主要条款，其中主要是商务性条款，有利于投标人了解中标后签订的合同的主要内容，以明确双方各自的权利和义务。

其中，技术要求、投标报价要求和主要合同条款等内容是招标文件的实质内容，统称实质性要求。投标文件应该与招标文件的所有实质性要求相符，无显著差异。如果投标文件与招标文件规定的实质性要求不相符，即可认定投标文件不符合招标文件的要求，招标人可以拒绝该投标。

具体来说，招标文件一般至少应包括以下几个方面的内容。

1．招标通告

招标通告的核心内容是向潜在的投标者说明招标的项目名称和简要内容，发出投标邀请，并且说明招标书编号、投标截止时间、投标地点、联系电话、传真、电子邮件地址等。招标通告应当简短、明确，让投标者一目了然，方便获取基本信息。

2．投标须知

投标须知是通过建立在整个招标投标过程中共同的概念和规则，把它们明确地写出来作为招标文件的一部分以期形成共识，作为今后双方行为的依据，并且声明未尽事项的解释权归谁所有以免后期引起争议的文件。

投标须知的主要内容基本上是一些招标投标的基本规则、行为标准等。这些内容基本上都可以从《中华人民共和国招标投标法》中找到依据，但可以根据自己的具体情况进行具体化、实用化，一条条地列出来提供给投标方。

投标须知的主要内容包括以下几个方面：

（1）资金来源。
（2）如果没有进行资格预审的，要提出符合投标商的资格要求的证明。
（3）货物原产地要求。
（4）招标文件和投标文件的澄清程序。
（5）投标文件的内容要求。
（6）投标语言。尤其是国际竞争性招标，由于参与竞标的供应商来自世界各地，所以必须对投标语言做出规定。
（7）投标价格和货币规定。对投标报价的范围做出规定，即报价应包括哪些方面。统一报价口径有利于评标时进行计算和比较。
（8）修改和撤销投标的规定。
（9）标书格式和投标保证金的要求。
（10）评标的标准和程序。
（11）国内优惠的规定。
（12）投标程序。
（13）投标有效期。
（14）投标截止日期。
（15）开标的时间、地点等。

3．合同条款

合同条款的基本内容包括购销合同、任务明细、描述方式、货币价格条款、支付方式、运输方式、运费和税费处理等商务内容的约定及说明。

合同条款分为一般合同条款和特殊合同条款，具体内容见表7-3。

表7-3　招标采购合同条款内容

| 一般合同条款 | 特殊合同条款 |
| --- | --- |
| （1）买卖双方的权利和义务。<br>（2）价格调整程序。<br>（3）不可抗力因素。<br>（4）运输、保险和验收程序。<br>（5）付款条件、程序和支付货币规定。<br>（6）延误赔偿和处罚程序。<br>（7）合同中止程序。<br>（8）合同适用法律的规定。<br>（9）解决争端的程序和方法。<br>（10）履约保证金的数量、货币要求和支付方式。<br>（11）有关税收的规定 | （1）交货条件。<br>（2）验收和测试的具体程序。<br>（3）履约保证金的具体金额和提交方式。<br>（4）保险的具体要求。<br>（5）解决争端的具体规定。<br>（6）付款方式和货币要求。<br>（7）零配件和售后服务的具体要求。<br>（8）对一般合同条款的增减等 |

4．技术规格

技术规格是招标文件和合同文件的重要组成部分，它规定了所购货物、设备的性能和标准。技术规格也是评标的关键依据之一。如果技术规格制定得不明确或不全面，就会增加风险，不仅会影响采购质量，而且会增加评标难度，甚至导致废标。

采购技术规格一般采用国际或国内公认的标准,除了不能准确或清楚地说明拟招标项目的特点以外,各项技术规格均不得要求或标明某一特定的商标、名称、专利、设计、原产地或生产厂家,不得有针对某一潜在供应商或排斥某一潜在供应商的内容。

5. 编制要求

投标书是投标供应商对其投标内容的书面声明,内容包括投标文件构成、投标保证金、总投标价和投标书的有效期等。投标书中的总投标价应分别以数字和文字表示。投标书的有效期是指投标有效期。投标商确认在此期限内受其投标书的约束,该期限应与投标须知中规定的期限相一致。

投标保证金是为了防止投标商在投标有效期内任意撤回投标,或中标后不签订合同、不缴纳履约保证金,致使采购者蒙受损失。投标保证金可采用现金、支票、不可撤销信用证、银行保函、保险公司或证券公司出具的担保书等方式缴纳。投标保证金的金额不宜过高,可以确定为投标价的一定比例,一般为投标价的 1%~5%,也可以定一个固定数额。由于按比例确定投标保证金的做法容易导致报价泄露,即通过一个投标商缴纳的投标保证金的数额可以推算其投标报价,所以采用固定投标保证金的做法较为理想,有利于保护各投标商的利益。

如果投标商有下列行为之一的,应没收其投标保证金:投标商在投标有效期内撤回投标;投标商在收到中标通知书后,不按规定签订合同或不缴纳履约保证金;投标商在投标有效期内有违规违纪行为;等等。而在下列情况下投标保证金应及时退还给投标商:中标商按规定签订合同并缴纳履约保证金;没有违规违纪的未中标投标商;等等。

6. 供货一览表和报价表

供货一览表应包括采购商品品名、数量、交货时间和地点等。

在国境内提供的货物和在国境外提供的货物在报价时要分开填写。在报价表中,境内提供的货物要填写商品品名、商品简介、原产地、数量、出厂单价、出厂价境内增值部分所占的比例、总价、中标后应缴纳的税费等;境外提供的货物要填写商品品名、商品简介、原产地、数量、离岸价单价及离岸港、到岸价单价及到岸港、到岸价总价等。

(三)发布招标邀请书

招标邀请书的内容因项目而异,一般应包括以下几个方面:

(1)采购者的名称和地址。

(2)资金来源。

(3)采购内容简介。其中包括采购货物名称、数量和交货地点,工程的性质和地点,所需采购服务的性质和提供地点等。

(4)希望或要求供应货物的时间,或工程竣工的时间,或提供服务的时间表。

(5)获取招标文件的办法和地点。

(6)采购者对招标文件收取的费用和支付方式。

(7)提交投标书的地点和截止日期。

(8)投标保证金的金额要求和支付方式。

(9)开标日期、时间和地点。

如果有资格预审程序,招标文件可以直接发售给通过资格预审的供应商;如果没有资格预审程序,招标文件可发售给任何对招标通告做出反应的供应商。招标文件的发售,可采取邮寄的方式，也可以让供应商或其代理前来购买。如果采取邮寄方式，则要求供应商收到招标文件后告知招标机构。

 **案例阅读**

### ××大学计算机采购招标书

**第一部分　招标须知**

使用范围：本招标书仅适用于本招标书中所叙述项目的产品/服务。

投标费用：投标人需要自行承担所有与编写、提交和投标过程有关的全部费用、风险、损失，不论投标的结果如何，招标人在任何情况下均无义务和责任承担这些费用、风险、损失。

提示：投标人应认真阅读招标书中所有的事项、格式、条款和规范等要求。如果没有按照招标书要求提交全部资料或者投标书，没有对招标书做出实质性响应，该投标有可能被拒绝，其风险由投标人自行承担。招标人对投标人提交的文件将予以保密，但不退还。

招标书澄清：投标人如对招标书有疑点要求澄清，或认为有必要与投标人进行技术交流时，可以于投标截止日期 5 日前以书面形式通知投标人，招标人视情况确定技术交流，或以书面答复要求澄清方或所有投标人。

招标书修改、撤回：投标截止日期前，招标人无论出于自己的考虑，还是出于对投标人提出的问题澄清，均可对招标书用补充文件的方式进行修改或撤回，撤回的招标书不再有效。

对招标书的修改：将以书面、传真（或电子邮件）的形式通知投标人。补充文件为招标书的组成部分，对所有投标人具有约束力。

为满足招标项目的需要或投标人有足够的时间按招标书的要求而修正投标文件，招标人可酌情推迟投标的截止日期和开标日期，并将此变更通知投标人。

**第二部分　项目背景**

××大学因科研需要为本校物流研究院采购计算机 150 台。其中包括：

综合物流实验室用台式机 50 台

各行政办公室、教研室用台式机 50 台

教师用笔记本电脑 50 台

**第三部分　具体要求**

××大学采购计算机严格按照《中华人民共和国招标投标法》的要求，遵循公开、公平、公正的原则，公开向社会邀请招标。

1. 投标要求

（1）投标单位应遵守国家法律、法规，具有良好信誉和诚实商业道德，履约情况良好，保证投标文件资料的真实性。

（2）投标单位在资金、人员、技术、装备等方面具有自身承担招标项目的能力和条件，有圆满完成项目的成功经验。

（3）投标单位投标时，一定要提供企业简介、中标证、业绩及经营、安装等相关的资质资料。

（4）投标单位应将投标书的正本和副本各一本（均须打印装订，经正式授权和投标人代表签字确认），报价表一式 15 份密封装在一个文件袋中，并加盖骑缝章。文件袋正面应写清楚单位名称、详细地址和联系方式。

2. 技术要求

（1）投标方提供的计算机应满足我校提供的技术参数和要求。

（2）报价包括货物价格、运输费用、装卸费用及税金等全部费用。合同签订后 10 个日历天供货，2 个日历天安装、调试完毕。

（3）安装、调试完毕，正常运行，经验收合格后付款 95%。余款为质保金，待质保期（12 个月）满无质量问题后一次性付清。

（4）招投标文件均作为合同要件。

3. 采购计算机数量、配置及要求

| 设备名称 | 数量/台 | 配置 | 品牌型号 | 报价/元 | 备注 |
|---|---|---|---|---|---|
| 台式机 | 100 | …… | | | |
| 笔记本电脑 | 50 | …… | | | |

## 四、招标采购的实施

招标阶段的工作完成以后，采购就进入投标、开标阶段。

（一）投标

1. 投标准备

在正式投标前，采购单位还需要做一些必要的服务工作：一是对于大型工程或复杂设备招标需要组织召开开标前的会议和现场考察；二是按投标商的要求澄清招标文件，澄清答复要发给所有购买投标文件的供应商。

标书发售后至投标前，要根据实际情况合理确定投标准备时间。投标准备时间是否合理会直接影响招标的结果。如果投标准备时间太短，投标商就无法完成或不能很好地完成各项准备工作，投标文件的质量就不会十分理想，直接影响后面的评标工作。

采购单位或招标单位只接受在规定的投标截止日期前由供应商提交的投标文件，截止期后送到的投标文件拒收，并取消这些供应商的资格。在收到投标文件后，要签收或通知供应商投标文件已经收到。在开标以前，所有的投标文件都必须密封，妥善保管。

投标文件的内容应与招标文件的要求相一致。

2. 投标人

投标人可以是法人或者其他组织或个人，也可以是两个以上法人或者其他组织组成的联合体。投标人应当具备承担招标项目的能力和规定的资格条件。

投标人应当按照招标文件的要求编制投标文件。

3. 投标文件

投标文件是投标者投标的全部依据，也是招标者招标所希望获得的成果，应当对招标文件提出的实质性要求和条件做出响应。投标文件应当在招标文件规定的截止时间前送达投标地点。投标人在截止时间前，可以补充、修改或者撤回已提交的投标文件，并书面通知招标人。补充、修改的内容为投标文件的组成部分。

投标文件主要根据招标文件要求提供的内容和格式进行准备，其一般包括以下基本组成部分：

（1）投标书。投标书是投标者对于招标书的回应。投标书的基本内容是明确表明参加招标方招标项目投标的意愿，简要说明项目投标的底价和主要条件。此外，投标书要对投标文件的组成及附件清单、正本本数、副本本数做出说明，要声明愿意遵守招标文件给出的约定、规定和义务，还要有授权代表的签字和职位信息。

（2）目标任务的详细技术方案。这是投标文件的主体文件。在这份文件中，要针对招标项目提出自己的技术的和经济的指标参数，并且详细说明达到这些技术经济指标的技术方案、技术路线、保障措施等，还要对完成自己的方案所需要的成本费用及需要购置的设备材料等列出详细的清单。如果项目由多个单位或多个人完成的话，还要对项目组织的人员、项目分工等进行说明。

（3）投标资格证明文件。这一部分要列出投标方的资格证明文件，要有投标方企业的全称、历史简介和现状说明、企业的组织结构、企业的营业执照副本复印件、企业组织机构代码证、技术交易许可证等，还要有开户银行名称及开户银行出具的资格证明书。存在代理人时，还要对授权代理人的情况、资格等做出说明，并附授权委托证明书。

（4）企业与制造商代理协议和授权书。如果投标方是某些制造商的产品代理，则还要出具和制造商的代理协议复印件、制造商的委托书。这样做的目的是防止在招标方和投标方将来合作时可能引起的源自制造商的纠纷。

（5）企业有关技术资料和客户反馈意见。这一部分主要是投标方对自己的业务水平、技术能力、市场业绩等的说明和证明材料，增加投标方对自己的信任，也是对自己技术资格另一种方式的证明。在这个部分，可以用实例表达自己令人信服的技术能力、质量保证能力等，简述几个自己完成的具体实例，说明它们创造的效益，特别是用户的使用证明、主管部门的评价或社会反映等，并且留下有关证明人的联系电话、地址、邮编等，为招标方证实实际情况提供方便。

（二）评标的步骤

评标的目的是根据招标文件中确定的标准和方法，对每个投标商的标书进行评价和比较，以评出最优的投标商。评标必须以招标文件为依据，不得采用招标文件规定以外的标准和方法进行评标。凡是评标中需要考虑的因素都必须写入招标文件之中。

1. 初步评标

初步评标工作比较简单，但却是非常重要的一步。初步评标的内容包括供应商资格是否符合要求、投标文件是否完整、是否按规定方式提交投标保证金、投标文件是否基本上符合招标文件的要求、有无计算上的错误等。如果供应商资格不符合规定，或投标文件未做出实质性的响应，都应视作无效投标处理。

经初步评标，凡是确定为基本上符合要求的投标，下一步就要核定投标中有无计算方面的错误。在修改计算错误时，要遵循两条原则：其一，如果数字表示的金额与文字表示的金额有出入，要以文字表示的金额为准；其二，如果单价和数量的乘积与总价不一致，要以单价为准。但是，如果采购单位认为有明显的小数点错误，此时要以标书的总价为准，并修改单价；如果投标商不接受根据上述修改方法而调整的投标价，则可拒绝其投标并没收其投标保证金。

2. 详细评标

完成初步评标以后，下一步就进入详细评定和比较阶段。只有在初评中确定为基本合格的投标，才有资格进入详细评定和比较阶段。具体的评标方法取决于招标文件中的规定，并按评标价的高低，由低到高评定出各投标的排列次序。在评标时，当出现最低评标价远远高于标底或缺乏竞争性等情况时，应废除全部投标。

3. 编写并上报评标报告

评标工作结束后，采购单位要编写评标报告，上报采购主管部门。评标报告主要包括以下内容：

（1）招标通告刊登的时间、购买招标文件的单位名称。
（2）开标日期。
（3）投标商名单。
（4）投标报价和调整后的价格（包括重大计算错误的修改）。
（5）价格评比基础。
（6）评标的原则、标准和方法。
（7）授标建议。
（8）资格后审。

如果在投标前没有进行资格预审，在评标后则需要对最低评标价的投标商进行资格后审；如果审定结果认为投标商有资格、有能力承担合同任务，则应把合同授予它；如果认为投标商不符合要求，则应对下一个评标价最低的投标商进行类似的审查。

授标与合同一般授予最优秀的投标商，并要求在投标有效期内进行。决标后，在向中标投标商发中标通知书时，也要通知其他没有中标的投标商，并及时退还投标保证金。

具体的合同签订方法有两种：一是在发中标通知书的同时，将合同文本寄给中标单位，让其在规定的时间内签字退回；二是中标单位收到中标通知书后，在规定的时间内，派人前来签订合同。如果采用第二种方法，合同签订前应允许相互澄清一些非实质性的技术性或商务性问题，但不得要求投标商承担招标文件中没有规定的义务，也不得有标后压价的行为。

中标供应商签字并按要求提交了履约保证金后，合同就正式生效，采购工作进入合同实施阶段。

（三）评标和决标的方法

评标方法有很多，具体评标方法取决于采购单位对采购对象的要求。一般来说，货物采购和工程采购的评标方法有所不同。

货物采购常用的评标方法有 4 种，即以最低评标价为基础的评标方法、综合评标法、以寿命周期成本为基础的评标方法、打分法。

1. 以最低评标价为基础的评标方法

以最低评标价为基础的评标方法在采购简单的商品、半成品、原材料及其他性能质量相同或容易进行比较的货物时，价格可以作为评标考虑的唯一因素。以价格为尺度时，不是指最低报价，而是指最低评标价。最低评标价是指在报价的基础上加合理利润的价格。

报价有其特定的计算口径，具体如下：

（1）如果采购的货物是从国外进口的，报价应以包括成本、保险、运费在内的到岸价为基础。

（2）如果采购的货物是国内生产的，报价应以出厂价为基础。

出厂价应包括为生产、供应货物而从国内外购买的原材料和零配件所支付的费用及各种税款，但不包括货物售出后所征收的销售性或与其类似的税款。如果提供的货物是国内投标商早已从国外进口现已在境内的，应报仓库交货价或展室价，该价格应包括进口货物时所缴付的进口关税，但不包括销售性税款。

2．综合评标法

综合评标法是指以价格另加其他因素为基础的评标方法。在采购耐用货物如车辆、发动机及其他设备时，可采用这种评标方法。在采用综合评标法时，评标中除考虑价格因素外，还应考虑下列因素：

（1）内陆运费和保险费。在计算内陆运费、保险费及其他费用时，可采用下列做法。

① 可按照铁路（公路）运输、保险公司及其他部门发布的费用标准，来计算货物运抵最终目的地将要发生的运费、保险费及其他费用，然后把这些费用加在投标报价上。

② 让投标商分别报出货物运抵最终目的地所要发生的运费、保险费及其他费用，这部分费用要用当地货币来计算，还要对所报的各种费用进行核对。

（2）交货期。在确定交货期时，可根据不同的情况采用下列做法。

① 可以按招标文件中规定的具体交货时间为基准交货时间。早于基准交货时间的，评标时不给予优惠；若迟于基准时间，则每迟交一个单位时间（如天、周等），可按报价的一定百分比换算为成本，然后加在报价上。

② 如果根据招标文件的规定，货物在合同签字并开出信用证后若干日（月）内交货，对迟于规定时间但又在可接受的时间范围内的，可按每日（月）一定的百分比乘以投标报价再乘以迟交货的日（月）数，或者按每日（月）一定金额乘以迟交货的时间来计算，评标时将这一金额加在报价上。

（3）付款条件。投标商必须按照合同条款中规定的付款条件来报价，对于不符合规定的投标，可视为非响应性投标予以拒绝。但对于采购大型成套设备，可以允许投标商有不同的付款要求、提出选择性的付款计划，这种付款要求只有在投标商愿意降低投标价的基础上才能考虑。

如果投标商的付款要求偏离招标文件的规定不是很大，尚在可接受的范围内，可根据因此给采购单位增加的费用按标书中规定的贴现率计算出净现值并加在报价上，供评标时参考。

（4）零配件的供应和售后服务情况。如果投标商已在境内建立了零配件和售后服务的供应网点，评标时可以在报价之外不另加费用。但是，如果投标商没有提供上述招标文件中规定的有关服务，而需要由采购单位自行安排和解决的，在评标时可考虑将所要增加的费用加在报价上。

（5）货物的性能、生产能力、配套性和兼容性。如果投标商所投设备的性能、生产能力没有达到技术规格要求的基准参数，只要任一技术参数比基准参数降低的，将在报价基础上增加若干金额，以反映设备在寿命周期内额外增加的燃料、动力和其他运营的成本。

（6）技术服务和培训费用等。投标商在标书中应报出设备安装、调试等方面的技术服务费用及有关培训费，这些费用应与报价一并提供给招标方。

### 3. 以寿命周期成本为基础的评标方法

采购整套厂房、生产线或设备、车辆等在运行期内的各项后续费用（零配件、油料、燃料、维修等）很高的设备时，可采用以寿命周期成本为基础的评标方法。在计算寿命周期内成本时，可以根据实际情况，在标书报价的基础上加上一定运行期年限的各项费用，再减去一定年限后设备的残值。这些费用和残值都应按标书中规定的贴现率折算成净现值。

例如，汽车按寿命周期成本评标应计算在内的因素有：
（1）汽车价格。
（2）根据标书偏离招标文件的各种情况（如零配件短缺、交货延迟、付款条件等）进行调整。
（3）估算车辆行驶寿命期所需的燃料费用。
（4）估算车辆行驶寿命期所需的零件和维修费用。
（5）估算车辆行驶寿命期末的残值。

### 4. 打分法

评标通常要考虑多种因素，为了便于进行综合考虑和比较，可以按这些因素的重要性确定其在评标时所占的比例，对每个因素打分，这种方法就是打分法。

打分法主要考虑的因素有：
（1）投标价格。
（2）内陆运费、保险费和其他费用。
（3）交货期。
（4）偏离合同条款规定的付款条件。
（5）备件价格和售后服务。
（6）设备性能、质量和生产能力。
（7）技术服务和培训。

采用打分法评标时，首先确定每种因素所占的分值。例如，确定分值在每个因素的分配比例为：投标价60～70分；零配件10分；技术性能、维修、运行费10～20分；售后服务5分；标准备件等5分。

如果采用打分法评标，考虑的因素、分值的分配和打分标准均应在招标文件中明确规定。这种方法的优点在于综合考虑，方便易行，能从难以用金额表示的各个投标中选择最好的投标；其缺点在于难以合理确定不同技术性能的分值比例和每一性能应得的分数，有时会忽视一些重要的指标。

 案例分析

**某区学校计算机集中招标采购**

1. 项目背景

本项目为学校计算机采购项目，于2018年8月23日下达采购中心，已被列入政府采购范围。这次联合集中采购计算机为3 120台，涉及120所学校，分布在全区的各个地方。计算机的配置要求高，尤其是120台教师机的配置要求为当前最先进配置；其中，学生用机的数量也达到前所未有的规模。

2. 招标准备

由于本次招标计算机数量较多,所以在确定招标方式上,既要考虑 120 所学校急需计算机的急迫性,又要考虑采购程序的严谨性、招标在最大范围内的公开性,最终将招标方式确定为公开招标。8 月 24 日,以公开招标的方式在区政府采购网站发布招标公告;8 月 25 日,在某日报上发布招标公告。

招标文件编制的具体做法是将计算机分为 A、B 和 C 这 3 个包,A 包为 2 000 台学生机,B 包为 1 000 台学生机,C 包为 120 台教师机。这样分主要考虑两个因素:一是要求供应商供货时间短,3 000 台计算机可以由两家供应商提供,以缩短制造周期;二是教师机要求配置高,性能稳定可靠,需要兼顾国内外品牌的投标、中标机会。2018 年 8 月 27 日,开始出售标书,共有 15 家公司购买了招标文件。

3. 招标过程

2018 年 9 月 6 日,在区政府采购中心开标,特别邀请区公证处的两位公证员开标公证,邀请区政府采购监督小组的两位监督员作为监标人,区有线电视中心等新闻媒体进行了采访。评标专家由市政府采购中心提供,在评标当天通知区采购中心,以保证评标专家信息的保密性和公正性。9 月 7 日评标,邀请 4 位市资深专家和 1 位使用单位人员组成评标小组。评标小组决定将 3 000 台学生计算机项目授予 L 公司,将 120 台教师计算机项目授予 T 公司。

4. 合同履行情况

2018 年 9 月 10 日,与 L 公司签订合同,L 公司授权,具体工作由 B 公司实施。

2018 年 9 月 14 日,与 T 公司签订合同,T 公司授权,具体工作由 Q 公司实施。随后,采购中心与使用单位、中标单位、被授权单位召开协调会议,达成《工作安排备忘录》。

2018 年 9 月 17 日至 21 日,B 公司进行用户情况调查,组织人员对 120 所学校逐一进行实地调查:邀请学校教师参加培训,调查学校计算机机房情况、电源情况等。

5. 结果评价

本次招标项目节约资金 364.8 万元人民币,节约率达 21.9%,效果比较明显。使用单位在提供教师机配置时,强调了计算机的主板要求。供应商在供货时间有限的情况下,针对用户提出的配置进行性能匹配测试,结果发现主板、硬盘不匹配,最后经技监部门确认使用了同档次的成熟机型。因此,使用单位要考虑计算机配置的合理性,避免时间和资源浪费。

为了确保大批量计算机的供货质量,采购中心在签订供货合同的时候,特别增加了一条,就是在计算机送到学校后,抽查一定数量机器到技监部门进行性能和防辐射检测,待合格后使用。供应商在制造计算机时,势必加强对产品质量的控制,使用户对政府采购感到放心满意。

**分析**:请分析该招标文件是否完整,有哪些特点。

## 思 考 题

(1)什么是电子采购?
(2)电子采购与传统采购的特点和差异有哪些?
(3)实施电子采购要注意哪些问题?
(4)招标采购有主要有哪些方式?简述这几种方式的优缺点。
(5)招标采购主要有哪些步骤?
(6)招标采购适用于什么样的场合?企业招标采购的意义何在?

> 实训项目

## 学校采购计算机招标

一、项目描述

学校需要通过招标采购的方式向社会公开招标购买一批台式计算机。

二、实施要点

由学生分小组扮演角色。

（1）招标方——学校。

（2）投标方（如联想、戴尔、惠普等公司）。

（3）评标小组。

三、项目实施

（1）熟悉招标采购的相关理论。

（2）小组成员分工后，进行市场调查和查找相关资料之后形成文书，包括招标方的招标书、投标方的投标书、评标小组的评标标准。

（3）在课堂模拟现场开标、评标、宣布中标结果。

# 参 考 文 献

蔡改成，李虹，2008. 采购管理实务［M］. 北京：人民交通出版社.
国际贸易中心，2005. 如何进行电子采购［M］. 北京：中国物资出版社.
国际贸易中心，2005. 如何明确需求与供应规划［M］. 北京：中国物资出版社.
国际贸易中心，2005. 如何认清组织环境［M］. 北京：中国物资出版社.
国际贸易中心，2005. 如何选择与初选供应商［M］. 北京：中国物资出版社.
黄昌华，2008. 采购主管高效工作手册［M］. 北京：机械工业出版社.
李恒兴，鲍钰，2011. 采购管理［M］. 2版. 北京：北京理工大学出版社.
李述容，2007. 采购与供应管理实务［M］. 武汉：武汉理工大学出版社.
梁世翔，2014. 采购管理［M］. 2版. 北京：高等教育出版社.
［美］罗伯特·蒙茨卡，等，2008. 采购与供应链管理［M］. 3版. 王晓东，等译. 北京：电子工业出版社.
庞爱玲，岳军平，2014. 商务谈判［M］. 4版. 大连：大连理工大学出版社.
裴凤萍，2007. 采购管理与库存控制［M］. 大连：大连理工大学出版社.
孙宏岭，武文斌，2007. 物流包装实务［M］. 北京：中国物资出版社.
王炬香，2016. 采购管理实务［M］. 3版. 北京：电子工业出版社.
王为人，2007. 采购案例精选［M］. 北京：电子工业出版社.
王耀球，施先亮，2005. 供应链管理［M］. 北京：机械工业出版社.
徐杰，鞠颂东，2013. 采购管理［M］. 2版. 北京：机械工业出版社.
朱新民，林敏晖，2011. 物流采购管理［M］. 2版. 北京：机械工业出版社.

# 北京大学出版社第六事业部高职高专经管教材书目

本系列教材的特色：

1. 能力本位。以学生为主体，让学生看了就能会，学了就能用；以教师为主导，授人以渔；以项目为载体，将技能与知识充分结合。

2. 内容创新。内容选取机动、灵活，适当融入新技术、新规范、新理念；既体现自我教改成果，又吸收他人先进经验；保持一定前瞻性，又避免盲目超前。

3. 精编案例。案例短小精悍，能佐证知识内容；案例内容新颖，表达当前信息；案例以国内中小企业典型事实为主，适合高职学生阅读。

4. 巧设实训。实训环节真实可行，实训任务明确，实训目标清晰，实训内容详细，实训考核全面，切实提高能力。

5. 注重立体化。既强调教材内在的立体化，从方便学生学习的角度考虑，搭建易学易教的优质的纸质平台，又强调教材外在的立体化，以立体化精品教材为构建目标，网上提供完备的教学资源。

| 序号 | 书名 | 书号 | 定价 | 出版时间 |
| --- | --- | --- | --- | --- |
| 1 | 财经英语阅读（第2版） | 978-7-301-28943-3 | 42 | 2018.1 |
| 2 | 公共关系实务（第2版） | 978-7-301-25190-4 | 32 | 2018.7 重印 |
| 3 | 管理学实务教程（第3版） | 978-7-301-34302-9 | 40 | 2024.2 重印 |
| 4 | 管理学原理与应用（第2版） | 978-7-301-27349-4 | 33 | 2020.9 重印 |
| 5 | 经济法原理与实务（第2版） | 978-7-301-26098-2 | 38 | 2016.9 重印 |
| 6 | 人力资源管理实务（第2版） | 978-7-301-25680-0 | 40 | 2022.12 重印 |
| 7 | 财务管理（第2版） | 978-7-301-25725-8 | 35 | 2015.5 |
| 8 | 成本会计（第3版） | 978-7-301-32823-1 | 35 | 2022.5 |
| 9 | 基础会计教程与实训（第3版） | 978-7-301-27309-8 | 34 | 2021.8 重印 |
| 10 | 商务统计实务（第2版） | 978-7-301-30020-6 | 42 | 2024.2 重印 |
| 11 | 审计实务 | 978-7-301-25971-9 | 37 | 2018.1 |
| 12 | 审计业务实训教程 | 978-7-301-18480-6 | 35 | 2017.11 重印 |
| 13 | 实用统计基础与案例（第2版） | 978-7-301-27286-2 | 43 | 2019.8 重印 |
| 14 | 报关实务（第2版） | 978-7-301-28785-9 | 35 | 2017.9 |
| 15 | 报关与报检实务（第3版） | 978-7-301-33619-3 | 45 | 2024.5 重印 |
| 16 | 国际金融实务（第2版） | 978-7-301-29634-9 | 45 | 2022.1 重印 |
| 17 | 国际贸易实务（第3版） | 978-7-301-34216-9 | 40 | 2023.7 |
| 18 | 国际贸易与国际金融教程（第2版） | 978-7-301-29491-8 | 37 | 2018.5 |
| 19 | 商务谈判（第2版） | 978-7-301-28734-7 | 35 | 2023.2 重印 |
| 20 | 连锁经营与管理（第2版） | 978-7-301-26213-9 | 43 | 2021.2 重印 |
| 21 | 企业行政管理（第3版） | 978-7-301-31975-8 | 36 | 2023.1 重印 |
| 22 | 现代企业管理（第4版） | 978-7-301-35202-1 | 49 | 2024.7 |
| 23 | 职场沟通实务（第3版） | 978-7-301-29852-7 | 44 | 2023.7 重印 |
| 24 | 中小企业管理（第3版） | 978-7-301-25016-7 | 48 | 2022.12 重印 |
| 25 | 采购管理实务（第3版） | 978-7-301-30061-9 | 40 | 2025.1 |
| 26 | 采购实务（第2版） | 978-7-301-27931-1 | 36 | 2019.1 重印 |
| 27 | 采购与仓储管理实务（第3版） | 978-7-301-32403-5 | 45 | 2023.1 重印 |
| 28 | 采购与供应管理实务（第2版） | 978-7-301-29293-8 | 37 | 2022.8 重印 |

| 29 | 仓储与配送管理（第2版） | 978-7-301-24598-9 | 36 | 2023.2 重印 |
| 30 | 仓储与配送管理实务（第3版） | 978-7-301-31846-1 | 46 | 2022.7 重印 |
| 31 | 第三方物流综合运营（第3版） | 978-7-301-32390-8 | 38 | 2023.7 重印 |
| 32 | 企业物流管理（第2版） | 978-7-301-28569-5 | 45 | 2024.5 重印 |
| 33 | 物流案例与实训（第3版） | 978-7-301-30082-4 | 42 | 2024.1 重印 |
| 34 | 物流商品养护技术（第2版） | 978-7-301-27961-8 | 37 | 2024.5 重印 |
| 35 | 物流信息技术与应用（第4版） | 978-7-301-33717-2 | 48 | 2024.8 重印 |
| 36 | 物流运输实务（第2版） | 978-7-301-26165-1 | 38 | 2019.2 重印 |
| 37 | 物流专业英语（第3版） | 978-7-301-32728-9 | 39 | 2024.6 重印 |
| 38 | 药品物流基础（全新修订） | 978-7-301-22863-0 | 38 | 2021.8 重印 |
| 39 | 增值物流业务运作与管理 | 978-7-301-32301-4 | 40 | 2021.6 |
| 40 | 电子商务英语（第2版） | 978-7-301-24585-9 | 27 | 2018.8 重印 |
| 41 | 市场调查与统计（第2版） | 978-7-301-28116-1 | 38 | 2022.1 重印 |
| 42 | 市场营销策划（第2版） | 978-7-301-30108-1 | 45 | 2024.5 重印 |
| 43 | 消费心理学（第3版） | 978-7-301-34443-9 | 45 | 2024.5 重印 |
| 44 | 消费心理与行为分析（第2版） | 978-7-301-27781-2 | 36 | 2020.9 重印 |
| 45 | 营销策划（第2版） | 978-7-301-25682-4 | 36 | 2024.7 重印 |
| 46 | 营销渠道开发与管理（第3版） | 978-7-301-34765-2 | 45 | 2024.2 重印 |
| 47 | 创业实务 | 978-7-301-27293-0 | 30 | 2021.8 重印 |